长 白 山 学 术 文 库

The Academic Library of
Changbai Mountain

第二辑

# 儒道人生哲学

邵汉明　著

吉林人民出版社

出 品 人：常　宏
选题策划：吴文阁
统　　筹：孟广霞
责任编辑：李子木
装帧设计：尤　蕾

**图书在版编目（CIP）数据**

儒道人生哲学 / 邵汉明著. -- 长春 : 吉林人民出
版社, 2023.12
　（长白山学术文库. 第二辑）
　ISBN 978-7-206-20757-0

　Ⅰ. ①儒… Ⅱ. ①邵… Ⅲ. ①儒家 – 人生哲学 – 研究
Ⅳ. ①B222.05

中国国家版本馆CIP数据核字（2023）第232214号

# 儒道人生哲学

RU DAO RENSHENG ZHEXUE

著　　者：邵汉明
出版发行：吉林人民出版社
　　　　（长春市人民大街7548号 邮政编码：130022）

咨询电话：0431-85378007
印　　刷：吉林省吉广国际广告股份有限公司
开　　本：710mm×1000mm　1/16
印　　张：18
字　　数：280千字
标准书号：ISBN 978-7-206-20757-0
版　　次：2023年12月第1版
印　　次：2023年12月第1次印刷
定　　价：75.80元

# 出版说明

习近平总书记在全国哲学社会科学工作座谈会上明确指出："一个没有发达的自然科学的国家不可能走在世界前列，一个没有繁荣的哲学社会科学的国家也不可能走在世界前列。"同时强调，"哲学社会科学具有不可替代的重要地位，哲学社会科学工作者具有不可替代的重要作用。"两个"不可替代"充分阐明了建立高水平学术队伍、出版高水平学术著作的重大意义，为新时期学术出版工作指明了前进方向。

吉林历史文化源远流长，学术研究亦早发轫。中华人民共和国成立以来，在党和政府的亲切关怀和指引下，吉林哲学社会科学研究队伍不断发展壮大，涌现出一大批具有理论高度、学理深度、学术厚度的专家学者，有些专家学者不但驰名全国，而且饮誉世界。这支生机勃勃的研究队伍，坚持以辩证唯物主义和历史唯物主义为指导，在哲学社会科学的各个领域孜孜矻矻，上下求索，推出了一大批填补历史空白、具有当代价值，亦能产生历史反响的学术著作。研究队伍为吉林文化大省、理论大省、学术大省建设做出了积极贡献，研究成果是吉林一笔宝贵的精神财富，是吉林人文化自信的一种重要凭倚。

多年来，吉林人民出版社一直以出版学术著作和理论著作为工作的主基调，出版了一大批具有创新性的学术著作，受到学术界的一致好评，尤其是主题出版更是可圈可点，受到社会的广泛赞誉。新时期，新使命，新担当，本社决定投入人力、物力和财力，编辑出版大型丛书《长白山学术文库》（以下简称《文库》）。《文库》分辑推出，每辑收入哲学社会科学和人文学科等学术著作10—15部。通过《文库》出版，荟萃吉林学术经典，延续吉林文脉，弘扬创新精神，增强文化自信，为建设吉林文化高地和学术高地贡献力量，为以中国式现代化实现中华民族伟大复兴做出吉林出版的贡献。为保证《文库》的特色和质量，收入著作坚持如下原则：

——收入吉林籍专家学者的学术著作。

——收入具有正高级专业技术职称专家学者的学术著作。

——收入作者独立完成的学术著作。

——收入已由国内正式出版机构出版过的学术著作。

——收入各个学科有代表性的学术著作，优先收入国家哲学社会科学研究项目、教育部哲学社会科学研究项目以及入选《国家哲学社会科学成果文库》的学术著作。

——收入的学术著作一仍其旧，原则上不做修改。

——适当考虑收入学术著作的学科分布。

——收入的学术著作符合国家的出版规定和要求。

编辑出版一部大型学术丛书，是本社面临的一个全新课题。本社将秉持对历史负责、对人民负责的精神，认真听取各方面意见，不断优化编辑思路，努力编辑出版一部思想精深、学术精湛、做工精美的学术文库。

编　者

邵汉明

　　享受国务院政府特殊津贴专家，吉林省资深高级专家。曾任吉林省社会科学院党组书记、院长。曾兼任中华孔子学会副会长、吉林省哲学学会副理事长、尼山世界儒学中心学术委员、吉林大学和东北师范大学等多所高校兼职教授、国家社会科学基金学科评审组专家。主要研究中国哲学与文化。主持完成国家社会科学基金青年、一般、重大项目 3 项，省级项目 10 余项。在商务印书馆、人民出版社等出版学术著作 10 余部，发表论文百余篇。

# 序

　　中国古代哲学以人生理论为重点。中国古代哲学中也有渊深玄奥的本体论（老、庄、《易传》），也有明晰剀切的认识论（名、墨、荀子），但是关于人生的讨论最为丰多。人生哲学包括关于人生意义、人生价值、人生理想、人生境界等的探索，亦称伦理学。伦理学有广义与狭义之别，狭义的伦理学专讲道德原则、道德规范等问题，广义的伦理学则泛论人生价值、人生理想以及道德修养等问题。近几年来，很多人高度评价"人学"的重要意义。中国古代的人生哲学亦可称为中国古代的"人学"，而中国古代关于人生的理论实乃中国传统文化的核心内容。

　　春秋战国时期，诸子并起，百家争鸣。汉初史学家司马谈将诸子概括为儒、墨、名、法、阴阳、道德六家。其中人生哲学最为丰湛的是儒、道两家。汉代以后，儒学定于一尊，而道家之学亦绵延不绝。儒家以孔、孟、荀为代表；道家以老、庄为代表，都提出了深宏渊湛的人生理想。"老聃贵柔，孔子贵仁"（《吕氏春秋·不二篇》），贵仁的理论宣扬刚毅有为，贵柔的学说主张以柔胜刚，宣扬自然无为。孟荀都强调"人伦"，而肯定君臣贵贱的等级区分。老庄则揭示了等级区分的不合理，指斥儒家所宣扬的"仁义"损伤了人的自然本性。荀子评论道家学说云："老子有见于屈，无见于伸"，"庄子蔽于天而不知人。"儒道两家各有所见，各有所蔽。但是先秦儒道两家所宣示的许多观念，经

1

过二千多年，至今犹能给人以一定的启迪。

邵汉明同志研究中国哲学史，深造有得，近来撰写《儒道人生哲学》一书，对于孔、老、庄、孟、荀五家的人生哲学进行理论分析，揭出其深微的含义，指明其偏失之处，可谓窥见精蕴、得其要领。汉明同志征求我的意见，爰述所感，以为之序。

张岱年
于北京大学 一九八九年八月

# 目　录

2

# 第一章 绪 论

## 一、关于人生哲学的若干思考

### （一）人类对人生问题的探求由来已久

人生的意义和价值是什么？人在宇宙中有何地位和作用？个人和社会、人和自然是怎样的关系？人的行动是自由的吗？面对个人的不可避免的死亡，应取怎样的态度？在出现利益冲突、道德冲突的情况下，人应当根据什么原则选择自己的行动？何谓理想的人格范型和理想的人生境界？人是否存在不朽？……所有这些，无疑都是富有永恒魅力的人生问题。人，只要他是人，当他来到这个世界上，都会无一例外地要面对这些问题，为这些问题所缠绕和折磨。人生问题与人类的存在和发展责有攸关、共其存亡。因此，人类从自己的童年时代（原始社会）便开始思考、探索人生问题。在人类社会的初始阶段，人们并未意识到自己在自然等级中的独特地位。对原始人来说，自然就是一个巨大的生命社会，人是这个社会的普通一员，他与这个社会的其他成员、与动物、植物处在同一层次上，而无高低上下之分。这表现了原始思维的生命一体性原则。在原始人看来，人的死亡虽说是一个严酷的事实，但它并不具有真实可能性，它的发生不是必然的，而不过是某种个别的偶然的因素引起的一种自然现象。这反映了原始思维的生命连续性原则。生命一体性原则和生命连续性原则集中体现在图腾崇拜观念和神话以及原始宗教中，代表了原始人类对人生问题的总体认识。

伴随文明社会的出现、生产力的进步和思维水平的提高，人们开始抛弃生命一体性和生命连续性原则，逐渐意识到人与自然的区别、人在大千宇宙中的特殊地位和特殊作用，意识到死亡并非可以避免的偶然事件，而是不以人的意志为转移的客观的必然现象。尤其是各种社会政治、经济组织的建立和发展，使个人与社会、选择自由与历史必然的关系等人生问题突出出来。历史愈向前发展，人类对各种人生问题的认识也愈趋深化，并愈来愈呈现出色彩缤纷的局面，各种人生信仰和观念既相互对立、排斥，又相互渗透、融合。就古代中国而言，道家的经典《老子》（亦称《道德经》）和《庄子》（后来亦称《南华经》），儒家的经典《论语》和《孟子》及《大学》《中庸》，墨家的经典《墨子》等，所谈的中心都是关于人生的问题，儒、墨、道三家的对立亦实是三种人生哲学体系的对立。就近代西洋而论，甚或出现叔本华的意志哲学、尼采的超人哲学、柏格森的生命哲学，着重讨论人生问题。可见，人类对人生哲学问题的研究和探求由来已久。尽管如此，直至目前，人们尚不曾给人生哲学下一比较准确、科学的定义，确定人生哲学当有哪些基本的范畴、概念，也谈不上真正揭示人生哲学各个范畴、概念之间的内在逻辑联系，清晰描述人生哲学理论体系的全貌。造成这种近乎奇怪的现象，除了人生之谜自身的难度外，人生哲学和伦理学的长期混清不分，显然是一个重要的根由。

## （二）人生哲学与伦理学的联系和区别

欲明人生哲学与伦理学的关系，必先对哲学与人生哲学的关系有一个清晰的认识。中国近代①哲学家李石岑先生（1892—1934年）认为，人

---

① 以1840—1949年为中国近代史的上下限。

生哲学虽在哲学全体中居于中心的地位，但哲学并非就是人生哲学。他论哲学与人生哲学的区别说："哲学是全体的，人生哲学是部分的，一不同；哲学是注重原理的，人生哲学是注重现实的，二不同。"①冯友兰先生（1895—1990年）则将哲学分为宇宙论、人生论、知识论三大部，认为"宇宙论，目的在求一对于世界之道理（a theory of the world）；人生论，目的在求一对于人生之道理（a theory of life）；知识论，目的在求一对于知识之道理（a theory of knowledge）"。并指出："人生哲学即哲学中之人生论，犹所谓自然哲学，乃哲学中之宇宙论也。……哲学以其知识论之墙垣，宇宙论之树木，生其人生论之果实，讲人生哲学者即直取其果实。哲学以其伦理学之筋骨，自然哲学之血肉，养其人生论之灵魂；讲人生哲学者即直取其灵魂。"②当代学人臧乐源在他所主编的《人生哲学》一书中也指出："人生哲学是哲学的一个分支。哲学是对整个世界的认识，而人生哲学则是对世界的一部分即人生问题的认识。……人生哲学以哲学为指导，是哲学在人生问题上的具体化。"③上述诸种说法虽在表达方式上有所不同，但其根本意见却是十分一致的，即都把人生哲学看成是哲学的一个部分、一个分支，是哲学在人生问题上的展开和具体化。这反映了人们对哲学与人生哲学关系的共同认识。

如果说哲学与人生哲学的关系已经得到初步的比较正确、科学的说明的话，那么，对人生哲学与伦理学（道德哲学）的关系的认识则远不能令人满意。时下多数论者往往把人生哲学和伦理学混为一谈，看不到二者的质的区别。在我看来，人生哲学与伦理学既有联系，更有质的差别。其联系就表现在：一方面，二者都是哲学这个宏伟大厦的某个侧面的展开和深化，是哲学学说的延伸和应用，都以哲学根本问题——思维与存在关系问题的解决为自身理论建立的前提和依据；另一方面，二者是两种有着相同

---

① 李石岑著《人生哲学》上卷第4页，商务印书馆1926年版。

② 冯友兰著《三松堂全集》第1卷第353—355页，河南人民出版社1985年版。

③ 臧乐源主编《人生哲学》第7页．天津人民出版社1986年版。

课题、相互联系的研究，都以人的存在为其考察的主题和理论的轴心，异常关心人和人的各种问题。

但是，如果我们仅仅看到这种联系而忽视二者的区别，就必然导致用伦理学（道德哲学）取代人生哲学。马克思主义认为，事物的本质，这个事物之所以不是那个事物而只能是这个事物，是由矛盾的特殊性决定的，矛盾的特殊性是一切事物的真实实在性的基石。因此，人生哲学所以为人生哲学，伦理学所以为伦理学，也只能取决于各自的特殊内涵。这种特殊的内涵集中表现为二者研究的重心和范围的不同。首先，伦理学研究一定历史形态的道德现象和道德发展规律，彰明人类社会生活的行为规范和伦常法则；人生哲学虽也关注道德问题，却是立足于对人生意义和价值的理解基础之上的。善恶问题是伦理学的根本问题，价值问题是人生哲学的根本问题，道德与价值虽不排斥，但显然不是同一的概念和范畴。其次，伦理学着眼于昭示人生的"当然"，解决"是什么"和"怎么为"即"应该怎样"的问题；人生哲学着眼于指出人生的"所以然"，解决"为什么"或"为何应该这样"的问题。这不是说，伦理学就绝对不问或不解决"为什么"的问题，人生哲学就闭口不谈或不解决"是什么"和"怎么为"的问题。最后，人生的起源和归宿，人生的境界和理想，人格的发展和完善，等等，无疑都是人生哲学基本内容的重要方面，伦理学对此却很少涉及，至少不以此为重心。总之，人生哲学较伦理学具有更大的研究领域和更丰富的内容，它包含了传统意义上的伦理学的许多问题，并为解释和说明这些问题提供了先决条件。正如不能用伦理学取代人生哲学一样，我们也不能用人生哲学取代伦理学。人生哲学和伦理学研究人的问题各有特殊的角度，是两种互有联系而又性质不同的研究。

## （三）人生哲学是关于人的价值的学说

弄清了哲学和人生哲学特别是人生哲学和伦理学的相互关系，就不难给人生哲学下一近于客观科学的定义。从其最本质的特征说，它是关于人生的价值和价值实现的途径的学说；从其内容的全面性、丰富性说，它是关于人的本质（人性）、人生价值、人生境界、人格完善的观念体系。根据这个定义，人生哲学应当着重研究以下几方面的问题：

人性论。人生哲学研究人性是从人性作为联结天道（宇宙普遍法则）和人道（人类自身发展规律）的中介或桥梁出发。人生哲学之所以必须研究人性，乃是因为人生价值既表现人性的规律，又表现人实现自身的客观规律；人性作为一个主客统一体，只能在表现、反映客观事物的真理性、规律性中，去表现、反映人自身的社会历史发展的真理性、人所以为人的客观规律性；人生价值只有通过人性这个中介或桥梁，在人自身的社会历史活动中，在反映、表现客观事物的真理性、规律性中实现出来。人性问题的解决是回答人生价值问题的内在基础，因而构成人生哲学的客观逻辑前提。

价值论。这里说的"价值"，既非经济学意义上的"经济价值"，亦非美学意义上的"审美价值"，而是特指人生价值。所谓人生价值，用通俗的语言说，就是人在广漠无垠的大千世界中所处的地位，在变化多样的现实生活中所具有的意义，亦即人生是否值得的问题；用哲学的语言说，就是作为客体的自然和社会与作为主体的人的主观需要之间所存在的现实关系，亦即世界对于人，人对自身的意义问题。人生价值取决于客体，更取决于主体，取决于主体的内在需求和创造活动，是主体物化和客体人化过程的有机统一。人生价值又可分为人的个体价值和社会价值。人生价值论是人生哲学的核心和枢纽。

境界论。这里说的"境界"，亦非一般地指美学意义上的"审美境界"，而是特指人生境界。所谓人生境界，就是指人们为对人生价值的觉解、体悟所规定的某种精神状态（它与一个人的政治地位、经济状况没有必然的联系）。人生境界有高低上下之分，理想的人生境界就是人的理想的精神状态。一般而言，在这种境界或状态中，人自然产生一种愉快感、幸福感、轻松感、崇高感、尊严感；反之，则将产生一种忧郁感、痛苦感、压抑感、渺小感、自卑感。理想的人生境界总是与自由的观念紧密相关的，理想境界的实现，即是从自在走向自为、从必然王国进入自由王国。冯友兰先生在其所著《新原人》一书中，曾以人对宇宙人生的觉解程度（自我意识）的不同，将人生境界区分为自然境界、功利境界、道德境界和天地境界四个层次。冯先生的四种境界说对于我们重新认识和理解人生境界问题是富有启发意义的。

人格论。一个国家有其国格，一个人有其人格。所谓人格，就是指人的以其生理心理机能为基础的自我意识程度和自主能力。而所谓理想人格就是指人因其对自我价值的真实把握而具有的高度自主和独立品格。从一定意义上说，理想人格与理想境界是一而二、二而一的范畴，理想人格的造就即是理想境界的实现，反过来也一样。但人格较境界更具内在的本质的和稳定的特征，它绝不是转瞬即逝的。同时，每个时代、每个民族的理想人格也是迥然不同的，古代欧洲人敬慕的是英雄、侠士，古代中国人推崇的是君子、圣人。

修养论。这里所谓"修养"，指人格修养，它包括道德修养，但不等同于道德修养。人格修养是人生价值及其理想人格与理想境界得以现实化、具体化的根本途径和根本手段，离开人格修养，人之理想向现实的转化便成了无稽之谈。因此，人格修养即是人之理想由观念世界向感性世界的落实，人格修养的过程亦即人之价值体现、人格完善与境界升华的过程。由于各个不同时代、不同民族的理想人格的内涵各不相同，因而其论人格修养的途径和方法也必然大异其趣。比如，古代欧洲的英雄人格选择的是斯巴达克思式的道路，中世纪的宗教人格选择的是禁欲主义和信仰主义的道路，古代中国的君子人格选择的是修身养性和力行践履的道路，今天，富有进取与开拓精神的"四有"人格选择的是献身于改革和开放的社会变革实践的道路。

人性论、价值论、境界论、人格论、修养论都是人生哲学不可或缺的有机组成部分，人性论是人生哲学的理论前提，价值论是人生哲学的理论核心，境界说和人格说则是价值论的理论展开，而修养论则是价值论的最后落实。一句话，人生哲学就是关于人的价值的科学。

### （四）人生哲学有三种基本的观念形态

由于对人生价值的理解不同，古今中外的人生哲学学说大致区分为三种基本的概念形态：

乐观的进取型、现实型人生哲学。它认为，现实世界的每个角落都是乐土和天堂，现实人生的每个环节都是美好的圆满的。因此，人生在世有其乐观的充足理由。同时，人是众物之长、万物之灵，在宇宙中居有崇高的地位，没有必要把希望寄托于来世、把理想的实现寄托于虚幻的天国世界；人们完全可以通过自身的进取和追求，在世俗世界建立起理想的殿堂，在人伦社会实现其主体人格的伟大价值。先秦儒家的人生哲学大致属于这一类型。

悲观的超越型、艺术型人生哲学。它认为，世俗社会犹如一片苦海、一座地狱，世俗人生十分糟糕，全是黑暗。因此，人生活于其中真是可悲可哀。更有甚者，人的存在微不足道，渺小至极，在宇宙中实无地位和作用可言，实无力以自救。故而主张，或从对全知全能的神之爱和信仰出发，致力于对上帝的顶礼膜拜，以便在天国乐园得到彻底的解脱；或从宇宙之大全、世界之总原理——道出发，放弃一切努力，超越现实，崇尚自然。以便复归于原始混沌的人类初始状态。耶稣哲学和先秦道家哲学大致属于这一类型。

达观的快乐型、荒诞型人生哲学。它认为，外在世界本来就是明暗相杂，世俗人生本来就是苦乐参半，无乐观之根由，亦无悲观之必要。人作为宇宙中之一物，无须自轻自贱，但人生有限，不再复返，未来不可预测。所以这一派的人主张，只有抓住现在，不拘世俗礼法，尽情享乐，才是理想的生活方式；人生的唯一目的，人生的终极价值就在于趋乐避苦、趋福避祸，就在于放纵自己的自然本能，追求感性肉体的快乐。道家杨朱派、一些魏晋玄学家和欧洲昔勒尼学派的人生哲学大致属于这一类型。①

必须指出的是，乐观、悲观、达观三派人生哲学的划分不是绝对的，而是相对的，三派的思想客观上存在相互交叉之处。同时，就其现实意义而言，三派的理论虽推乐观派最可取法，然均非科学的理想的人生观念。乐观的科学的人生哲学只有在马克思主义的指导下，通过对历史上各种各样人生哲学观念的批判继承和对现实中多姿多彩社会生活的反思认识来发展和完善。

### （五）用马克思主义去指导和开拓人生

就狭义的人生哲学而言，马克思并未为我们留下一个严整系统的人生哲学理论体系；就广义的人生哲学立论，马克思主义哲学就是一种关于人的哲学。它不仅为人们认识世界和改造世界提供了强大的思想武器，也为人们确立远大理想，勇于开拓人生提供了有力的理论指导。

用马克思主义去指导和开拓人生，首先必须坚持人的本质是社会关系的总和的原则。这一原则是马克思主义人的哲学的根本出发点，也是马克思主义人的哲学与以往各种人生哲学学说的重要分歧点。马克思第一次科学地揭示出人既是自然的产物，具有自然属性；又是社会的产物，具有社会属性（包括精神属性）。人的存在是自然存在和社会存在的统一，人的本质是人的自然性和社会性的统一，就人区别于其他事物的本质属性而言，只能是人的社会性而绝不是人的自然性（当然，这里的"社会性"是为人的生理心理机能系统所规定的社会性；这里的"自然性"也不等同于动物的自然性，而是"人"的自然性），因为"只有在社会中，自然界才表现为他自己的属人的存在的基础。只有在社会中，人的自然存在才成为

---

① 冯友兰先生曾将历史上的各种人生哲学学说归结为"益道"、"损道"、"中道"三个派别，其所谓"益道哲学"、"损道哲学"、"中道哲学"。内容所指与这里的"乐观的进取型现实型人生哲学"、"悲观的超越型艺术型人生哲学"、"达观的快乐型荒诞型人生哲学"有某种相似之处，但并非一回事，参见冯友兰著《三松堂全集》第1卷第358—361页。

人的属人的存在"。①只有在社会和历史的联系中才能理解人的起源和发展，理解人的存在的根据和意义，理解人的活动方式和行为方式。

其次，必须坚持人的价值是个体价值和社会价值的统一的原则。人是一种二重性的存在，既是主体，又是客体；既是活生生的个体的人，又是活生生的社会的人。故而人的价值区分为个体价值和社会价值。所谓个体价值，就是作为客体的个人对作为主体的社会所具有的意义和作用；所谓社会价值，就是作为客体的社会对作为主体的个人所具有的意义和作用。个体价值与社会价值互为前提、互为因果、互相包含、互相制约，二者共同构成人的价值的统一整体。这一原则告诉我们，人的价值的存在是一个客观的事实，我们应该高扬和重视人的价值，包括人的个体价值和社会价值。长期以来，由于"左"倾思想的影响，人的个性、个人的作用、个体价值一直得不到应有的重视和肯定。究其根源，就在于割裂了个人与社会、个体价值与社会价值的关系，将个体价值混同于个人主义。我们有必要记住历史的经验教训，全面理解马克思主义的价值观，尊重人的个性，肯定个人的作用和价值。同时，我们也要防止从一个极端走向另一个极端，把个体价值绝对化，离开社会谈论个人，离开社会价值谈论个体价值。

再次，必须坚持"自由王国只有建立在必然王国之上，才能繁荣起来"②的原则。人是社会的人，社会是人的社会。人的存在、人的生活方式受制于客观规律和历史必然性，客观规律和历史必然性不仅是不以人的意志为转移的客观存在，而且是一种通过人而起作用的力量。客观世界的规律和历史进程的必然性并不排除人的创造性劳动，并不能取消人的自由。真正的自由在于对客观规律和历史必然性的认识和把握。进一步说，自由总是有条件的相对的，不是无条件的绝对的，那种以为自由就是不受任何限制，把客观规律和历史必然性看成是对人的自由的束缚，因而抱怨事物的进程未能屈从他个人的意愿，导致了他的不自由，其实是把自由和

①　马克思：《1844年经济学—哲学手稿》第75页。

②　《马克思恩格斯全集》第25卷第927页。

放任主义混为一谈了。

最后，还必须坚持在实践中创造人的价值、实现人的自由的原则。在马克思主义看来，人的本质的展开，人的价值和自由的实现是一个自然历史过程。在这个过程中，存在着人和自然、社会及其思维的矛盾，即存在着主体和客体的矛盾。这一矛盾的永恒存在是人类社会不断进化发展的内在动力，因而也是人的价值和自由得以实现的内在动力。主体和客体的矛盾运动就是人的实践活动。人类正是通过自己的实践活动，不断加深对必然王国的认识，进而解决人和自然、社会及其思维的矛盾，解决主体和客体的矛盾，实现从必然王国到自由王国的飞跃，实现人类崇高的理想人生境界。这也就是说，"世界不会满足人，人决心以自己的行动来改变世界"。[1]人只有在改造世界的有意识的实践活动中，才能创造人的价值和实现人的自由，才能确证自己是真正的大写的人。

# 二、儒道人生哲学的总体比较

运用上述对人生哲学若干问题的思考、认识和把握，来反思和审视中国传统哲学，我们发现，在中国传统哲学中，人生哲学占有特别重要的地位，甚至可以说，一部中国哲学史就是一部中国人生哲学史。虽然西方传统哲学也一直讨论人生哲学问题，但相对于中国传统哲学而言，它的人生哲学的内容就显得薄弱而逊色；虽然中国传统哲学也从未抛开本体论、宇宙论、认识论等哲学问题，但相对于西方传统哲学而言，它的本体论、宇宙论、认识论却始终未取得相对独立的意义和地位。中国古代先哲不同于

---

[1] 《列宁全集》第38卷，第229页。

西方古代先哲的一个突出特点，在于他们习惯于从社会政治、现实人生，即从人自身的存在和发展出发来思考、追索和回答各种哲学问题；中国传统哲学不同于西方传统哲学的一个突出特点，在于它与其政治、伦理、人生是融为一体的。

中西哲学结构方式和致思趋向的差异，固然在很大程度上取决于各自的产生和发展的不同的地理背景、历史背景和文化背景，但若要追问其哲学自身的深层根由，则不能不归结为中西哲人对本体概念的不同理解和把握。在西方传统哲学中，其本体概念在很长时间内是仅仅被作为自然界的本体、本质来认识和把握的，这个本体只具有自然属性，不具有社会属性，或者说它没有把人的社会生活包含于其中。这就导致了西方传统哲学的发展，一方面表现为自然哲学尤其发达，另一方面表现为其自然观与其政治观、伦理观、人生观的分离和脱节。而这或许就是西方古代的人生哲学不够发达的内在缘由。在中国传统哲学中，其本体概念则不只被作为自然界的本体、本质，同时也是被作为社会和人的本体、本质来认识和把握的，这个本体既具有自然属性，又具有社会属性，或者说它已把人的社会生活包含其中。这就导致了中国传统哲学的发展，一方面表现为自然哲学不够发达，另一方面表现为其自然观与其政治观、伦理观、人生观的统一与结合。而这或许就是中国古代的人生哲学所以尤其丰富、发达的内在缘由。

在中国古代人生哲学中，儒家和道家的人生哲学可谓最为丰富，也最具特色。因此，我们试图以孔子、孟子、荀子和老子、庄子为代表，对儒家和道家的人生哲学学说作一具体的分析和评述。这里，我们且从天人关系论、人生价值论、人生境界说、理想人格说和人生修养论五个方面，对儒道人生哲学的异同作一总体的比较和粗线条的勾勒。

**（一）天人关系论之比较观**

司马迁自谓《史记》的著述宗旨是"究天人之际，通古今之变"。所谓"天人之际"即天与人的关系。这是儒道两家（也是整个中国哲学）所共同关心的重要问题，他们对这一问题的认识和解答构成他们各自的人生哲学的逻辑前提。

总起来说，儒道两家的天人关系论既有相同的方面，又有相异的方面。首先，儒道两家都摒弃了先前天命观的天即神（上帝）的观念，不把天看成是有人格、意志和目的、感情的最高主宰，从而天人关系主要不是表现为神与人的关系。在这一前提下，孔、孟、荀和老、庄对天的意义的认识又有较大差别。孔孟所谓天，含义很不确定，或指抽象的缺乏具体规定的客观必然性，或指命运之天，或赋予天以伦理道德的性质。作为客观必然性或命运之天，它是外在于人的异己力量，作为伦理道德的化身，它又是内在于人的。荀子所谓天，则专指人之外的外部自然界，它不依人的意志所存在。老、庄所谓天则专指自然，而所谓自然又不只是指客观的外部自然界，而主要是指事物的初始状态、纯朴本性和事物因性而行的运作方式。

其次，儒道两家的天人关系论基本上都可归结为天人合一的模式，只是"合"的方式和旨趣有所不同而已。孔子揭橥天与人之间具有某种亲和性、相通性，强调天人相知、契合、贯通；孟子提出"万物皆备于我"，"上下与天地同流"①，强调天心即人心、天人不二。而实现天人合一的途径，在孔子谓"上学而下达"②，孟子谓"反身而诚"，"尽心知性知天"③。荀子则主张天人相分，认为天、人各有不同的职分，强调"不与天争职"④，表现出对孔孟天人观的反动。但荀子也没有完全否定天人之间存在一定的联系。而老庄则以绝对的普遍的道来统一天和人，并强调通过道的复归、物的复归、人性的复归来实现天人合一。

---

① 《孟子·尽心》。

② 《论语·宪问》。

③ 《孟子·尽心》。

④ 《荀子·天论》。

再次，《易传·说卦》云："立天之道曰阴与阳，立地之道曰柔与刚，立人之道曰仁与义。"天之道与地之道合称自然之道，简称天道；人之道即人际之道，简称人道。相对而言，儒家重人道，但不废天道。孔子讲"知人"，也讲"知命"；孟子讲"知性"，又讲"知天"；荀子则提出"制天命而用之"①，主张认识和利用客观规律以为人类服务。道家重天道，但仍落脚于人道。老子言"人法地，地法天，天法道，道法自然"②；庄子讲"无以故灭命"，"无以人灭天"③。其出发点均在克服人的异化和人为物役现象，促进人的合理的发展。而所谓天道与人道（或曰天人）的关系无疑包含自然与人为、必然规律与意志自由的关系。如何看待这种关系？道家着眼于突出自然，强调遵循和服从必然规律，反对背离和改变必然规律，所谓"法道"、"法自然"是也；儒家着眼于突出人为，强调发挥人的主观能动性和提高人的道德自由，所谓"人定胜天"是也。我们所以作出道家的人生观在总体上是消极的，儒家的人生观在总体上是积极的这样的判断，正是基于对儒道关于自然与人为关系的上述把握。

## （二）人生价值论之比较观

人生价值问题是人生哲学的核心问题。这个问题包含两方面的含义，一方面要问，人在宇宙中占有何种地位？这也就是人与自然的关系问题；另一方面要问，个人在社会中占有何种地位？这也就是个人与社会亦即个体价值与社会价值的关系问题。从前一方面来看，儒道两家的认识表现出明显的一致性，他们都对人的生命存在给予极大的关注和重视，都高度肯定人在自然界中占有崇高的地位，具有卓越的价值。须要注意的是，他们肯定人作为类的存在的意义和价值的方式却有一定差异。儒家主要

---

① 《荀子·天论》。

② 《道德经·二十五章》。

③ 《庄子·骈拇》。

通过揭示人与物的区别来推崇人，孔子认定人贵物贱，指出鸟兽不可与人同群；①孟子以人有善性——先天的道德意识，亦即所谓"良知"、"良能"来说明"人之异于禽兽"②的观念；荀子则以人有辩有分有礼有义等"文"的特征来论证"人最为天下贵"③。道家主要通过揭示人与物（自然）的统一与联系来认同、肯定人的存在价值，老子提出人居四大之一（道大、天大、地大、人亦大④）的观念，庄子提出"齐万物"，"齐物我"⑤的主张，其旨均不在简单地将人降低到物的层次，而在抛弃儒家的人类自我中心的念头，将人放在大千宇宙的宽阔视野中来考察，提醒人们既要看到人的价值，又要看到物的价值，从而做到人尽其才，物尽其用。庄子从美的观照的角度对"无用之用"⑥命题的深层意蕴的阐发，很可以说明这一点。

从后一方面亦即从人的个体价值和社会价值的关系来看，儒道两家的认识则表现出明显的差异性，儒家突出和强调人的社会价值或群体价值，道家突出和强调人的个体价值或自我价值。虽然儒家并不否定个人的作用和个体价值，孔子说"为仁由己"⑦，又说"立人"、"达人"要以"己欲立"、"己欲达"⑧为前提，孟子说"道惟在自得"，"家之本在身"⑨，荀子论证人的自然欲望和生理本能存在的合理性，凡此都说明儒家是承认自我和自我的价值的。但我们必须看到，儒家主要用力于阐明个

---

① 《论语·微子》。

② 《孟子·告子》。

③ 《荀子·王制》。

④ 《道德经·二十五章》。

⑤ 《庄子·齐物论》。

⑥ 《庄子·人间世》。

⑦ 《论语·颜渊》。

⑧ 《论语·雍也》。

⑨ 《孟子·离娄》。

人隶属、服从于国家、社会，社会的价值重于个我的价值的道理。孔子以"爱人"、"与人忠"①、"克己复礼"来释仁，孟子提出"五伦"②，并要求把"孝亲"、"敬长"的观念"达之天下"，荀子主张"隆礼重法"，以限制人的自然欲望的外化和个性的发展。当然，儒家的最高理想是将个体价值的实现与群体价值的实现统一起来，试图在实现人的群体价值的同时，使人的个体价值也得以实现。但如若二者出现冲突、矛盾，则儒家宁愿牺牲后者（个体价值的实现），也须成全前者（群体价值的实现）。道家虽在主观上没有把个人与社会、个体价值与社会价值绝对对立起来，但他们主要用力于阐明自我和自我价值的至上性，阐明个人可以脱离社会而得到发展、个体价值可以脱离社会的人伦价值而得到体现的道理。老子声称"我欲独异于人，而贵食母"③，庄子亦说："人皆取先，己独取后"、"人皆取实，己独取虚"、"人皆求福，己独曲全。"④均意在突出"我"、"予"、"吾"的"独"和"异"的特征，意在抛弃任何知识媒介和伦理媒介，以实现那超越人伦的自我价值。

**（三）人生境界论之比较观**

与其在人生价值问题上强调人的伦常价值、社会价值相适应，在人生境界问题上儒家孜孜追求人与人（个人与家庭、国家、社会）的普遍谐和的道德境界。孔子提出"仁"的概念来指谓这种理想境界，在孔子看来，仁不仅是君子、圣人的最高道德理想，同时也是社会所有成员的最高道德理想。后来儒者又将仁扩展为"大同"的社会政治理想。然不论是仁抑或大同，作为儒家的理想人生境界，它都具有这样三个基本的特征：其一，人伦性。儒家立足于人的家族血缘关系，故很看重人的协作性、交往性。

① 《论语·子路》。

② 《孟子·滕文公》。

③ 《道德经·二十章》。

④ 《庄子·天下》。

他们认为人伦世界是人的生存发展的根本依托，人不能脱离社会、脱离人伦关系而存在。孔子论仁，没有直接从人伦关系来讲，但它"是从普遍性的人己关系来讲的，以仁为人际关系的最高原则"。[①]孟子指出天下、国、家、身四者相互依存，不能分离。荀子则认为人的协作性群体性是人类生存发展的必要条件，指出"人不能无群"。其二，规范性。仁的境界、大同的境界是社会的人为的有序状态，这种境界和状态有赖人们遵循和践履社会的伦理道德规范来实现和维持，也有赖于社会的政治法律制度来为之清除干扰、扫清障碍。离开社会的伦理道德规范的弹性约束和政治法律制度的硬性约束，仁的境界或大同的境界的实现毋宁就是天方夜谭。因此，孔孟要求人们严格按照各种道德规范和伦理原则设身处事，孔子尝说"非礼勿视，非礼勿听，非礼勿言，非礼勿动"。[②]（这里的"礼"，主要是在道德的意义上使用的）孟子又说"士穷不失义，达不离道"。[③]荀子则更多地吸收了早期法家的一些思想，着重阐发了礼法的功能和礼法的统一（他的礼具有法的属性），强调政治法律对人的行为的强行限制。其三，自由性。一方面，社会因为人们对礼法的遵循而达到稳定和进入有序状态；另一方面，人们的物质欲求和精神欲求（主要是道德欲求）也因之而得到满足。这就是荀子所说的"两得之"，也即仁的境界或大同的境界的现实化。在这种境界或状态中，人的自由得到高度的体现，孔子谓"从心所欲不逾矩"[④]，正是指人们从对社会的必然的认识中获得自由。

与其在人生价值问题上突出人的个体价值或自我价值相适应，在人生境界问题上道家憧憬和向往物与我、人与自然完满和谐的自然境界。老子提出"婴儿"、"朴"、"无极"来指谓这种理想境界，"婴儿"、"朴"、"无极"都是指自然界尤指人本身那种未经人为的自自然然的最

---

① 张岱年《中国伦理思想的基本倾向》，载《社会科学战线》1980年第1期。

② 《论语·颜渊》。

③ 《孟子·尽心》。

④ 《论语·为政》。

原始的状态。后来庄子又从主客体关系的角度提出"大通"、"大顺"、"物我同一"、"死生同状"的观念。然不论是"婴儿"、"朴",抑或是"大通"、"大顺",作为道家的理想人生境界,它都具有不同于儒家的道德境界的三个基本特征。其一,非人伦性。道家立足于人的个体独立的绝对性、至上性,故主去除一切人伦关系,断绝一切社会经济、政治、文化乃至日常生活往来。他们认为,人虽不必一定要离开社会,但却可以不必通过社会而各自独立地去发展和完善自己。老子提出"小国寡民"的社会设想,推崇"民至老死,不相往来"①的自然生活;庄子则要去"无何有之乡"、"广漠之野"②独自过一种体道悟道的艺术生活,都反映了其人生境界带有非人伦的倾向③。其二,非规范性。道家提倡因性而行,顺性而动,不淫其性,自然无为,认为人的自然纯真本性与世俗的规范准则不能相容并存,后者只能是对人的本性的桎梏和残害。因此,他们对儒家提出的仁义礼智繁文缛节给予猛烈的鞭挞,并将其视为祸乱之源。老子进而主张"绝圣弃智"、"绝仁弃义"、"绝巧弃利",庄子进而主张"在宥"天下,反对用世俗礼法来限制人性的发展,都反映了其人生境界带有非规范性的特征。其三,超自由性。在老庄看来,儒家通过伦理的途径所得到的人的道德自由最多只是相对的、暂时的、有限的自由。老庄所汲汲以求的是绝对的永恒的无限的自由,我们姑名之曰超自由。老子认为,若夫消除人伦关系和世俗礼法的束缚,走向自然,与自然打成一片,则可突破相对进入绝对,突破暂时进入永恒,突破有限进入无限。庄子指出,达于"大通"、"大顺",实现"物我同一"、"人我同一",打破

---

① 《道德经·八十章》。

② 《庄子·逍遥游》。

③ 道家只肯定家庭关系中的父子关系,老子讲孝慈,庄子讲养亲。但人伦关系主要应指人的社会关系,对此,道家却是予以根本否定的,故儒家批评他们是"欲洁其身,而乱大伦"(《论语·微子》)。

时空、主客、物我、天人界限，则可"胜物而不伤"①，"物物而不物于物"②，乃至"与造物者游"③。

### （四）理想人格论之比较观

理想人格论构成儒道人生哲学的一个重要内容。儒道两家都认理想人格是人生理想境界的实际承担者，肯定每一个体都有完善自我人格的潜在基因和现实能力。孔子说"我欲仁，斯仁至矣"；孟子说"人皆可以为尧舜"；荀子说"涂之人可以为禹"。老庄没有这样明确的论述，因为他们认为这本来是不成问题的问题。在他们看来，人的自然本性及其基于自然本性之上的自然能力虽存在这样或那样的差别，但这并不妨碍人格的自我完善，只要人们固有的本性、秉赋、才能得到充分彻底地发挥、外化，他就可以称之为理想人格。

儒道两家关于理想人格的论述，虽如上述有相通的方面，但更主要的则表现为相互的对立和拒斥。儒家推崇的理想人格是现实的入世的道德人格，道家推崇的理想人格则是超越的即世而又出世的自由人格。就儒家来看，孔、孟、荀心目中的理想人格在个性、仪容风度、行事态度上虽存在一定的差异（这与他们自身的人格塑造有关），但在根本精神上却是一致的，即都应当具有"内圣外王"的品格。"内圣"言其德性修养，"外王"言其政治实践。正是从"内圣"与"外王"的统一上，他们对尧、舜、禹、文王、周公倍加崇拜，视为理想人格的范型。由于孔孟的时代圣王已经分途，故他们便相对忽略理想人格的"外王"规定，而突出其"内圣"规定，强调德性修养的重要性。然而，他们毕竟对现实深表不满和忧患，要求改进社会、变革现实。因此，他们不主张独善其身（除非万不得已），而主张兼善天下，承担起济世救民的社会责任。孔子讲"己

---

① 《庄子·应帝王》。

② 《庄子·山木》。

③ 《庄子·天下》。

立立人，己达达人"，孟子讲"居天下之广居，立天下之正位，行天下之大道"，①以及孔孟荀反复强调的"立德立言"、"成功成名"，无不说明其理想人格的力行用世的现实品格、入世品格。就道家来看，老庄心目中的理想人格虽也存有微妙的个性差异，但在根本精神上则也是一致的，即都应当具有超越和放达的品格。"超越"言其身处人世间却非"与人为徒"，而是超拔开去，"与天为徒"、"放达"言其适其意、遂其情、安其性，身心达到最大限度的放松。正是从"超越"与"放达"的统一上，他们对儒家推崇的尧、舜、禹等圣王尽其嘲讽、漫骂之能事，而以隐士、道士（"善为道者"）和所谓真人、至人、神人为其理想人格的范型。他们对现实虽也表现出强烈的不满和深沉的忧患，却没有像儒家那样从不满和忧患走向对现实的认同和肯定，走向对现实的积极的改造和变革，而是走向对现实的批判和否定乃至走向消极地逃避现实，放弃对现实的改造。因此，他们主张不与政府合作，不拘礼法，隐居山野，自得其乐。老子提出"处无为之事，行不言之教"，庄子提出"独与天地精神相往来"，都体现了其理想人格的近于出世的超越品格。

儒道设立的理想人格在外显方式上还存在"刚"和"柔"的区别。儒家赞美"刚健"，主张"自强不息"。孔子说"刚毅木讷近仁"，"三军可夺帅也，匹夫不可夺志也"；孟子尝言"富贵不能淫，贫贱不能移，威武不能屈"②；荀子也说"君子隘穷而不失"③，"不倾于权，不顾于利"④。在儒家这里，"刚"与"直"是紧密相关的，刚是直中之刚，所谓刚直不阿即是此意；而"直"又是以"义"为内涵的，因此"刚"与"义"也是不可分的。总之，赋予君子、圣人以"刚健"的品格，旨在弘扬人的主动意识、进取意识。道家赞美"柔弱"，主张"以柔克刚"。老

①　《孟子·滕文公》。

②　《孟子·滕文公》。

③　《荀子·大略》。

④　《荀子·荣辱》。

子把"柔弱"上升为人事人为的准则来加以提倡，对"柔弱"的功能、作用和"柔弱胜刚强"的道理作了充分的阐发，指出"天下之至柔，驰骋天下之至坚"。①庄子似乎没有这方面的直接论述，但他对老子柔弱原则应该说还是深表赞同的。总之，道家赋予圣人（老庄心目中的圣人）以"柔静"的品格，虽含有明哲保身的意味，但还不是要人们坐以待毙，而是要人们以屈求伸，无为而无不为。可见，道家的贵柔与儒家的尚刚不是绝对排斥的，前者是对后者的有效补充。后来《易传》提出乾坤哲学，把阴柔和阳刚很好地统一了起来，指出："乾，健也；坤，顺也。"②这就避免了原始儒家和原始道家的理论片面性，达到了比较全面的认识。

## （五）人生修养论之比较观

与在其他问题上一样，在人生修养问题上，儒道两家也是共识与异识并存。儒道两家都认定人的理想境界和理想人格的实现最终取决于人的修养；都把人的修养看成是一个由浅入深、由易入难、由低级到高级的不断递进的永恒过程；都意识到人的修养主要在其自我修养；都提出了关于人生修养的许多具体原则和方法。这是就其共识而言。

若是就其异识而论，则第一，在人生修养的原则上，儒家恪守的是理性主义的伦理原则，道家奉行的是非理性非感性的超越原则。由于儒家的理想境界是一种道德境界，理想人格是一种道德人格，因而儒家尤重遵循伦理原则进行道德修养。尽管儒家并没有简单否定人的物质需要和物质生活，没有否定人们可以从物质需要和物质生活的满足中获得某种感性的自由和快感，但儒家更着重人的道德需要和道德生活，认为从道德需要和道德生活的满足中获得的道德自由和愉悦才是更根本的东西。儒家担心的是"道之不传"和"德之不修"，因此，他们只重视人的道德的提升而不关心人形体的修炼。由于道家的理想境界是一种超越的自然境界，道家的理

①　《道德经·四十三章》。

②　《易传·说卦》。

想人格是一种超越的自由人格，因此，道家提倡依据超越原则进行精神修养。道家认为，儒家的理性伦理原则和墨法的感性功利原则一样，都是一种狭隘的片面的原则，依循这种狭隘的片面的原则，人们至多只能获得某一方面的有限的自由和快乐。道家追求的是绝对的无限的全面自由与快乐（至乐），而这只有依照超越的原则去实现，除此之外，别无选择。而超越，即意味着超脱。

第二，就人生修养的过程来说，在儒家为由外而内、由内而外、内外交养的双向过程，在道家则为由外而内的单向过程。儒家孔子所说的"兴于诗，立于礼，成于乐"①，十分明确地道出了人生修养的内而外、外而内的两个方面。后来孟子着重发挥了其由内而外的方面，荀子着重发挥了其由外而内的方面，然孟子并没有忽视外而内的功夫，荀子也没有把内而外的修养完全抛在一边，只是孟荀二人各有其侧重而已。道家倡导由外而内的修养，但其含义与儒家并不相同。儒家要以社会性的仁义礼智等来约束、限制个体的内在情性的自然伸发，道家则要废除这种外在的约束、限制，谋求个体的内在情性的自由发展，谋求恢复人的真纯本性。老子说去仁去义，返璞归真，庄子说忘物忘己，离形去智，概括地说明了其独特的由外而内的单向孤立的修养程序。同时，儒家是主智论者，故强调为学，突出后天教育、礼乐教化的作用；道家是反智论者，故强调为道，摒弃知识教育、道德教育乃至社会习染的影响。这也显示出儒道对外而内的人生修养的不同理解和把握。

第三，关于人生修养的具体途径和方法，儒家体现了有为的精神，道家体现了无为的精神。孔子强调立志（志于道，志于学），将其视为人生修养的第一步，强调遵循家庭伦理孝悌，并将其扩充为忠恕以处理各种社会关系；主张推己及人，正己正人；主张敏以求之，知其不可为而为之。孟子强调扩充善端，求其放心；强调尽心、知性、知天；提倡养心和养气，并把养气与立志联系起来，指出志是气之帅。荀子要求尊师法、导礼义；强调注错

① 《论语·泰伯》。

习俗，敬其在己；主张积善成德，修身端行；主张以义克利，以理节欲，以达到化性起伪的目的。凡此论述，无不表现着儒家立足人事人为的人生信仰和态度。道家则立足于无为，老子提出见素抱朴、少私寡欲、为而不争、居上谦下、虚怀若谷等种种修养之方和爱惜精神、爱惜生命、尽其天年的摄生之道；庄子则更进一步揭示出"心斋"、"坐忘"的养生要领，并主张"法天贵真"、"以天待人"，提出"安之若命"、"安时处顺"、"顺人而不失己"的处世方策。凡此论述，无不反映着道家因任自然的人生信仰和态度，而与儒家力主人事人为的精神构成对立的两极。

# 三、研究儒道人生哲学的意义与方法

## （一）研究儒道人生哲学的意义

研究儒道人生哲学有着十分重要的理论意义和现实意义。首先，这是开辟中国哲学和中国文化研究新领域的需要。新中国成立以来的中国哲学研究基本上局限于"两条线四大块"①的单一模式。这种模式的形成，虽然有它的历史必然性和历史合理性，但这种僵死的模式显然把丰富多彩的中国哲学过于简单化了，背离了中国哲学的客观实际，从而不可能揭示出中国哲学发展的内在规律和民族特征。近十年来的中国哲学研究固然已经突破这种单一模式，开始走上科学化的轨道，并在哲学史方法论和中国哲学固有范畴等重大课题的研究上取得较大进展。但就整个中国哲学研究

---

① "两条线"指唯物主义与唯心主义的斗争，辩证法与形而上学的斗争；"四大块"指自然观、认识论、辩证法和历史观。

来说，仍然令人很不满意，这主要表现在，到目前为止，对中国哲学实质是一种"人的哲学"、"生命哲学"认识不足，没有对中国古代人生哲学尤其是儒道人生哲学展开全面的讨论和建设性的研究。近几年的文化研究着眼于传统文化的价值评价、传统文化与现代化关系的探讨、中西文化的比较，也取得了一些进展。但总的来看没有超出二三十年代文化研究的水平。一个很重要的原因是它忽视了传统文化的个案研究，忽视了古代人生哲学与其文化各个方面关系的探讨。鉴于此，我们建议迅速开展中国传统人生哲学的讨论和研究。我们认为这是一项开拓性的工作，它将反过来促进中国哲学和中国文化研究的深入。

其次，这是重新构建科学而规范的现代人生哲学的需要。任何新的理论、学说、思想都不是凭空产生的，都有它的历史继承性。科学而规范的现代人生哲学的构建也不能例外。中国传统人生哲学是中国传统文化的一个重要组成部分，在它的极为丰富的内容中，既有消极的成分和因素，也有非常深刻的思想和合理的命题。看不到它的消极方面而只看到它的积极方面，因而采取复古主义的态度，和只见其消极方面而不见其积极方面，因而采取虚无主义的态度，都无助于现代人生哲学的建立。我们应当按照批判继承的原则，运用马克思主义的观点和方法，对中国古代的人生哲学作出深入的分析和系统的把握，从而吸取其精华，剔除其糟粕，并将其合理的思想、观念和命题纳入现代人生哲学中来。以往的研究工作大都立足于"破坏"、否定和批判，而非立足建设、肯定和继承。旧文化的"破坏"固然重要，但毕竟不能代替新文化的建设。因此，我们必须把"破坏"和建设、否定和肯定、批判和继承有机统一起来，并着眼于建设，努力发掘中国古代各家各派的人生哲学学说的合理成分，以为适合中国国情的新的人生哲学的创立提供历史的依据和理论的依据。

再次，这是反思历史、超越传统、改造现实、开辟未来的需要。过去、现在和未来是一条绵延不断的时间长河，认识昨天，无疑有助于把握今天，走向美好的明天。人们常说，现代化关键是人的现代化，而人的现代化也就是传统的人向现代的人的转化。要实现这种转化，除有赖于继续进行经济的、政治的和文化的变革，以更新人们的观念、开拓人们的视野、提高人们的素质外，还有赖于对以往的人生哲学的思想资料进行细致的整理和客观的评判，并从古代哲人自身的人格塑造、境界完善、人性修养、价值追求中吸取经验和教训，以利于现实的人们的身心发展。当代中国有三股活跃的文化思潮，一是传统文化，一是马克思主义文化，一是马克思主义之外的西方各种文化学说。而在传统文化中，又以传统人生哲学对人们的影响为最大。不管人们自觉或不自觉、承认或不承认，每个现实的中国人的心灵深处都或多或少有传统人生哲学的影响存在，或是儒家的影响为主，或是道家的影响为主，或是两者兼而有之。这种影响又必然区分为积极和消极两个方面。正视这种影响的客观存在并加以积极的引导，则将于民族精神的再造、于人的现代化乃至人的全面而彻底的解放大有裨益。

### （二）研究儒道人生哲学的方法

研究中国历史上的人生哲学（包括儒道人生哲学），有些基本的原则是必须坚持和遵循的，如逻辑与历史相统一的原则，历史唯物主义的原则，等等。这里，我只简单地提出两点意见：

一是宏观把握与微观阐析相结合。所谓宏观把握是从大处着眼，用"放大镜"看问题，所谓微观阐析是从细小处着眼，用"显微镜"看问题；宏观把握立足于演绎，立足于"大胆假设"和主观评价，微观阐析立足于归纳，立足于"小心求证"和客观剖解。二者相反而又相成，前者通过后者为之提供材料和内容上的依据，后者通过前者为之提供观点和结构上的指导。但这绝不是说，宏观把握与微观阐析是各自独立的两个过程，先由宏观把握推出一种主观的观点和构架，再由微观阐析来把纯客观的材料和内容装进这个框架、附会这种观点。事实上，宏观把握与微观阐析是一个统一的过程，是一个过程的两个不同侧面，断乎不可截然分割为二件事体。运用宏观把握和微观阐析相结合的方法研究儒道人生哲学，一方面勾勒出儒道人生哲学的整体面貌和中心论点，另一方面揭示出儒道人生哲学的具体主张和具体内容，二者相互印证、相得益彰。可见，这是十分简便而又行之有效的方法，对于学派、思潮乃至思想家的个案研究都是普遍适合的。

二是纵向考察与横向比较相结合。一方面，任何一个学术流派都有其兴衰的历史，任何一种学术思想、理论及其概念、范畴都有其形成、发展和演变的过程。随着历史的延续、前移和人的认识能力的不断提高，必然导致其学术流派或兴或亡，导致其思想、学说从简单到复杂、由低级到高级、由体系不完备到体系渐趋完备，导致其概念、范畴从内涵贫乏、浅薄到内涵丰富、深刻。纵向考察即在于把某一学派及其思想、学说乃至概念、范畴放在历史的前后相续的链条中来认识，昭示出其思想变化、发展的运行轨迹。纵向考察从某种意义上说即是纵向比较。另一方面，任何一个学术流派都不是孤立存在的，任何一种学说、理论及其概念、范畴的演变都不可能是一个孤立的行进过程，它必然要同其他的学术流派、其他的学说、理论及概念、范畴发生这样或那样的联系，或与对方截然对立、排斥，或从对方吸取养分来丰富、补充自己。横向比较即是把一个学派、一种学说及其概念、范畴与它同时期的另一个或几个学派、另一种或几种学说及其概念、范畴作横剖面的静态的对比分析，以见出不同学派，学说及其概念、范畴的异同、长短、得失。比如，对儒道人生哲学作纵向的考察，则可厘清儒道两家人生哲学的演变各自经历了几个不同的阶段和环节，阐明儒道的创始人孔子和老子各提出了怎样的人学主张，其后继者孟荀和庄子从其创始人那里各继承了什么、发展了什么，孔孟荀对于儒家人学和老庄对于道家人学分别作出了怎样的贡献，具有怎样的历史地位；对儒道人生哲学作横向的比较，则可大致说明儒道人生哲学有哪些相同之处，又有哪些不同之处，而这一切在不同的阶段和环节又有怎样不同的表现。纵向考察与横向比较合而用之，无疑可以使我们对儒道人生哲学的内容、特点及其地位、价值获得一个接近客观而全面的认识和估价。

　　这本小册子乃是笔者运用上述方法进行尝试性努力而得到的一个初步成果。由于儒道人生哲学的研究本身有较大难度，也由于笔者史论修养有限，才识不济，就中存在的问题定不能少。笔者恳切期望得到方家同人的批评和指教。

# 第二章　道家：老子自然无为的人生哲学

老子既是道家学派的创始人，也是中国哲学的鼻祖。因此，评介道家人生哲学，甚或探讨整个中国哲学，都必须从老子谈起。

老子的生平事迹，今天已很难确考。汉代司马迁已不能断定老子究竟是谁，他在《史记》中举出三个人，一个是孔子曾问过礼的周守藏史老聃，楚苦县厉乡曲仁里人，名耳，字聃，姓李氏；一个是老莱子，也是楚人，与孔子同时代；一个是战国时代的周太史儋①。现在多数学人认为老子即老聃，笔者从之。

老子为后人留下一部不朽的著作，这就是众所周知的《道德经》。关于《道德经》的作者及其成书的时代，学术界分歧很大。笔者从陈鼓应先生的看法，以为《道德经》一书出于老聃一人的手笔，"有些字句为其弟子或后学所附加，亦所不免的"，"成书年代不至晚于战国初"②。《道德经》总体上代表了老子的思想。

《道德经》究竟是一部什么样的书？《道德经》所体现的老子究属于何家何派？关此，前辈和时贤也是见仁见智，莫衷一是：或因为《道德经》有几章专门讨论"用兵之道"，同时《孙子兵法》有些观念与其存有某种表面的联系，而将其归结为一部兵书，进而认老子属兵家；或因为

---

① 司马迁《史记·老庄申韩列传》。

② 陈鼓应著《老子注译及评介·修订版序》，中华书局1984年版。

《道德经》较多探讨宇宙本体、世界发生发展问题，而将其归结为一部自然哲学之书，进而认为老子是一个自然哲学家；或因为《道德经》强调柔弱谦退，无为而治，而将其归结为君王南面之术，甚而认为老子是一个权谋家。笔者认为，凡此种种看法都未能真实反映《道德经》的实质内容，把握老子其人的个性特征；《道德经》实是道家的一部言简意丰的人生哲理诗，老子实是一个博大精深的人生哲学家。固然，老子确曾讨论过"用兵之道"，也确曾提出过无为而治的观念，但这不过是自然无为人生哲学原则在社会政治领域的直接扩展和伸延，换句话说，这正好说明自然无为原则是一自然、社会、人生的普遍原则；固然，老子确曾关注并论述了宇宙本体，世界发生发展问题，但这也不过是为自然无为原则寻找一终极的落脚处。①

　　总起来说，老子人生哲学是一个以道为其哲学根据，以自然无为为其主线或核心而展开的具有丰富内容的独特的理论体系。这个理论体系所追求的是：提示和引领人们取法于道的自然性和质朴性，克除和解消人与自然、人与人之间的矛盾和冲突，抛弃一切主观人为的动机和努力，以无为的心境和姿态达到无不为的目的，实现人性的复归与道的复归。老子对生命意义与个体价值的理解，对婴儿境界与圣人人格的规定，对修养之方与摄生之道的阐述，都是从这一基本观念中引发出来的。

———————

① 陈鼓应先生和徐复观先生均作如是观。陈先生说："老子的整个哲学系统的发展，可以说是由宇宙论伸展到人生论，再由人生论延伸到政治论。然而，如果我们了解老子思想形成的真正动机，我们当可知道他的形而上学只是为了应合人生与政治的要求而建立的。"（《老子注译及评介·老子哲学系统的形成》）徐先生也说："老学的动机与目的，并不在于宇宙论的建立，而依然是由人生的要求，逐步向上推求，推求到作为宇宙根源的处所，以作为人生安顿之地。因此，道家的宇宙论，可以说是他的人生哲学的副产物，他不仅是要在宇宙根源的地方来发现人的根源；并且是要在宇宙根源的地方来决定人生与自己根源相应的生活态度，以取得人生的安全立足点。"（《中国人性论史》）

# 一、道·天道·人道

老子的道论构成他的人论的内在逻辑前提。因此，我们首先须对道的内涵及其诸种规定性有一个大致的把握。

## （一）道的提出及其内涵

毋庸置疑，道的范畴以及天道人道的观念均非老子首先发明。早在《诗经》和《易经》中就已出现道的概念，《诗经》和《易经》所云道即"路"或"道路"的意思。[①]春秋时期，郑国宰相子产说："天道远，人道迩，非所及也，何以知之？"[②]初步接触到天道和人道问题。子产主观上对天道存而不论，敬而远之，使天道客观上蒙上某种神秘色彩，似乎是人不可捉摸、无法把握的。儒家开山祖孔子亦未摆脱这一传统，孔子所谓道就是人道、伦理道德之道。[③]可见，老子先前的思想家及其稍后于老子的孔子，从道的初始含义中引申出天道和人道的概念，并着重探讨了人道，将道引入伦理道德、社会人生的层面，这无疑是具有突破性的发展。但是，他们毕竟忽略了道的形上层面、形上性质。赋予道以形上学的意义，将其提升到最真实的存在和最普遍的规律的空前哲学高度，当首推老子。

道作为老子哲学的最高概念和范畴，在老子看来，既是最真实的存在，也是最普遍的规律。存在相对于非存在而言，最真实的存在即是说，道绝非可有可无的具体的感性事物，它乃是超感性的本体存在，是万物之本根、宇宙之大全、世界之总原理，用老子自己的话说，即是"万物之

---

① 参见拙文《老子道的特性剖析》，载《江西社会科学》1987年第3期。

② 《左传·昭公十八年》。

③ 孔子说："朝闻道，夕死可矣。""士志于道。""吾道一以贯之。"（《论语·里仁》）这里所谓"道"即人道、伦理道德之道。

宗"①，"万物之奥"②。这一本体或始基显然不像具体的感性事物那样时生时灭，时成时毁，它是无生无灭、无成无毁的绝对。老子说："有物混成，先天地生，寂兮寥兮，独立而不改，周行而不殆，可以为天地母。"③正是这个意思。作为宇宙本体的道，老子又称之为母体。这个母体深暗而渊虚，宛如一个无底的山谷，所以又谓之"谷神"："谷神不死，是谓玄牝。玄牝之门，是谓天地根。绵绵若存，用之不勤。"④谷神、玄牝即是一种自在自为的逻辑先生性，是绝对的永恒的本体存在，宇宙万物正是从这个母体的门户里生养、流衍出来。

老子认为，道从其实质来说是有和无的统一。道的有无统一性一方面表现为具体的感性事物的有无统一性的哲学提升和抽象把握，另一方面又与具体的感性事物的有无统一性有着根本的区别；具体事物的有无是相对的暂时的和有条件的，道的有无则是绝对的永恒的和无条件的。为使二者不致混淆，老子还特地提出"常有"、"常无"的概念来标明道的有无。按照老子的意思，道的常无特征表现为不可见不可闻不可搏，迎之不见其首，随之不见其后，老子谓之"无状之状，无物之象"，谓之"恍惚"；道的常有特征表现为"惚兮恍兮，其中有象；恍兮惚兮，其中有物；窈兮冥兮，其中有精；其精甚真，其中有信"。⑤道这个东西既非纯有，亦非纯无，而是有（常有）和无（常无）的矛盾统一，其"有"是寓于"无"之中的"有"，其"无"是内在包含"有"的"无"。在常无常有的矛盾统一体中，老子更强调和突出道体的常无特征，以为常无是较常有更根本的东西，道体惟有常无、恍惚，才能生养一切，包容一切，亦才能因其至

① 《道德经·四章》。
② 《道德经·六十二章》。
③ 《道德经·二十五章》。
④ 《道德经·六章》。
⑤ 《道德经·二十一章》。

高无上性而与作为感性实物存在的个别事物真正区分开来。①

关于道体的存在意义的阐析及其常有常无特征的规定，体现着老子对世界统一性以及一和多、一般和个别、本质和现象等关系的认识的基本倾向。老子并没有停留于道体的存在意义的阐发，并没有纠缠于道是物质的抑或是精神的问题的争论，老子更着重于道的规律意义的揭示。正是在道的规律的意义上，老子把自然和人、理想和现实密切挂起钩来。前面已经指出，道不只是最真实的存在，同时也是最普遍的规律。所谓规律就是原理或法则的意思，最普遍的规律即是说道不是某种或某类具体事物的原理或法则，而是涵盖一切事物的世界之总的原理、总的法则。老子把物的世界（自然世界）和人的世界（人类社会）视作道这一总的原理和法则发生作用的两个基本领域，道在物的世界中的体现就是天道，在人的世界中的体现就是人道。天道和人道统归为道。②

### （二）天道的规定性

那么，天道作为道这一总的规律系统的一个重要方面具有哪些具体规定性呢？第一，天道自然。这是天道的最本质的特征。"自然"，根据老子的解释，一指事物的初始状态（当然也指客观的外部自然界），一指事物的纯朴本性，一指事物因性而行的运作方式。不论老子在何种意义上理解和使用"自然"一词，所谓自然总是与外部压力、外在人为截然两立、不能相容的。老子有时也把道和天道看作是同一的东西，认为道或天道不仅自本自根，自形自色，自消自息，且以自然为法则，任天地万物自生自

---

① 客观上，道的常无一面的突出及其解释的模糊性、不明朗性，为人们将其哲学性质归结为客观唯心主义，为老子以后的一些哲学大师（如王弼）从常无出发，走向唯心主义提供了可能。但老子关于常无常有的论述无疑浸透着精深的哲理。我们若是站在宇宙发生学和宏观物理学的高度看待问题，那么，老子关于道是常无常有的统一的哲学规定，就更是值得我们深思。

② 参见拙文《老子政治哲学剖析》，载《论中国传统政治文化》论文集，吉林大学出版社1987年版。

长，自为自成，自毁自灭，它生而不有，为而不成，长而弗宰，功成而弗居。请看老子说："人法地，地法天，天法道，道法自然。"①表面上看，老子似在说明人、地、天、道、自然的相互递进关系，其实，老子旨在强调天、地、人乃至集天、地、人于一身的道都必须以自然为法。

第二，天道无为。无为和自然是一而二、二而一的范畴，相对而言，自然主要是在积极的主动的意义上说的，无为主要是在消极的被动的意义上说的。无为的真谛谓何？人们往往将其解释成绝对的不为。笔者认为这是对无为本意的歪曲和误解。老子的无为实在是一种至上的为、绝对的为、纯粹的为，这才是无为观念的精神实质、深层意蕴。如果说无为就是不为，那么，道恒无为而无不为的命题便不能成立。照老子的观点，道之无为是说道并非有人格意志的神物，并不对万物进行主宰和左右，它只是顺物之性，自然而行而已。所以老子有时也将道之无为称作为无为。然则，道虽在性质上形式上貌似无为，但从实质效果说却是无所不为，道不仅生养化育了万物，且使万物自宾自化，使天下自定，岂非无不为哉。

第三，天道利而不害。《道德经》载："天道无亲，常与善人。"②"常与善人"，带有天人感应的神秘色彩，不过，老子要在表达"天道无亲"的大公无私品格。正因此，天之道才能够"利而不害"③，"损有余以补不足"④。

## （三）人道的规定性

人道是道这一总的规律系统的另一重要方面，在老子看来，与天道的规定性相联系，人道也具有三个基本的特征。第一，人道本于天道，追随天道。天道即自然之道，人道即人际之道，二者相互对待，本质上不可直

---

① 《道德经·二十五章》。

② 《道德经·七十九章》。

③ 《道德经·四十一章》。

④ 《道德经·七十七章》。

接同一。这是天道人道对立的方面。二者还有其统一的方面：人际之道从自然之道演化而来，又追随自然之道，以自然之道为依归，犹如人从自然界进化而来，又终究为自然界的一部分是一样的道理；同时，自然之道和人际之道共同构成道这一总的规律系统，二者都是作为宇宙普遍法则、世界之总原理的道的意识显现。

第二，人之道损不足以奉有余。天道人道的逻辑统一不能代替其现实统一。现实世界是可悲的，它表现为天道人道的严重对立和冲突，人们不是按照自然无为、损有余以补不足的原则行事，而是背离自然，崇尚人为，损不足以奉有余。这种反常情形的出现，正是世道衰微、人心不古的标志，其根源在于人类自然纯朴本性的丧失和自然人生有机统一体的破损。

第三，圣人之道为而不争。圣人之道是人道之中体现天道要求和特征的理想人生之道。圣人因其善于体悟天道自然无为的品性，故而平生以法道为务，以自然为法则，为而不争，损有余而补不足。"天之道损有余而补不足。人之道则不然，损不足以奉有余。孰能有余以奉天下，唯有道者。是以圣人为而不争，功成而弗居。"①在圣人身上，天道和人道达到逻辑的和现实的统一。

有人说，老子的道学体系以道为出发点和归结点，着重考察了天道原则，对人道未予足够的重视。由上可知，事实并非如此。老子讲天道、重自然，却不是对纯粹本体的孤立反思探求，老子的道学绝不是许多学者心目中的纯粹形上学。老子从未忘记人的存在、从没有离开人谈论天、离开人道谈论天道、离开人生谈论自然，老子道学的关节点在于从天道推到人道，将人道归结为天道，天与人、天道与人道、自然与人生通过人类本性的中介紧密地连为一体。这是老子的道学（人生哲学·）不同于古希腊哲学离开社会人生谈论宇宙自然的孤立的自然观和离开自然宇宙谈论社会人生的孤立的社会观、人生观、政治观的一个重要特点。

---

① 《道德经·七十七章》。

### （四）自然主义人性论

人性作为联结天道和人道的中介或桥梁，构成人道原则的最高层次，人道原则正是通过它而在人自身的社会历史活动中，在反映客观事物的真理性规律性（天道）中得以展开和实现。道家始祖老子对人性虽无直接论述，《道德经》五千言找不到一个"性"字，但通观全书，仔细咀嚼玩味，不难发现，老子并没有抛开人性问题，老子的人性论可以说是一种自然主义人性论或自然至善论。照老子的意思，人类的本性不是别的，不是仁义礼智，而是人类最原始的美德，即自然天真、纯朴厚实，不识不知（常理意义上的知识），无私无欲。人类本性的这种真实规定是人之所以为人的内在依据，人生的价值、人的地位和尊严、人的自由意志和理想境界，正是通过这种自然本性，在反映和联结宇宙客观法则（天道）的过程中得到完满的体现。而现实人生、世俗社会，由于人为原则的倡导，仁义礼智的出现，导致人类原始美德的丧失，人类自然本性的破坏。于是，人也就失去人之所以为人的内在根据，人的地位和尊严、人的价值和自由意志也就淹没在紊乱的人为社会之中。老子考察和反思现实人生，深究和迷恋原始本性，从而主张绝人事弃有为，崇自然尚无为，追回原始美德，实现人性的自我复归，使人的地位和尊严、人的价值和自由意志得到重新的肯定。

老子在这里自觉不自觉地意识到了人性与天道的内在关系，意识到了人道原则与天道原则的内在统一。我们知道，孔子因其人性论没有展开发挥，因对宇宙本体未做深入哲学反思探求，亦就未能揭示人性与天道的正确关系，未能将天道与人道内在有机地统一起来，明确意识到：天道内在地把人道包含在自身之内，人道是天道的体现，是天道固有的规律表现为人的自我意识和社会历史发展。与孔子的情形不同，老子力图排除天道与人道统一的外在性，开始将其作为世界对立而又统一的两端来考察，在中国思想史上第一次从高级阶段的概念表象思维①的角度论述了二者内在具有的统一性。

### （五）道的复归与人性的复归

照老子的逻辑，天道和人道通过人性的中介而达到统一的过程，也就是道的复归和人性的复归的过程。老子认为，道和宇宙万有是一和多、派生和被派生的关系，道因其自身的圆满丰盛而创造天地万物，天地万物因其自身的贫乏有限而要求回归于道体之中。道具有解消自身的圆满丰盛与物的贫乏有限的对立的能力，道实质就是解消对立和矛盾的最高原则。这是就作为"一"的道而言。若从作为"多"的物一面看，天地万物从自身圆满丰盛的道那里流出之后，必然要回到自己的老家——"道"那里去，所谓"夫物芸芸，各复归其根"，"复归于无极"，"复归于朴"，都是这个意思，从道到物乃正的过程，从物到道乃反的过程，一正一反，循环往复，无有止息，正是道的必然的运动轨迹。这就是所谓道的复归。

老子进而从道的复归推到人性的复归。在他看来，人的自然纯朴本性作为人之所以为人，作为至善至美的人生价值观的内在依据，自身正是本体的道、宇宙发展普遍法则的表现和伸延。道和性、道的复归和性的复归、天道和人道从其逻辑上说是内在统一的，天道内在地要求人道与之相符合，人道复归于天道又是人道自身运动的必然趋势。换句话说，道的复

---

① 就华夏民族来说，从原始社会到老子生活的时代，人类的思维经历了几个不同的形态：远古时代的各种图腾崇拜、宗教迷信观念及其神话传说所表现的是原始人类的表象图画思维特征，它的特点在思维的具体性、直接性、表面性、形象性；西周初年的《易经》和殷周之际的《尚书·洪范》等包含的阴阳五行观念所表现的是文明社会早期人类的低级形态的概念表象思维特征，它的特点在开始用概念来把握宇宙人生，但又不失其思维的具体性、直接性、表面性和形象性；以老子的道学开其端的诸子文化所表现的是高级形态的概念表象思维特征，它在更大的程度上克服了原始的表象图画思维方式的种种局限，从概念和理性的高度说明物质现象和精神现象。

归内在地要求人性的复归，而人性的复归又是道的复归在人身上的表现，是人道自身的要求。只有实现人性的自我复归，达到天与人、天道与人道、自然与人生的合一，才能进入至善至美的理想境界。

老子不仅追求天道和人道的逻辑的统一，更追求其现实的统一，他从宇宙论本体论的高度论证了这种统一的客观必然性和现实可能性，这是他的理论贡献。但他视区别、差异、对立和矛盾的存在为不合理，以为绝对无差别的统一才是最好的归宿，这就必然要抹杀自然规律和社会规律的不同特点。进一步说，老子用"静观玄览"的方法直观道，从"静为躁君"的立场考察事物，阐释天道与人道的具体规定和统一，这样，又必然要把人类自身的实践活动排除在统一之外。

# 二、生命意义和个体价值

## （一）人类理性的觉醒

先秦诸子百家的思想可说是千姿百态、径庭有别。但在这千姿百态、径庭有别的各个观念体系中，却表现着一种共同的倾向和格调。这就是对自然、社会和人生的理性态度。人们开始意识到自我的存在，自然不再作为纯客体的对象存在，而是对象化了的为我存在；社会不再作为外在于个人的异己力量，而是内在于个人的人的社会；人生的各种现象也不再是神秘莫测、不可捉摸的，而有其自身的规律和轨迹；人在自然界中具有崇高的地位，人的存在、生命的存在，具有他物不可比拟和取代的价值。人应当成为自然的主人、社会的主人、人自身的主人。这种倾向和格调，反映了时代的觉醒，人的理性的觉醒。在这股对后世产生深远影响的理性思潮的形成和发展中，老子精神充当了重要的角色。

基于对道、天道和人道（天人关系）的理解和把握，老子提出了重视和肯定人之作为人的生命存在的意义和价值的思想，他通过"域中有四大，而人居其一焉"，善救人无弃人，天命鬼神观念的抛弃等几个环节对此做了论证，并着意强调了人的个体价值，把人的个体价值的实现诉诸历史与现实的超越，诉诸抽象的人性的自我复归。

### （二）人居四大之一的观念

人与自然存在怎样的关系？人在自然界中占有何种地位？这是老子人生哲学无法回避的问题。在人类漫长的原始社会的早期和中期，由于生产力极其低下和人类的思维认识水平极其落后，人与自然的关系可以说并没有构成为问题，人与自然融为一体，人直接就是自然的一部分，人的世界直接就是自然的世界，人不是作为人之所以为人而存在，而仅仅作为自然的人而存在，人的生存生活、人的一切活动不是从独立于自然的人的要求出发，而是服从于人的简单的自然要求和生理本能。这种状况体现了生命的一体性原则，人与自然既是生命本身，又是生命的载体，彼此并无物我之分。随着时间的推移，到了原始社会晚期和文明社会早期，人类逐渐从自然界中分化出来，从而突破生命的一体性原则，世界不再只是单一的物的世界、自然世界，同时也是人的世界。这是生产力的进步和人类思维认识水平提高的结果。但生产力的进步和人类思维认识水平的提高还远远未能达到使人的自我意识得到充分的发展，尽管已经有了物我之分、人的世界与自然世界之别，但自然界的各种异常现象仍然时刻威胁着人类的生存和生活，人的力量的无限性和潜在性不可能得到全面而现实的体现，在浩瀚无垠、变化纷繁的大千宇宙面前，人们感到自身的渺小。生活于春秋时代被后来庄子称之为"古之博大真人"①的老子对人与自然关系的认识则

---

① 《庄子·天下》。

较前大大地前进了一步。老子说："道大，天大，地大，人亦大。域中有四大，而人居其一焉。"①在承认物我之分的前提下，老子高度肯定了人的存在的价值，认为人在宇宙中并不渺小，并非无足轻重，人不应自暴自弃、自卑自贱，而应自尊自重、自爱自贵。老子虽没有像儒家那样明确提出人贵物贱的观念，强调人高于自然，但指出人是四大之一，将人与道与天与地相并列，实是将人还给了人，也还给了自然，从而较儒家更少带有主观性。

### （三）善救人无弃人的观念

人居四大之一表明人在物的世界中占有崇高地位，善救人无弃人表明人在人的世界中占有崇高地位。在老子看来，现实的人大致可以分为两种类型：善人，不善人。老子说，一方面善人和不善人同作为人，都有其存在的必然性和生命的意义，因此，圣人应善救人，无弃人；另一方面，善人和不善人具有相反相成的关系，善人是不善人的老师，不善人是善人的学生，如果学生不尊敬老师，老师不爱护学生，那么即使很聪明，其实也是糊涂虫。②老子认为，所以要善救人无弃人，在于"美人可以市尊，美行可以加人"。人之不善可以通过美言美行感化和挽救。总而言之，世界上没有什么废人废物可言。因此，"人之不善，何弃之有？"③老子强调说："善者吾善之，不善者吾亦善之，德善。信者吾信之，不信者吾亦信之，德信。"④这段话一方面反映着老子漠视是非善恶之别的相对主义立场，另一方面却又表现出老子对善人不善人一视同仁、无有偏私的博大胸怀。这种宽容厚物的精神体现了老子对人的关心与重视。

老子生活的时代是社会经济、政治、文化、意识形态各个方面发生

---

① 《道德经·二十五章》。

② 《道德经·二十七章》。

③ 《道德经·六十二章》。

④ 《道德经·四十九章》。

急剧变革的时代。从历史的眼光看，这种种变革无疑应当加以肯定；但从当时的直接社会效果说，它同时也进一步加剧了统治者与人民之间的阶级矛盾，各国统治者为满足自己的各种奢望，便乘变革之机，假借民意，对外进行无尽无休的攻伐战争，从而带来劳力的损耗、田园的荒芜、生产力的破坏；对内进行残酷的剥削和压榨，从而导致子民的贫困饥馁、轻死难治。而他们自己却"服文彩、带利剑、厌饮食、财货有余"。①这种社会现实与善救人无弃人的观念显然是背道而驰的。老子从人之作为人的生命存在的正当性、也即从人本主义的立场出发，淋漓尽致地鞭挞了统治者的非道行为，一针见血地指出，"民之饥，以其上食税之多"，"民之难治，以其上之有为"；"民之轻死，以其上求生之厚"。②人民的贫困饥馁、轻死难治其根源正在于统治者求生之丰厚、压榨之残忍，统治者简直就是掠夺抢劫人民财富的强盗头子（盗竽）。老子指出，统治者的非道行为是不能持久的，正如自然界的狂风暴雨不能持久一样，因为"民不畏威"，"民不畏死"，面对统治者的残暴行为，人民必然要起而抗争。老子认为，人的生死命运决定于天、道、自然；统治者用严刑苛法压迫人民，无异于以人灭天；而以人灭天，没有不自取灭亡自遭其殃的。老子于是警告统治者对人民要"无狎其所居，无厌其所生"，同时要"自知不自见，自爱不自贵"③，可见，老子自觉不自觉地看到了人民的无畏精神和反抗力量，看到了人作为四大之一所具有的内在价值、内在尊严和神圣地位。老子抨击和批判当时统治者的非道行为的深度和广度也是前所未有的，只是老子没有意识到"恶"的因素在历史上也能起积极作用。恩格斯指出："自从阶级对立产生以来，正是人的恶劣的情欲——贪欲和权势欲成了历史发展的杠杆。"④老子未肯定这一点亦非老子过错，因为任何观

---

① 《道德经·五十三章》。

② 《道德经·七十五章》。

③ 《道德经·七十二章》。

④ 《马克思恩格斯选集》第四卷，第233页。

念的提出都须以深厚的文化积累和时代背景为前提。

### （四）不信天命鬼神的观念

在殷周人们的心理意识中，占据统治地位的是有人格意志的天帝观念，天乃世界的至上神，它通过人间的王——天子而与下民发生关系，它不但具有赏善罚恶的功能，且能主宰和左右宇宙人生的一切物事。这种唯一至上神的天帝观念与此之前的多神观念相较，固有其普遍抽象的哲学意义在，但它却根本抹杀了人的地位和尊严、人的主观能动性和自由意志。这种富于神性特征的宗教天命观念到了老子生活的时代，因其生产力的发展、社会历史和经济政治的剧烈变化，因其人类日常生活经验的积累和理论思维水平的提高，终于发生了动摇，天人地位急速逆转，许多贵族开明人士不断对天命的威力发生怀疑。这股怀疑的思潮直接影响了老子的思想认识，老子的态度正是从怀疑走向明朗：他根本不相信天命的存在，照老子的逻辑，天命在道的面前没有任何意义，道以及道所派生的一切都是自自然然的，道本身对人也不具主宰和支配作用。从某种意义上说，道不是别的，就是自然。用道的至上性、自然的至上性否定和取代天命的至上性，这在人类认识史上是了不起的贡献。

在否定天命观念的同时，老子对鬼神观念也作了改造。传统以为，鬼神虽不似天命那样具有权威性，但同样能够干扰和影响人类的生存和生活，它与天命的作用互为补充，共同制约和规定着人类的物质活动和精神活动。儒家孔子对鬼神取存而不论的姿态，这已是明智的表现。老子虽然沿用了"鬼"和"神"的概念，但他从道的自然无为的立场出发，赋予"鬼"、"神"某种自然的属性，这样，所谓"鬼神"就已不是旧有意义上的"鬼神"。老子还说："以道莅天下，其鬼不神。"①只要依循"道"或自然的原则行事，那么，即使真有鬼神的存在，对人也不会造成什么伤害，传统的鬼能伤人的说法并无事实根据和理论根据。老子就是这

———————

① 《道德经·六十章》。

样通过对天命观念的扬弃和对鬼神观念的改造的途径来推崇道，进而推崇人，因为人的价值不过是道的价值在人身上的体现而已。

### （五）人的个体价值的推崇

人的价值区分为群体价值（社会价值）和个体价值（自我价值）。如果说儒家孔子注重的是人的群体价值或社会价值的话，那么，道家老子注重的是人的个体价值或自我价值。请看老子说："众人熙熙，如享太牢，如登春台。我独泊兮，其未兆；沌沌兮，如婴儿之未孩；儽儽兮，若无所归。众人皆有余，而我独若遗。我愚人之心也哉！众人昭昭，我独昏昏；众人察察，我独闷闷。惚兮其若海，恍兮其若无所止。众人皆有以，而我独顽似鄙。我欲独异于人，而贵食母。"[1]（着重号为笔者所加）老子在这里刻画了一个得道的圣人的独特的个性和心理意识。这种独特的个性和心理意识集中表现为"独"和"异"两个字，即老子自道的"我欲独异于人，而贵食母"。后来庄子将其概括为"人皆取先，己独取后"、"人皆取实，己独取虚"、"人皆求福，己独曲全"三个方面，可谓得其老学要领。老子旨在阐明在人性扭曲、大德丧失的现实世界，自我之自尊自重、自爱自贵、自存自保的重要性，倘若随波逐流，趋炎附势，只会坠入丧失主体自我和个体价值的人生歧途。

与人的个体价值的着意强调相关联，老子主张排斥一切人际交往，追求个体独立的绝对性。《道德经》云："使人重死而不远徙"，"邻国相望，鸡犬之声相闻，民至老死，不相往来。"[2]按照老子的意思，不仅部落之间不要联系往来，即使部落内部成员之间最好也不要相互往来。只有断绝一切经济、文化、政治交往，去除一切人伦关系，才真正谈得上没有剥削压迫，真正建立起甘食美服、安居乐俗的理想社会。台湾学者邬昆如先生曾阐释老子这种人生格调说："除了道德经中缺乏对话的因素

---

① 《道德经·二十章》。

② 《道德经·八十章》。

外，……五千言中根本找不到一个有格位的人称代名词；这表示老子断绝与群众来往的决心。而且更深一层，书中没有提起过任何一位历史上或当时的人名或地名；这个事实，显示了老子超越的尝试。在老子看来，伦理道德的生活，都在于自我之中；是故，在道德经中，'我'、'予'、'吾'、'圣人'等词，用了超过三十七次之多。这第一人称的代名词，就是指老子自己，他要以这种以自我为中心的主体，孤独地去'观'那作为客体的'道'。这么一来，一切的知识媒介和伦理媒介，都成了不必需的东西。"①

邬先生对老子人学的分析把握甚为精当。然而，我们也必须看到，老子突出人的个体价值、个体独立的重要性，却非将其与人的群体价值（社会价值）、人伦关系绝对对立起来。老子并非简单地要离开人伦世界，而是要在心理上超越它，并非笼统地要离开人，而是要恢复人的原始本性，并非要排斥人道，而是要求天道人道的绝对吻合一致。老子就是要在这种人际关系的超越中，要在人性的自我复归中，要在天道人道合一的行程中，去体现作为四大之一的个体人格的至上价值。这就是老子的品格。

# 三、婴儿境界和圣人人格

老子的人生哲学还包括关于人生理想的看法。老子的人生理想论又是以天人观和价值观为其逻辑前提的。

人生理想论不外由境界说和人格说两部分构成。所谓境界，就是指人的某种精神状态；理想境界也就是指人的理想的精神状态。先秦诸子，特

---

① 邬昆如著《庄子与古希腊哲学中的道》第59页。

别是儒家和道家几乎无不涉及境界问题，他们都把理想境界作为人生追求之最崇高目标。这是异中之同。同中之异是，各家对理想境界的论述和规定则大异其趣。

### （一）婴儿境界即自然境界

如若与孔孟的境界学说比较而论，则老子的婴儿境界理论可谓别具特色。老子追求的是内在的精神的愉悦，而非外在的物质的感官享受。在老子看来，一切外部生活、外部修养都属于人为的范围，而一切人为都将绝人之本性，失人之天真，毁人之自然。照老子的逻辑，像儒家那种必须通过各种外在因素的制约规范和艰苦的修养践履才能达到的"仁"的境界，不只非为人生之理想境界，恰恰立于摒而弃之之列。老子认为，理想完美的人生境界只能是自然原始的境界，婴儿般天真未凿的境界。这里的"自然"不是指运动变化、千差万别的大千世界，而是指自然界尤指人本身那种未经人为的自自然然的最原始的状态；这里的"婴儿"则是自然原始状态的人化，是人化了的自然。

我们不妨拿西方认识发展史上洛克的"白板说"①做比喻说明。洛克指出，人诞生之时（婴儿）就好比一块白板，透明晶亮，没有任何色彩痕迹。后来由于相互的交往和生活的展开，人们逐渐有了感觉、智慧、思想、观念一类的东西，这就等于在白板上着上了色彩痕迹，使白板失去原先的光泽风采和透明真纯的原始本性。老子的意思也正是说，人的本性就在于其原始性自然性，后天的人为的一切都与人的本性不可两立；婴儿境界所以为人生理想境界在于婴儿状貌犹如透明真纯的白板，是最原始最自然同时也是最可爱最美好的，她不为外物所累，不因外物而移其性。

① 洛克（1632—1704）系近代英国著名的经验主义哲学家，著有《人类理解论》，其"白板说"出自该书第一卷，为针对"天赋观念"而提出。

## （二）"复归于婴儿"的企求

请看老子对婴儿状貌的称道和复归于婴儿的企求："搏气致柔，能如婴儿乎？"①"百姓皆注其耳目，圣人皆孩之。"②"知其雄，守其雌，为天下溪。为天下溪，恒德不离，复归于婴儿。"③"含德之厚，比于赤子。毒虫不螫，猛兽不据，攫鸟不搏。骨弱筋柔而握固，未知牝牡之合而朘作，精之至也。终日号而不嗄，和之至也。"④老子在这里表达了这样三层意思：第一，婴儿内在具有纯朴天真、柔弱精纯、混沌至极、自身圆满的品性，婴儿般自然原始的境界乃人生所向之最高境界。第二，人生应以内部生活、内部修养为主，淡泊混沌、知雄守雌，知白守黑、知荣守辱，以恒其德，复归于婴儿；复归于婴儿，也即复归于自然原始本性，复归于道。第三，复归于婴儿（无极、朴），便能够骨弱筋柔而握固、毒虫不螫、猛兽不据、攫鸟不搏；从而亦便会感到自我的高大和尊严、愉悦和幸福。

老子的婴儿说在后世产生过一定的影响，它直接启迪了明代异端思想家李贽的思想。李贽提出的"童心说"既是对王守仁的"良知"理论的反动，更是对老子"婴儿"学说的继承。李贽说，只有像婴儿那样纯朴的心才叫童心，童心就是真心，它是一种未经人为的绝假纯真的先天精神状态，"若失却童心，便失却真心；失却真心，便失却真人。人而非真，全不复有初矣"。⑤因此，李贽反对因为读书明理而丧失童心，主张避免闻见之知的扩大以保持童心不受损害。这与老子"复归如婴儿"的观念显然是一脉相承的。

---

① 《道德经·十章》。

② 《道德经·四十九章》。

③ 《道德经·二十八章》。

④ 《道德经·五十五章》。

⑤ 李贽（明代思想家）著《焚书》卷三《童心说》。

### （三）"小国寡民"的理想国

婴儿状貌是各个独立个体的人的最高境界，"小国寡民"的理想国是由各个独立个体的人组成的社会和国家的最高境界。后者是前者的推广和展开。

老子的小国寡民说集中表现在《道德经·八十章》："小国寡民，使民有什伯之器而不用，使民重死而不远徙。虽有舟舆，无所乘之；虽有甲兵，无所陈之；使民复结绳而用之。甘其食，美其服，安其居，乐其俗；邻国相望，鸡犬之声相闻，民至老死不相往来。"老子对伴随文明社会而来的人民的痛苦、灾难，人性的扭曲、异化等种种现象有着切身的感受，但又认识不到这种种现象出现的社会历史根源，于是，带着时代的创伤，他试图逃向原始的乐园。所谓甘食美服、安居乐俗、结绳而记、无为而治的小国寡民社会就是这种原始乐园的形象化、具体化和理想化。

从历史的观点看，老子的思想虽是缺乏科学根据的空想和无法实现的幻想，但无疑体现着老子对损不足以奉有余的无道社会的仇视、批判、摒弃和对损有余以补不足的有道社会的憧憬、向往、追求。同时，老子设想的这个形象化的社会蓝图对后世思想家、改革家所产生的积极的启蒙影响也是不应一笔勾销的。

### （四）老子式圣人人格的设定

在设定婴儿境界自然境界以为人生之理想境界的同时，老子又设定圣人人格以为人生之理想人格。所谓人格，在今天看来，可以从生物学、心理学、社会学、法律学、政治学、哲学等不同立场做出解释和说明；若从人生哲学的角度来定义，人格似乎就是人之蕴蓄于中、形诸于外的内在的特质和行为上的倾向性。这是就个体人格而言。个体人格经过理想化社会化，就将转化为社会人格形态，从而成为整个社会孜孜以求的人格范型。

同境界问题一样，关于人格问题，先秦诸子特别是儒家和道家也几乎无不论及，孔子和老子心目中的"圣人"可以说既是理想的个体人格，又是理想的社会人格，二者是一体的。不过，孔子和老子对"圣人"的具体规定却是径庭有别，孔子所谓"圣人"必须是立德立言、成功成名的，借用张岱年先生的话说，就是必须"德无不备，明哲绝伦，而能拯济生民"。①老子所谓"圣人"则是摒德弃智、绝仁弃义的完全人格，他所奉行的根本信条是"处无为之事，行不言之教"②，"不欲见贤"③。

### （五）老子式圣人人格的基本特征

老子式"圣人"的人格的第一个特征是摒弃道德，崇尚自然，绝仁弃义。《道德经》十八章、十九章是老子摒德观念的集中反映。老子认为，只有摒弃世俗伦常，才能真正"民复孝慈"，只有实行自然的生活，一本于道，才能最终达于"大顺"。必须指出的是，老子摒德并不意味着他不要道德。老子说："万物莫不尊道而贵德。道之尊，德之贵，夫莫之爵而常自然。"④可见老子是尊道而贵德的。老子实在是一个道德至上、伦理至上论者，其所摒所弃乃传统所谓道德、儒家所谓仁义；其所尊所贵乃道德的纯粹性、绝对性、超越性。这种超乎世俗道德之上的"大德"，只能存在于老子式"圣人"自身的静观和玄想之中。

老子还用辩证的眼光考察人类的伦理道德问题，力图揭示道德的本质和仁义产生的根源。他说："大道废，有仁义；智慧出，有大伪；六亲不和，有孝慈；国家混乱，有忠臣。""仁义"、"孝慈"、"忠臣"是社会混乱、道德衰微以后出现的现象，远古社会大道盛行，完备无缺，故无道德之争。道德的本质就在于人人依德而行而不自觉其为德。老子又说："上德不德，是以有德；下德不失德，是以无德。"⑤"上德"指天

---

① 张岱年著《中国哲学大纲》第263—264页。

② 《道德经·二章》。

③ 《道德经·七十七章》。

④ 《道德经·五十一章》。

⑤ 《道德经·十八章》。

真自然；"下德"指仁义礼智。天真自然之上德体现着天道必然，处在道之内，是道之"精"、"信"在人身上的显露，因之无须刻意觅求而德常在，仁义礼智之下德与天道无所干系，处在道之外，因之虽汲汲以求，却如以人灭天，反失大德。在老子看来，仁义礼智虽也不失为一种修养的方法、济世的方法，但它不过是天下已经没有道德时的修养法、济世法，好比病人吃药，人若没有病，就没有吃药的必要；同样，天下的人若都能依德而行而不失德，就用不着宣扬叫喊仁义礼智，一旦有人倡导和恪守仁义礼智，就意味着世道已经不可收拾了。老子揭示道、德、仁、义、礼的相因递生关系说："失道而后德，失德而后仁，失仁而后义，失义而后礼。夫礼者忠信之薄而乱之首。"①真是每况愈下。老子尚质朴不尚虚华，以为仁义礼智一类虚华的装饰品是所谓"前识者""无缘而妄臆度"的结果，强调大丈夫（实即圣人）当守道德之厚实，而去礼智之华薄。

为道崇愚，绝学无忧是老子式"圣人"人格的第二个特征。与儒家倡导为学不同，老子倡导为道，以为为道才是人生的正轨和坦途。"学不学，以复众人之所过"②。"不学"者，道也，众人所不为者也，"学不学"，说的正是为众人所不为之道。老子为道观念与其主损主张密切相关，老子说过："为学日益，为道日损，损之又损，以至于无为。无为而无不为。"③这是说，为学求其日益，不断积累生活经验和各种知识；为道求其日损，不断减少包括知识和经验在内的一切非自然的人为事物，为学与为道，主益和主损二者不可并立存在，主益为学，必将离自然无为原则愈来愈远，主损为道，则将近于道，并最终同于道。老子认为，学也好、智也好，都是外在人为之物和祸乱之源，绝学弃智，为道崇愚，于个人可使其安而无忧；于社会可使民不争，民利百倍。

须要注意的是，老子所谓"智"和"愚"并非一般地泛指智慧、知

① 《道德经·三十八章》。

② 《道德经·六十四章》。

③ 《道德经·四十八章》。

识，重要的是引申为智巧伪诈："愚"亦非一般地泛取聪慧的相反之意，重要的是引申为淳朴厚实。这样，弃智就不是一般地反对知识文化，而旨在克除伴随知识文化而来的虚伪诈饰现象，崇愚就不是一般地要把人民引向不识不知的路径，而旨在使人民恢复到淳朴厚实的自然状态。老子从以下两个方面论证和发挥绝学弃智、为道崇愚的主张。首先，从为学─→智聪─→大伪一面看，学与智是第一级因果联系，学是智的原因，智是学的结果；智与伪是第二级因果联系，智是伪的本根，大伪是大智的结果，所谓"智慧出，有大伪"是也。于是，避伪在于弃智，而弃智在于绝学。其次，从为道─→愚朴─→自然一面看，同样存在着相互的因果联系，为道是愚朴的前提，愚朴是为道的结果，而自然境界或原始本性的复归，则是结果的结果。可见，老子正是为去除大伪而主绝学弃智，正是为提倡自然而主为道崇愚。问题不在把绝学弃智、为道崇愚的主张简单地归结为蒙昧主义，而在对它作深入细致的分析研究，充分考虑老子思想的深刻性和复杂性。

老子式"圣人"人格的第三个特征是无为少言，无名无誉。与儒家孔子式"圣人"东奔西走，到处游说，积极用世不同，老子式"圣人"的处世准则是无为少言，无名无誉。老子指出，不言之教、无为之益，是多言和有为所难以企及的；言教多了就会碰壁，处无为之事，行不言之教，方符合自然之道。

老子还把"道常无名"①，"道隐无名"②而"自古及今，其名不去"③的观念引申到社会人生的层面，从而强烈反对对名和誉的刻意追求，他说："至誉无誉，不欲琭琭如玉，珞珞如石"④最高的荣誉最大名是无誉无名，因此圣人不求表现自己的贤能，不像美玉那样光彩照人，引

① 《道德经·三十二章》。
② 《道德经·四十一章》。
③ 《道德经·二十一章》。
④ 《道德经·三十九章》。

人注目，而像石头那样质朴。老子又将无为无誉的观念运用于政治评价，指出："太上，不知有之；其次，亲而誉之；其次畏之；其次悔之。"①所谓"太上"即指"上德"者；"其次"，"其次"……均指"下德"者，亦即上仁上义上礼者。老子把国君分为四个等级，指出最好的国君（上德者），百姓甚至不知他的存在，因他实行无为政治，虽然功成事遂，百姓却说："这是我自己做到这样的，"而觉得国君对他们没有什么直接的显著的作用。所以不只立身处世，即或治国平天下，皆不在言语的说教，不在自见自是，自伐自矜。因此，静默吧！无为吧！

　　老子有时也把他所谓"圣人"人格称作"善为士者"。《道德经·十五章》对微妙玄通、深不可识的"善为士者"的言容举止和心理特征做了十分具体的描述和刻画：他谨小慎微就好像冬天踏冰过河；他警觉四顾就好像提防邻国围攻；他庄重严肃就好像赴宴做客；他松弛疏脱就好像春冰将融；他敦厚质朴就好像原木未雕；他空虚顺讷就好像深山幽谷；他浑厚宽容就好像江河混浊不清；他辽阔深沉就好像大海汪洋无边；他飘逸潇洒就好像长风疾吹不止。②"善为士者"在外表上和行为上谨慎而又洒脱、浑噩而又质朴的倾向性可谓老子式"圣人"人格的第四个特征，他与儒家大刀阔斧、刚劲有为的人格形象形成鲜明的对照。

# 四、修养之方和摄生之道

　　在老子看来，犹如事物的变化发展由小而大，由量而质，圣人人格

---

① 《道德经·十七章》。

② 译文参考任继愈《老子新译》、陆元炽《老子浅释》。

的成长，婴儿境界的实现也将由简入繁，由易入难，是一个理想升华和人格完善的过程，一个从必然王国到自由王国的转化过程。照老子的逻辑，道本身是超越现实的，道的境界是一种超越的境界，超越的境界只有通过超越的途径来实现。老子认为，这种超越的途径也不外重修养和重摄生而已。老子论修养之方不外见素抱朴、少私寡欲、清静无为、为而不争、为而不有、守柔处弱、居上处下、虚怀若谷等八项；老子论摄生之道则可归结为"无以生为，贤于贵生"和"长生久视，死而不亡"两句话。下面逐一述其大要。

### （一）见素抱朴

何为"见素"？何谓"抱朴"？素，即素净单纯，不杂于物；见素，就是认识到世界的本来面貌是素净单纯、自自然然的，从而视缤纷的颜色、鲜美的味道、悦耳的声音、珍奇的货物如过眼烟云，因为"五色令人目盲，五音令人耳聋，五味令人口爽，驰骋畋猎令人心发狂，难得之货令人行妨"。"是以圣人为腹不为目，故去彼取此"[①]。朴，同璞。未成器也，只是在玉曰璞，在木曰朴而已，抱朴，就是保持人类实而不华、厚而不薄的原始天真品性。可见，素朴就好像"清水出芙蓉，天然去雕饰"，若能素净而单纯，淳厚而朴实，则"虽有荣观，燕处超然"[②]。焦竑《老子翼》解释说："见素，则知其无所与杂而非文；抱朴，则知其不散而非不足。素而不杂，朴而不散，则复于性。"

### （二）少私寡欲

素朴与私欲是水火不相容的，人之私欲的兴起发作，必然损伤人类纯净淳朴的自然品性。因此，紧接着"见素抱朴"，老子提出"少私寡欲"作为制约私欲的根本手段，老子不无激动地说："罪莫大于可欲，祸莫大

---

① 《道德经·十二章》。

② 《道德经·二十六章》。

于不知足，咎莫憯于欲得。"①避免罪咎与祸患之累只有反其道而行之，一方面镇之以"无名之朴"，另方面提倡少私寡欲："不贵难得之货，使民不为盗，不见可欲，使民心不乱。"②私欲不外名和利，君子好名，小人好利。好名好利既使个人离失道德，扭曲人性；也使社会每况愈下，从有序落入无序。少私寡欲就是不好名、不好利、知足、知止。进一步说也就是虚其心，实其腹，弱其志，强其骨。在老子看来，不好名利，知足知止，于个人可以使其天真不失，天德不损；于社会可以使其有条不紊，健全完美。

### （三）清静无为

《史记·老庄申韩列传》云："李耳无为自化，清静自正。"这道出了老子人学的独特风格。"清静自正"是老子从"重为轻根，静为躁君"生发出的观念。老子说："不欲以静，天下将自正。"③"清静可以为天下正。"④清静的效用，不仅是正，而且是自正，不仅是正己，而且是正天下。"无为自化"则是说通过无为的途径以达到无不为和自化的目的。老子指出，为者败之，执者失之，企者不立，跨者不行，自视者不明，自是者不彰，自伐者无功，自矜者不长，一味追求有为，反而会把事情搞乱，反而会受到挫折；反之，无为故无败，无执故无失，不自见故明，不自是故彰，不自伐故有功，不自矜故长，"道恒无为而无不为，侯王若能守之，万物将自化"。⑤无为之益，不仅是化，而且是自化，不仅是化己，而且是化天下。

必须指出，老子正己正天下、化己化天下的观念不同于孔子的"推

---

① 《道德经·四十六章》。

② 《道德经·三章》。

③ 《道德经·三十七章》。

④ 《道德经·四十五章》。

⑤ 《道德经·三十七章》。

己及人”，孔子的“推己及人”包含引导、推动他人一同闻道履道的意思，因此，孔子提出一套修身、齐家、治国、平天下的大道理。老子的天下正、天下化固然与己正、己化相关联，但其间并不存在相推的必然联系。老子要求人们各自独立地去体道悟道，各自独立地去完善自己的人格。老子强调的“我无为而民自化，我好静而民自正”①，并不是说因“我”的无为、好静而使民自正自化，而是说“我”与“民”各自依道而行，清静无为，便都能自正自化；“我”与“民”自正自化，亦便是天下正天下化。

## （四）为而不争

老子认为，人类社会的一切罪恶、一切祸乱均起于人与人之间的相互争斗。这是十分可悲的，故而老子主张“为而不争”。《道德经》言及“不争”凡八见，为论述方便，摘行几条如下：“水善利万物而不争。……夫唯不争故无尤。”②“是谓不争之德，是谓用人之力，是谓配天古之极。”③“圣人之道为而不争。”④照笔者的理解，老子所谓“不争”并非如有的同志所解释指纯粹消极地坐以待毙，并非要离开人伦社会以躲避矛盾和斗争；“不争”的真义是既立足于人伦社会又超越于人伦社会，既承认客观的矛盾和斗争的存在又不为矛盾和斗争所限制和左右。进一步说，“不争”的真义还指以“不争之争”求消弭人与人的争端。不争之争也是一种争，只是它不同于一般人所进行的以利己为己为目的的表面的外在的争，它乃是从利人利物出发的内在的深层意义上的争。用老子自己的话说，即是“利万物而不争”，“为而不争”。不争的前提是利万物和为人。这种利物而不与物争功、为人而不与人争名的行为难道不值得提

①　《道德经·五十七章》。

②　《道德经·八章》。

③　《道德经·六十八章》。

④　《道德经·八十一章》。

倡和效法吗？故老子赞美不争之德"配天古之极"。照老子的意思，个人苟能力行"为而不争"，则天下人莫能与之争；整个社会苟能遵循"为而不争"，则人类的一切争端亦将不解自消。

### （五）为而不有

显而易见，为而不有是为而不争观念的直接引申，但较为而不争更进一层。老子认为，生存活动于现实社会时空环境中的每一个体均应从至善至美的自然本性出发，为社会的发展和人类的进化尽自己的一份义务，即任自己的本性自由发展，发挥自己的潜在能力，为社会为人类而劳作，劳作所得，不可据为已有。当别人有求于己，从不推辞拒绝；为别人排忧解难，不求回报其恩，工作有了成就，亦不自居其功……在老子看来，事物的进程总是相辅相成的，正因其不为私，反能成其私；不为大，反能成其大，不积，反能有余；尽以为人，反能"己愈有"；尽以与人，反能"己愈多"……这是老子人生观的独到之处和深刻之处。从前有人称老子的人生观是艺术的人生观，恐怕根据就在这里。

### （六）守柔处弱

人们往往将刚胜柔、强胜弱视为事物发展的一般法则，老子的见解正相反："柔弱者生之徒，坚强者死之徒。"[1]刚强反倒是事物迅速走向死亡道路的根源，柔弱方为事物无穷生命力的象征。这是老子根据对自然现象和社会现象的观察体悟而得出的结论。老子观察到，人在初生之际（婴儿）是柔弱的，及至死之时其身体便变得僵硬；草木在萌生之时也是柔脆的，及至死之时其肌体便变得枯槁。老子因此把守柔处弱看成是生的法则，强调柔弱胜刚强，他还特别举水的例子说明柔弱胜刚强的道理，在他看来，天下事物没有比水更柔弱的了，然冲击起坚强的东西来，任何东西也抵挡不住它，因为任何事物都改变不了水的柔弱的本性和必胜的力量。

---

[1] 《道德经·七十六章》。

老子又说:"天下之至柔,驰骋天下之至坚。"①"是以兵强则灭、木强则折。强大处下,柔弱处上。"②这些论述看似反乎常情,实不失为一种真知灼见,就中不无合理之处。当然,我们也应看到,老子守柔处弱人生准则的合理性也仅在于它揭示了柔弱和生、刚强和死之间存在某种客观的因果联系而已,当他把这种非本质的因果联系绝对化,看成是本质的必然的无条件的时候,真理也就走向自己的反面,变成谬误。这是老子始料不及的。

## (七)居上谦下

在社会不同地位不同阶层的人们的关系的处理上,儒家、墨家、法家几乎都强调上下、尊卑、贵贱之别,维护上者、尊者、贵者的神圣性。这可以说是后来封建专制主义的思想渊源。老子力图冲破等级制度,主张人与人之间平等相处。他虽未彻底否定上下、尊卑、贵贱之社会差异的存在,但他竭力反对居上示尊、以贵傲贱,提倡居上而谦下、贵以贱为本的交往原则。他用自然现象和社会现象来论证这一原则的正确性和普遍适用性,指出,江海所以成为百川汇聚之所,正因为它善于处在低下的地方;而侯、王自谓"孤"、"寡"、"不榖",亦正好说明"贵以贱为本,高以下为基"的道理。他把居上谦下的原则运用于社会政治,指出"欲上民必以言下之,欲先民必以身后之",唯有这样,方能"处上而民不重,处前而民不害"③。处理大国小国之间的关系也不例外,"大国以下小国","小国以下大国",则"两者各得其所欲",但大国相对于小国更应当谦卑为怀,"大国者下流","大者宜为下"④。老子的政治哲学是其人生哲学的自然扩展。

---

① 《道德经·四十三章》。
② 《道德经·七十六章》。
③ 《道德经·六十六章》。
④ 《道德经·六十一章》。

### （八）虚怀若谷

虚怀若谷是老子论人生修养的一个重要原则。前面曾提到庄子概述老子思想时指出，老子的特点乃"人皆取实，己独取虚"，老子取虚，在于他看到"天地之间，虚而不屈，动而愈出"[①]。惟虚方能容纳万物，惟虚方使万物自由运行于其中。此为自然之理，人事之理亦然，惟其虚才能不计利害得失，容人之过，不责于人，宽宏大度。老子说，取虚是为上德，人若虚其心，则与道合而妙用无穷，没身不殆。

### （九）无以生为，贤于贵生

在《道德经·五十五章》，老子曾提出"益生曰祥"的观念。"益"即增益，"祥"指不祥，妖祥、灾殃。"益生曰祥"是说背离自然之理，而以外物增益其生；增益其生不仅于生命无补，反而有损于生命的健康发展，招致灾殃。老子说："出生入死。生之徒十有三，死之徒十有三。人之生生动皆之死地亦十有三，夫何故？以其生生之厚。"[②]"十有三"，《韩非子·解老》释为人之四肢九窍，是也。在老子看来，人之生死不过一气之聚散，气之聚曰生，气之散曰死；生之时，四肢九窍为一气所贯通，死之际，四肢九窍为气所堵塞；人生而有活动，活动以致于死地，正由于四肢九窍其养不当，正由于过分追求物质的享受，从而使生之途不能畅通。针对益生之残生，老子说："夫唯无以生为者，是贤于贵生。"[③]"贤"，作胜讲；"贵生"，即厚养生命。老子认为，对于人之生命来说，精神生活上的清静恬淡远胜于物质生活上的丰厚奢侈。河上公注云："夫唯独无以生为务者，爵禄不干于意，财利不入于身。"

老子还提出"啬"的原则作为深根固柢、不失其所的根本保障。

---

① 《道德经·五章》。

② 《道德经·五十章》。

③ 《道德经·七十五章》。

"啬"有人解释为吝惜财物，这显然与上述老子"无以生为，贤于贵生"和"既以为，人己愈有；既以与人，己愈多"的精神不合。依我看，啬主要指爱惜精神、爱惜生命。老子认为，恪守啬才能早为之备，早为之备才能着重积累美德，着重积累美德才能无往而不胜，无往而不胜则没有人悉知它的力量无穷，这样大可以保有国家，小可以保有生命的活力。循天道治人道都离不开啬。有人将老子以"啬"为本的摄生之说等同于战国时期杨朱的"贵生""重己"之论，由上可知，二者风马牛不相及，实不可同日而语。

### （十）长生久视，死而不亡

何谓"长生久视"？又何谓"死而不亡"？长生久视论其生，谓之生的境界；死而不亡论其死，谓之死的境界；生能够长而久，死方可以不亡。历史上亦曾有人用神仙家神秘的修炼之术和长生不死的念头附会老子。其实，老子所谓"长生久视"要在尽其天年，所谓"死而不亡"要在回归自然之道。按老子的意思，道，作为宇宙本体是永恒的、绝对的、无差别的，人和万物作为本体的显像是相对的、有差别的、有生有灭有成有毁的，人不能长生不死正因为此。但人作为四大之一，可以通过摄生之途，追随道的返归运动，以达与道体的契合无间；与道体为一，即是从有限入于无限，从相对入于绝对，从差异入于混沌，从暂时入于永恒。老子又说："吾所以有大患者，为吾有身；及吾无身，吾有何患？"[1]我所以有大患之累，在于我之身体的存在；及我形忘身空，与道体浑然为一，我还有什么祸患之累呢！此乃老子"死而不亡"的真谛所在。

看得出，与儒家繁文缛节的外在规定、力行践复的事功倾向不同，老子主张将修养之方和摄生之道落脚在超越现实的返归行程中，不论是见素抱朴、少私寡欲，……还是长生久视、死而不亡，一个共同的指向就是返归自然。而所谓自然，"在个人只是一种不为意志和目的操纵的生活，在

---

[1] 《道德经·十三章》。

群体则是一种不受任何政教干涉的自由自在的生活"。[①]返归自然，就是走向这样一种美好完善、圆满无缺的和谐境界，亦即回到原始混沌的生活状态。而回到原始混沌的生活状态，亦即婴儿境界的最终实现和圣人人格的最后完成，亦即老子高扬和崇尚的个体价值的最高升华。

# 五、特征·归宿·历史地位

## （一）自然主义与反自然主义

老子人生哲学的基本特征是什么？就老子论老子，我们不能不将其归结为自然本位或自然主义。老子仔细考察了人生的起源和归宿，指出人生不仅源于道、自然，而且归于道、归于自然，自然乃是人生的希望所在。于是，于人老子也崇尚自然的人，于人生境界老子也崇尚自然境界。老子从法自然的立场出发，用绝对普遍的道彻底否定了一切现实的具体的世俗礼法，进而对现实人生的行为规范进行了重新组合。老子再三提醒人们务必灭却内心的一切欲望要求，清除一切人为后起之物，以回到天与人、自然与人生的普遍谐和状态。

若就我们今天的眼光和认识来看，老子的自然主义却正是一种反自然主义。因为人有欲望要求，这正是人的自然本性；人类要用自己的聪明才智去认识自然、改造自然，使自然逐渐符合和满足人类自身生存和发展的需要，这正是人类社会自然发展的运动规律和历史进步的必然途径；为了生存和发展，人们相互之间发生这样和那样的联系和交往，这也是不依人

---

① 杨慧杰著《天人关系论》第114页。

的主观意志为转移的。老子却要否定人的一切欲望要求，绝学去智，绝仁弃义，绝巧弃利，摧毁一切物质文明和精神文明，断绝一切人际交往，力图返归婴儿般天真未凿的自然原始状态，这不正是在主观地违背人的自然本性，违背人类历史自然发展的客观规律吗？这不正是在人为地抗拒人伦世界的社会性、交往性吗？不过，这种反自然主义是以其理论的精致性、深刻性、辩证性而著称的，因此就中也不乏智慧的火花和真理的颗粒。

### （二）隐士风貌的真实反映

《道德经》五千言既是道和自然的颂歌，也是美和艺术的颂歌。它所蕴含的人生哲学思想以及这种人生哲学所体现的自然本位特征，除有其思想逻辑根源即对道、天道和人道的规定外，还有其深刻的社会历史根源，它是春秋末期士阶层中隐士集团的精神面貌的真实反映。[①]

"士"，原来指奴隶主贵族阶级中最下层的有一定道德修养的读书人。历史的推移，使他们有的地位上升而靠近封建地主阶级，但绝大多数则失去原先的贵族地位，破产下降。然而，地位的下降反将他们从贵族阶级中相对独立出来，他们虽不再有什么经济、政治实力，但有文化、有思想，在当时特定的历史环境中，他们无疑是一股不小的社会势力。士阶层的性格在当时有两种基本的类型，一是以老子为代表的隐士派、避世派，一是以孔子为代表的开明派、入世派（关于孔子，详见第四章）。我们知道，《论语》中提到的隐者有"荷蓧丈人""楚狂接舆""长沮""桀溺"[②]等，《史记·老庄申韩列传》载："老子，隐君子也。"这些隐士大半来自阶级斗争风暴中失败了的没落贵族。他们的生活状况几若庶人，甚或也有小块土地，与家族成员一起劳动为生。但他们内心里既不满意

---

① 老子的思想有"隐的趋向"，这在当时有其产生的客观基础和思想渊源，甚至可以说，这种"不降其志，不辱其身"的隐者思想，是从古代到近世的一股底流，这是不难从各种各样的古代文献和传承中找到事实根据的。

② 《论语·微子》。

当朝的贵族，又自别于庶人；他们自持清高，不以天下国家为事，不把君臣父子之道放在眼下，对高官厚禄不感兴趣，他们提倡隐居乡野，独善其身，自得其乐，故而常被称之为"清高之士"或"避世之士"。他们有时还拉拢别的知识分子同随其道，据《论语》记载，他们对孔子就是如此。这种接近出世主义的生活方式和思想倾向就是老子以自然本位、个人中心为特征的超越型艺术型人生哲学的社会根源和阶级根源。

需要说明的是，老子并不想恢复正在瓦解和崩溃中的奴隶制度，并不想建立以新的方式出现的有剥削、压迫的人为制度，为避免剥削和压迫的再现以及人性的扭曲异化，老子为人们精心设计了一条超越的回归原始自然之路。这虽是老子天真的幻想，却也是他对社会人生的探索，对真、善、美的追求。

### （三）历史地位与理论价值

老子对社会人生的探索、反思，对美的境界、美的人格的向往、追求，不是毫无意义的，而有其巨大的历史价值。他和孔子的观念一起，一隐一显，共同灌溉着中国封建社会政治、文化和心理的各个方面[1]，对几千年中国社会的历史发展和中华民族文化心理结构的形成产生了不可估量的影响。从历史上看，战国时，庄子称老子为"古之博大真人"；西汉时，"黄老之学"与阴阳五行说混融，老子被提升为道教元祖；魏晋时，清谈家推崇老子，以易、老、庄为三玄；隋唐，佛家引道入佛，封老子为"太上玄元皇帝"；两宋，理学家儒道互补，称老子为"混元皇帝"。所有这些都不是老子的自尊、自称、自封，亦非偶然的历史现象。如果说，这还只是其历史影响的外在方面的话，那么，其历史影响的内在方面就表现为：老子自然无为、清静自正、抱朴守真的人生信条，造就了中国知识分子自尊自重、自爱自贵的独特性格和清高不俗、与统治者不合作的人生态度，老子的平等自由、个体至上观念亦曾鼓舞人们反抗封建统治者的欺

---

[1]　范文澜也持此说，见《中国通史》第一册第274页，人民出版社，1964年版。

诈（如早期道教），冲破封建枷锁的束缚（如魏晋玄学）。虽然老子的绝对平等自由观念和与统治者不合作的消极抵抗态度并不宜提倡，但无疑不失其历史合理性。固然，我们也应看到，宣扬老子返初退守、知足知止、守柔处弱等生活准则，也只能使人丧失进取的精神和追求的勇气，延缓社会生产力的发展和历史前进的步伐。

老子人生哲学思想影响的积极、消极两个方面取决于其人生哲学本身的积极、消极两重因素。前哲和时贤似乎偏重于对其思想的消极因素的分析、批评，忽略于对其思想的积极因素的批判、改造。因此，这里有必要从宏观角度对老子人生哲学的理论价值作一集中的概括和总结。事实上，老子作为中国历史上"一位无与伦比的伟大哲学家"（范文澜语），其所创立的人生哲学构成中国人生认识史的真正起点和不可或缺的环节，其在理论思维上的贡献是任何人也抹杀不了的。

首先，在一部中国人生认识史上，老子第一次以敏锐的洞察力，大胆揭露了社会、人生的阴暗面，看到了人为物役、人性的扭曲异化现象。所谓"利器""伎巧""法令"，本是社会物质文化进步的标志，但却导致"国家滋昏""奇物滋起""盗贼多有"；所谓"仁义""礼智""孝慈"，本是社会精神文明进步的象征，但却引起"大道废""大伪出""六亲不和"①。物质文明和精神文明愈是向前发展，人为物役、人性异化的程度就愈是严重。因此，没有别的选择，只有反其道而行之，绝巧弃利，绝仁弃义，返始复初。这种在今天看来近乎荒唐的理论，如果我们仅仅看作是对文明社会的反动，那么，这种看法本身就是肤浅和荒唐的。老子的方案固然是没有现实性的幻想，但它的深层意义，不在它是幻想，而在它对人的生命意义的肯定和个体价值的夸扬，对人的独立性的崇尚和个性的自由发展的追求。只有彻底摆脱人为物役的束缚，消除人性异化的现象，人的价值的完满实现，人的个性、才能和秉赋的自由发展，才有其真正的现实性。

———————————

① 《道德经·十八章》。

其次，老子在考察宇宙自然，反思人类历史的基础上，提出了突破性的新概念——道。道的概念的含义如同李泽厚同志所概括，"是总规律，是最高的真理，也是最真实的存在"。①在作为绝对普遍的最高最真实的存在和至上法则的道面前，一切伦常习惯和世俗礼法都显得格格不入。道的观念、原则的提出，实质上是对现存的伦常礼法的校准性、真理性的一个否定，一切现存的具体的伦常礼法都没有绝对的校准性、真理性可言，只有那绝对普遍的道的观念以及道所衍生的各种人生准则，才真正具有校准性、真理性。黑格尔在他的《精神现象学》中有一段十分深刻的话："真正说来，对一个原则的反驳就是对该原则的发展以及对其缺陷的补足，如果这种反驳不因为它只注意它自己的行动的否定方面没有意识它的发展和结果的肯定方面从而错认了它自己的话。"②老子的道对现存伦常礼法的否定，固然有其简单化的毛病，没有在否定的同时回过头来肯定伦常礼法作为历史的产物内在包含的某种合理性，但这一否定或反驳，以及通过这一否定或反驳而提出的自然无为观念，从一定意义上说，无疑是对现存的伦常礼法的一个发展，这不仅因为这一否定本身表明老子意识到了人类认识的理性环节和普遍性规定，反映了人类对自我认识的深化；而且还因为自然无为的观念不只具有为人们所指责、批评的消极退守意蕴，重要的还在于它内在蕴涵着对必然与自由统一性的觉解，只有认识、把握了事物的必然性，亦即顺应和遵循客观规律，才能达到无不为的目的，使社会和人生真正进入自由的境界和状态，否则，只能是自己给自己套上锁链，以致一事无成，甚至还会伤性害物，招致自然规律的报复。

老子是智慧型的哲学家，他的人学即智慧学。这种智慧学以其极高的哲理性、思辨性而著称于世，它不仅对中国文化的发展产生了重大影响，而且对世界文化的发展也产生了一定的影响。老子是世界性的思想家，他不只属于中国，而且属于世界，不只属于古代，而且属于未来。

———————————

① 见李泽厚文《孙老韩合说》，载《哲学研究》1984年第4期。

② 黑格尔著《精神现象学》上卷第14—15页。

# 第三章　道家：庄子逍遥天放的人生哲学

　　庄子是老子学说的真正继承人，是道家学派的集大成者，就好像荀子是孔孟学说的真正继承人，是儒家学派的集大成者，韩非是商申和慎到学说的真正继承人，是法家学派的集大成者一样。庄子姓庄名周，其生卒年月今已不能确考。据史家推算，庄子约生于公元前369年，约卒于公元前286年，与孟子同时而稍晚。庄子生平，我们知之也不多。只从《史记》得知他是宋国蒙人，"尝为蒙漆园吏"，但为时不久即归隐，过着逍遥天放的隐士生活。他给人的印象，一方面极有才华，另方面又极有个性。所以当"楚威王闻庄周贤，使使厚币迎之，许以为相"时，"庄周笑谓楚使者曰：千金，重利也；卿相，尊位也。子独不见郊祭之牺牛乎？养食之数岁，衣以文绣，以入太庙，当是之时，虽欲为孤豚，岂可得乎？子亟去，无污我！我宁游戏污渎之中自快，无为有国者所羁。终身不仕，以快吾志焉"。①类似的故事也见于《庄子·秋水》和《列御寇》等篇章。他虽然处乎穷闾陋巷，困窘织屦，槁项黄馘，却自是清高，自得其乐，而与统治阶级不相合作，甚或任他贤圣帝王，矢口便骂。可见他已是看破红尘，似个绝不近情的人；但他亦非要离开社会，抛弃人伦，相反，他对社会人生、对人类的前途和未来表现出极大的关注，一部《庄子》书，洋洋

---

① 司马迁《史记·老庄申韩列传》。

十余万言，处处可以见出他对现实社会、现实人生的忧虑和不安。透过这种忧患意识，可知他同常人一样热爱生活，似个最近情的人。庄子近情与不近情的双重性格换句话说，即是眼冷而心热。"眼冷，故是非不管；心肠热，故感慨无端。虽知无用，而未能忘情，到底是热肠挂住；虽不能忘情，而终不下乎，到底是冷眼看穿"。①眼冷心热许是庄子之为庄子者。

《庄子》书，历史上也称《南华经》或《南华真经》。现存三十三篇，内篇七，外篇十五，杂篇十一。一般认为，内篇为庄子自著，外杂出于庄子后学；也有人提出相反意见，认外杂为庄子自著，内篇出自庄子后学。笔者对此不敢苟同，依笔者之见，内篇可以肯定为庄子自著，但外杂却非出自庄子后学，而主要出自庄子前驱（老子以后、庄子之前的道家人物；外杂部分篇章应为庄子自著）。②不过，内篇与外杂篇在风格和内容上虽有不一致的地方，但从总体上看，其思想脉络是连贯的，其思想体系是完整而系统的。因此，我们仍然可以将内外杂统一于庄子名下，从内外杂所反映的共同倾向来把握庄子思想。

庄子思想，无疑可以从哲学、美学、政治学、人学等多个方面去探讨，但庄子思想的特色更集中体现在人学方面，从一定意义上说，把握了庄子人学，也就基本上把握了庄子思想。当然，庄子哲学、美学、政治学的探讨也有助于庄子人学研究的深入。

庄子人学的核心是阐述人的自由问题。他从道与物的统一推导出道与人的统一，从道的自由推导出人的自由，并把人的自由归结为"逍遥"与"天放"；反对"以人灭天"、"人为物役"，主张回归自然，与自然打成一片；强调通过"齐万物"与"齐是非"的认识论路径和"心斋"与"坐忘"的修养论路径以实现物我同一、死生同状的终极境界；提倡"安之若命"、"安时处顺"，但同时"顺人而不失己"，使个己提升而不"失于变"。

---

① 胡文英《庄子独见》。

② 个中缘由，限于篇幅，这里不予深究。

# 一、道的自由和人的自由

在老子哲学中，我们发现，他的道论（或道学）构成他的人论（或人学）的客观逻辑基础；在庄子哲学中，我们同样深深地感受到这一点①，只是不论就道论抑或就人论而言，庄子都将老子大大地向前发展了。严北溟先生将庄老之间的这种承传关系概括为"庄无老无以溯其源，老无庄无以扬其波"②，是再确切不过的了。

## （一）老子道论的意义与局限

我们知道，在老子那里，道一方面是本体、始基，另一方面是规律、法则，而本体和规律二位一体，相互交织，不能分割。这种观念突破了传统对道的解释，将道从形而下的领域提升到形而上的领域。这是老子的贡献之一。

从这一理论前提出发，老子尝试从道的自由推演出物和人的自由。在老子看来，道的自由表现为：道是一，一是自满自足的，人和物作为多正是从这自满自足的一中流衍出来；道是无，而无又是渊湛寂寥的虚灵之体，它不仅创生万物，且因其无的特性而能容纳或包容一切，使宇宙万物无一遗漏地回归自己的出处——道那里去；道是常，它超乎感性和理性，也超乎时间和空间，是进入了永恒和无限的一种绝对存在。从逻辑上看，既然道是一种自由的存在，人和物秉道而生，并且追随道的运动最终走进永恒和无限，因而人与物也必然是一种自由的存在。但按照庄子的标准和尺度，站在庄子的立场看，老子所论物和人的自由还只是可能的自由、外

---

① 庄子人论或人学的中心任务在于揭示人的自由的可能性和现实性。人的存在究竟有无自由可言？人的自由来自何处？凡此都是与人类的生存发展密切相关的问题。为了说明和解决这些问题，庄子也效法他的前辈老子，把"道"搬来作为立论的依据，从道的自由推导出人的自由。

② 严北溟文：《从道家思想演变看庄子哲学》，载《社会科学战线》1981年第1期。

在的自由，而非现实的自由、内在的自由。

固然，老子看到了道与物、一与多、无与有（这里的无、有概念不是通常意义上的无、有）的对立和差别，他主观上也致力于消除二者的对立和差别。但他把物的复归（包括人的复归、人的复归也即人性的复归）视为消解二者对立、达到二者统一的唯一方式。在物向道回归的行程中，对于物来说，它是自然而然的，但却自始至终处在被动的地位；对于道来说，它也是自然而然的，但却自始至终处于主动的地位。老子是一个自然主义者，在作为一的道和作为多的物的关系上，他并没有使用善恶、贵贱、高低等概念来作价值判断，但客观上他实存有推崇道、轻视物的意向。进一步看，他固然说过"其中有象""其中有物""其中有精""其中有信"的话，人们据此似乎可以得出道是实存的结论。但显然老子并没有沿此方向发展下去，明确提出道内存于万物的命题和思想，从而真正克服道与物的矛盾，实现道的自由与物和人的自由的内在统一。老子突出和强调的是道的不可见不可闻不可搏不可名的"无"的特征，是道的至上性和超越性。与此相对应，老子也突出和强调具体的感性实物的非至上性非超越性。他不自觉也延扩着道与物及人之间存在的鸿沟。他似乎已经意识到这条鸿沟的存在是不合理的，故采取物的复归和人的复归的方式来填平这条鸿沟，克除人和物的非至上性和非超越性。然则人与物的复归的动力并非来自自身，而是源于那不可致诘的道，是道使之然。因而人与物的复归其实就是道的复归。道既是目的，也是手段；既是起点，也是终点。总之，由于老子并未找到道的内存性的切实着落和依托，以致道与物、道的自由与人的自由之间始终隔着一层皮，二者的所谓统一也只能停留在抽象的和逻辑的层面。这种自由就其实质来说，只能归结为虚假的自由。

### （二）道的内存性的发现

"其要本归于老子之言"的庄子，依循老子的理路，进一步思考并解决了道与物、道的自由和物及人的自由的关系问题。按照庄子的观点，道确如老子所昭示的那样，既是最真实的本体存在，也是最普遍的规律法则。但问题的关键在于，道作为本体和规律，作为一与作为多的宇宙万物究竟存在怎样的关系？这个问题不解决，人的自由的现实性问题的解决只能是一句空话。从上面的分析我们看到，老子没有能够很好地回答这一根本性的问题。老子的未竟事业，庄子较为彻底地完成了。如果说，老子的道已经触及物的表面，却未纳入物之中去的话，庄子则已把物放在道之中，换句话说，即已把道放入物之中，认道与物原本就是一体的。

《庄子》载："东郭子问于庄子曰：'所谓道恶乎在？'庄子曰：'无所不在。'东郭子曰：'期而后可。'庄子曰：'在蝼蚁。'曰：'何其下邪？'曰：'在稊稗。'曰：'何其愈下邪？'曰：'在瓦甓。'曰：'何其愈甚邪？'曰：'在屎溺。'"[1]蝼蚁、稊稗、瓦甓、屎溺等等在世人眼里，无疑都是些极为下贱的事物，庄子却认为那超越的道就蕴藏在这些下贱的事物之中。这显然是有其深刻寓意的，一方面，道无所不在并内存于宇宙万物之中。道的遍在性和内存性并没有破坏道"无为无形"、"自本自根"、"神鬼神帝、生天生地"[2]的至上性和超越性（后者须以前者为其前提和基础），道仍然是宇宙万物发生发展变化的终极原因和原理法则。这是毫无疑问的。另一方面，也是更重要的方面，宇宙万物却因为至上、超越的道的临在和内存而提升了自己，使自己超拔开去，进入一个崭新的境界。这也是顺理成章的。庄子克服老子道与物的统一的外在性，而初步实现其内在的统一。按照庄子的思维逻辑，从道与物的统一自然可以推出道与人乃至道的自由与人的自由的统一。道内存于宇宙万物，也内存于具体的活生生的人。这也就是说，道之为至上的终极原因和超越的原理法则与人并非割裂为二，因而无须他求，而可以在人的内心深处找到。道、物、人的一体性（道通为一）表征着道的自由即物的自由、人的自由。道是至上性与非至上性、超越性与非超越性的统一，人与

---

① 《庄子·知北游》。

② 《庄子·大宗师》。

物也体现了这一统一。道向物和人内化伸展的过程与物和人向道回归升拔的过程原本是一个过程，向下之道与向上之道原本就是一个道。这种观念在老子那里虽已初露端倪，但唯有到了庄子，到了道的内存性的发现，才得以真正明确和清晰。这种观念的提出为人的自由的可能性和现实性提供了确证。

庄子认为，从道和人都是至上性与非至上性、超越性与非超越性的统一的观念出发，人们追求幸福、追求自由，大可不必逃离现世，到彼岸世界去寻找，人的幸福、人的自由就在人世间，就在人的内生活（精神生活）和外生活（物质生活）之中。人的自由生活的要件乃为即世而又超世。即世指生活在人世间，织而衣，耕而食，利用自然物质以满足人的生存生活所需；超世指超拔于人世间，摆脱人为礼教和外来事物的束缚。这种即世而又超世的生活方式与庄子既近情又不近情或眼冷心热的双重性格是吻合的一致的。

### （三）"逍遥"与"天放"

以道的自由为其内在依据的人的自由具体表现为逍遥与天放。逍遥与天放是庄子创造的用来标示人们进入自由状态的独特的概念和范畴。逍遥一词见于《庄子》内篇篇首的篇名《逍遥游》。郭象《庄子注》解逍遥说："小大虽殊，放于自得之场则物任其性，事称其能，各当其分，逍遥一也，岂容胜负于其间哉？"陆德明《音义》也说："《逍遥游》者，义取闲放不拘，怡适自得。"天放一词见于《庄子》外篇《马蹄》："一而不党，命曰天放。"郭庆藩解天放说："天，自然也。夫虚通一道，亭毒群生，长之育之，无偏无党。若有心治物，则乘彼天然，直置放任，则物皆自足。故名曰天放也。"[①]逍遥也好，天放也好，要不外顺乎人之性命之情。人之性命之情即人之自然纯真本性，它是不可违背、不可造作、不可压制的。庄子进而引出天与人、自然与人为的概念，他借北海若之

————————

① 郭庆藩《庄子集释》第二册第335页。

口说："牛马四足，是谓天；落马首，穿牛鼻，是谓人。"① "天" 指自然、人与物的先天性状；"人" 指人为、人的后天造作。顺乎天或自然与顺乎人或人为，其结果是截然相反的，前者是引导人类走向自由和幸福的门径，后者则是引导人类走向痛苦和不自由的门径。庄子在这里把人的自由和人的自然本性紧密地挂起钩来，认充分发展人的自然本性的行为亦即自由的行为，以至我们甚而可以说，所谓人的自由，毋宁就是人性的自由。

在庄子看来，人的自然本性及其基于自然本性之上的自然能力虽千差万别、各自不同，但这种差别和不同并不妨碍人的自由和幸福的获得。只要人们固有的本性、秉赋、才能得到充分彻底地发挥外化，他就是自由的，从而也就是幸福的。并且这种自由和幸福并无大小之殊、多少之别。比如鲲鹏展翅，高飞九万里；蜩与学鸠 "决起而飞，抢榆枋而止，时则不至而控于地而已矣"。②鲲鹏与蜩鸠之飞是其自然本性，鲲鹏之高飞与蜩鸠之 "抢榆枋而止" 是其自然能力。能力不同，其表现方式自然有所差异。但只要鲲鹏与明鸠的本性和能力各自充分地发挥了，它们就能在不同的表现方式中获得同等的自由和幸福。③

### （四）因性而行，顺性而动

人的自由和幸福的获得有赖人的本性和能力的充分发挥，这种发挥不过是因性而行，顺性而动，而绝非超出人的本性和能力之外的主观妄为。庄子继承道家始祖老子的思想，把因性而行、顺性而动的过程归结为 "无为"，把主观妄为的过程归结为 "人为" 或 "有为"。庄子认为，一切人为或有为都将与人的本性和能力的自然发挥背道而驰，它只能促使人们丧失自我，陷入不自然、不自由乃至痛苦之中。庄子说过这样的话："合者

---

① 《庄子·秋水》。

② 《庄子·逍遥游》。

③ 冯友兰先生也作如是观，见《中国哲学简史》第128页。

不为骈，而枝者不为跂；长者不为有余，短者不为不足。……故性长非所断，性短非所续，无所去忧也。"①合、枝、长、短等都是事物的本然性状，依乎事物的本然性状（也即依乎道），方致不失其性命之情，"无所去忧也"；如果硬要把原本合者分开，把原本枝者骈联，把原本长者切短，把原本短者接长，其结果是可想而知的。如同"凫胫虽短，续之则忧；鹤胫虽长，断之则悲"。②任意改变事物的本然性状，把自然的东西变成人为的东西，既背离物性，也背离道。庄子把这叫作"以人灭天"。在《应帝王》篇，庄子特别以"浑沌之凿"为喻，提醒人们注意"以人灭天"行为的危险性。他是这样说的："南海之帝为倏，北海之帝为忽，中央之帝为浑沌，倏与忽时相与遇于浑沌之地，浑沌待之甚善。倏与忽谋报浑沌之德，曰：'人皆有七窍以视听食息。此独无有，尝试凿之。日凿一窍，七日而浑沌死。'"倏与忽的主观动机可谓令人钦佩，但正是这种表面看来令人钦佩的好意好行把浑沌判了死刑。《庄子·至乐》篇所记鲁侯"以己养养鸟，非以鸟养养鸟"，致使海鸟三日而死的故事，同样说明事物的自然本性与人的主观妄为根本排斥的道理。任何事物都有自身发生发展、运动变化的必然规律。在客观事物面前，人类唯有不淫其性，不迁其德、听其自然，若是企望通过超出规律之外，妄自作为，以人灭天来谋取自由和幸福，不只水中捞月，镜中观花，不可以得，甚至还会作茧自缚，走向自由和幸福的反面。

庄子从人的自由、人性的自由的神圣性出发，对儒家所高扬的仁义礼智伦常规范进行了猛烈的鞭挞和批判。他把自由（逍遥天放）与强制联系起来考察，意识到自由的含义也即强制的相反含义。说一个人是逍遥自由的，即是说这个人的行动、活动不受物质的或精神的外部力量的束缚、制约，他能够自主地选择符合自己固有本性的行动方式或活动方式。相反，说一个人不能逍遥自由，即是说这个人的行为方式不是自主地选择的，他

①　《庄子·骈拇》。

②　《庄子·骈拇》。

被剥夺了选择的权利，而是以被迫的形式采取某种背离自身固有本性的行为方式。庄子一针见血地指出，儒家的仁义礼智正是一种强加于人的外在的异己力量，它要求人们严格按照"君君、臣臣、父父、子子"的封建宗法等级观念生存生活，这哪里有什么自由可言，简直是对人性的残害，是对自由的桎梏。没有一个人喜欢强制、束缚，没有一个人不喜欢自由、逍遥，这是互为因果的。每个人从其本性来说，都是强制、束缚的反对者，同时也都是自由、逍遥的赞美者。因此，既然仁义礼智好比套在人们脖子上的枷锁，是人性的大敌、自由的大敌，那么，彻底地抛弃仁义，丢除礼法就是情理中事。庄子的社会政治哲学，主张天治，反对人治；主张"在宥"天下，反对靠法规、制度、政策等行政手段治天下，与其逍遥天放的自由观人生观无疑也是互为表里的。

**（五）庄子自由观的批评**

应当指出，庄子汲汲以求的人的自由不是群体的自由、社会的自由，而是个体的自由、精神的自由。尽管庄子并非顽固坚持要人们抛开人伦，离群独居，但他的着眼点始终放在提升自我、个体，超越群体、社会上面。他以为个人生活在群体、社会之中，却可以不依赖群体、社会而能独立自主地到达逍遥天放的境地。显而易见，庄子由对世俗伦常对个人生命、社会性对个体性的压抑、束缚的痛苦体验而走向了另一极端。事实上，孤立的与社会、群体不发生任何联系的个人是不存在的，每一个体从生到死，都不能不和社会、别人发生这样或那样的联系。一方面、他是独立个体，有自主能力和自由意识；另一方面，这个个人同时又是社会的人，要受社会的制约，为社会所规定。人是社会的产物，人的思想、观念是现实的社会关系的反映。庄子阐述的人的自由高扬了人的个体性，从而弥补了儒家只重视群体的不足；但他过分夸大了这种个体自由，他甚至在一定程度上把人的个体性与社会性对立了起来。这是他的理论缺陷。

还应当指出，庄子追求的人的自由还是否认偶然、承认必然的自由。①他并没有从仇视、嫉恨社会政治法律制度和世俗伦理道德规范等外部异己力量对人的压抑、束缚，从强调、推崇人的自由意识和自主能力而步入放任主义。他看到自由与必然并不排斥，而是统一的。这是他的思想的合理之处和高明之处。但他所谓必然只是人性必然、自然必然。虽然这种必然也蕴含规律法则的意味，但他所理解把握的规律法则也主要局限于自然规律自然法则。他用他所理解的并不完全符合客观实际的关于自然的原理法则简单地套用、比附于人类社会、人类历史，以为人类社会、人类历史也将不打折扣地按照自然的原理法则发生发展，人类只有听任、顺从自然必然性，才能从中真正得到逍遥自由。他没有看到人类社会有着自身的特殊性，有着自身的变化发展的规律法则，自然规律和社会规律是不能完全等同的。同时，社会规律、历史必然性也不只是不以人们的意志为转移的客观存在，它也是一种通过人而起作用的力量，历史由人创造，人创造历史的同时，也时刻创造着人自身，社会的客观规律和历史进程的必然性的存在，并不排除人的创造性活动，相反，人类正是根据对客观规律性必然性的认识，通过创造性的实践活动来变革自然、变革社会，谋取人类的真正自由。庄子的认识显然不可能达到这一科学的理论高度。不过，从庄子对道的自由特别是对人的自由的论述中，我们仍然能够从中获得许多教益和启迪。

---

① 刘笑敢有此看法，见其文：《庄子与萨特的自由观》，载《中国社会科学》1986年第2期。

# 二、超越功利的价值观和苦乐观

道的自由，进而也即人的自由问题是庄子人学的主线和轴心，它贯穿庄子庞大的人学体系的各个方面。正是以人的自由为其出发点和落脚点，庄子提出并论述了：超越功利的价值观、苦乐观，物我齐一的境界说、人格说，死生同状的生死观，心斋坐忘的修养术……我们且先剖析他的超越功利的价值观、苦乐观。

## （一）感性功利原则与理性道义原则的扬弃

如果我们把庄子的价值观、苦乐观放在先秦诸子人学的整体中加以比较考察的话，我们将会发现，它的特点是极其鲜明的。

总的来看，墨家和法家遵循的是感性功利原则。从这一原则出发，他们只重人的物质生活而忽视人的精神生活，甚至表现出用物质生活取代人的整个生活的倾向。他们没有自觉认识到，人的需要是多方面多层次的，除了物质方面衣食住行等的需要外，还有其精神方面的需要，进而人的生活不能仅仅归结为物质生活，更重要的还包括精神生活。因而，他们对人的生命存在有无价值和意义，人的生存生活是否快乐、幸福等，一概从功用的观点、利益的观点来衡量和评价。墨法的感性功利原则有着十分明显的片面性和局限性，它把人的需要、人的生活、人的价值、人的苦乐等一系列本来非常复杂的问题不恰当地过于简单化了。

儒家孔孟扬弃了墨法的感性功利原则，提倡并强调理性道义原则。他们一方面对人的物质需要、物质生活加以肯定，给以一定地位；另一方面认为人的精神需要和精神生活更重要。这里所谓精神需要和精神生活实质就是指人的道德需要和道德生活。在他们看来，人生的意义和价值、人的现实生活的快乐和幸福，虽然与人的物质需要的满足、物质享受的丰裕不无关联，但主要取决于人的精神（道德）需要、精神（道德）享受的圆满实现。这也就是说，只要人的精神需要得到满足、精神生活得到充实，他的人生就是有意义有价值的，他的生活就是快乐的幸福的；反之亦然。正是在这样的意义上，孔孟将恪守仁义规范进行道德践履，并最终实现道德境界（仁）和道德人格（圣人）看成是人的价值的最高体现和人的幸福的极致，而将刻意追求感官欲望的满足、物质利益的享受的行为视为有损君子、圣人人格的小人之行甚至是禽兽之行。

道家老庄尤其是庄子则不仅彻底抛弃了墨法的感性功利原则，对儒家倡导的理性主义的伦理原则也持有异议，并做了改造和变异。庄子提出并坚持一条非感性非理性、非功利非道德的超越的原则。今天，已有不少庄学研究者指出，庄的视野要比墨法、孔孟开阔得多、宽广得多。我以为，庄的宽阔视野首先就表现为其超越原则的提出。不能否认，就重视人的精神需要、精神生活（精神价值）来说，庄子人学表现出与孔孟人学的惊人的一致性；同样不能否认，当我们问人的精神需要和精神生活的实际内涵是什么时，庄子却作了与孔孟截然不同的回答。依据庄子的观点，儒者用道德需要和道德生活来规定和说明人的精神需要和精神生活，实与墨法偏重人的物质需要和物质生活无有二致，都是狭隘片面的观念、危险有害的主张。因为道德需要和物质需要至多反映了人类的低层次的需要，道德生活和物质生活至多反映了人类的低层次的生活，与此相对应，人的道德价值和物质价值也至多反映了人类的低层次的价值。究而言之，这种需要不构成人类的本质需要，这种生活不构成人类的理想生活，这种价值不构成人类的内在价值。人类本有其更高的需要、更高的生活、更高的价值，这就是人的精神的自由、心灵的解放。庄子视人的精神自由、心灵解放为人的最高理想和价值、最大快乐和幸福，因为它标志个我已从有限进入无限、从相对进入绝对、从暂时进入永恒。

照庄子的意思，墨法的实用观念、功利原则，儒家的伦常观念、道德准则，与他的道的观念、超越尺度是格格不入、截然两立的。从前者出发，也即从人类、社会出发，以人类社会为中心；从后者出发，也即从天地、宇宙出发，把人放在天地、宇宙中来加以考察。表面看来，庄子确乎在抬高自然而贬低人。实质上，庄子旨在突破人类自我中心的狭隘眼界，引导人们开拓视野，从人与自然的有机统一中去把握、认识人类自身的价值、苦乐和祸福。庄子似乎在问：为什么非要在人与自然之间分出高低，将二者割裂开来？人本是自然的产物，人类产生以后，即便为自然的一个有机组成部分。人的自然本性要求人类依循自然，回归自然。而"回到自然中去"，与自然打成一片，则正是人的价值、快乐和幸福所在。

### （二）无用之大用与有用之无用

庄子是以一种美底观照、艺术欣赏的态度审视人生、回答人的价值和幸福问题的。庄子人生纯粹是一种艺术底人生、美底人生，庄子精神纯粹是一种艺术底精神、美底精神。庄子有关价值问题的一系列具体的论述很可以说明这样一种人生和精神。

《庄子·逍遥游》篇曾记有庄子与他的最好朋友、当时名家学派的代表人物惠施相互辩论事物的功用（或曰价值）的二则故事。一则故事说，惠施以大瓠"盛水浆，其坚不能自举也。剖之以为瓢，则瓠落无所容。非不呺然大也，吾为其无用而掊之。"庄子认惠施之举"固拙于用大矣"，并批评指点道："今子有五石之瓠，何不虑以为大樽而浮乎江湖，而忧其瓠落无所容？则夫子犹有蓬之心也夫！"另一则故事说，惠施以大樗树喻庄子，以"其大本拥肿而不中绳墨，其小枝卷曲而不中规矩。立之涂，匠者不顾"喻庄子之言"大而无用，众所同去"。庄子又驳斥、提醒惠施道："今子有大树，患其无用，何不树之于无何有之乡，广莫之野，彷徨乎无为其侧，逍遥乎寝卧其下。不夭斤斧，物无害者，无所可用，安所困苦哉。"《逍遥游》记述的这二则故事说明二层意思：其一，物各有用。任何事物的存在都有其存在的根据，都有其不同的效用；物的效用决定于物性，进而也即决定于道的本性。其二，知无用而始可与言用矣。事物的具体的有用性固可说是用，但不是大用；无用之为用才是最大的用（大用）。庄子针对惠施及世人知有用之用，而莫知无用之用的浅薄之见，强调不可以有用为用，而应该以无用为用。以无用为用，即是于"无何有之乡，广莫之野"，过着体道悟道的生活，这样方致"不夭斤斧，物无所害"，无所困苦，方致得到精神的自由，心灵的解放。

在《人间世》篇，庄子甚至还提出有用之无用（之害）和无用之有用（之利）的观念。他说明有用之无用说："山木自寇也，膏火自煎也。桂可食，故伐之，漆可用，故割之。"他论证无用之有用说："支离疏者，颐隐于脐，肩高于顶，会撮指天，五管在上，两髀为胁；挫针治繲，足以糊口；鼓筴播精，足以食十人。上征武士，则支离攘臂于其间；上有大役，则支离以有常疾不受功；上与病者粟，则受三钟与十束薪。夫支离其形者，犹足以养其身，终其天年，又况支离其德者乎？"我们知道，曾有人据此将庄子人学归结为个人主义、滑头主义、混世主义。①粗略看来，这见地确乎论据充分，言之成理。但细加品味，则不免使人感到非只政治色彩太浓，且与庄子本意亦失之千里。事实上，庄子是以一种消极和超越的方式看待和理解人的价值问题，在他看来，俗人所谓"用"（实用）乃是指一种为社会所决定的社会价值，它的实现并非取决于人的内在本性，而以社会的束缚和制约为前提。这就把人引入进退两难的二律背反之中，一方面，价值的实现应当指向人的自由；另一方面，社会的束缚制约却又限制和排斥着人的自由。为摆脱这种难堪处境，庄子贬抑实用而称道、倡导"无用"："且予求无所可用久矣。几死，乃今得之，为予大用。"②庄子认为，倘若无用于社会，就能摆脱世俗社会的羁绊束缚，达到心灵的自由解放。无用不等于无作为、无价值，相反，它是最大的用、最大的作为、最大的价值，它以消极超越的方式却构成人的逍遥天放的积极的条件之一。庄子把无用提到如此高度来认识，目的在于提醒世人不可争强斗胜，汲汲求用于世；在于要求人们"不从事于务，不就利，不违害，不喜

---

① 见关锋著《庄子内篇译解及批判》。

② 《庄子·人间世》。

求，不缘道"①，而过一种无目的无心计、不夹杂任何人为成分的自然生活。台湾学者徐复观称此种生活乃"纯粹无关心地满足"，艺术性地满足②，是很有道理的。

## （三）艺术精神与理智精神的对立

庄子的苦乐观同样体现了庄子观察事物、观察生活的艺术眼光。《庄子·秋水》篇载有庄子与惠施辩论"鱼之乐"的一则著名故事，这则故事是这样说的："庄子与惠子游于濠梁之上。庄子曰：'儵鱼出游从容，是鱼之乐也。'惠子曰：'子非鱼，安知鱼之乐？'庄子曰：'子非我，安知我不知鱼之乐？'惠子曰：'我非子，固不知子矣。子固非鱼也，子之不知鱼之乐，全矣。'庄子曰：'请循其本。子曰汝安知鱼乐云者，既已知吾知之而问我？我知之濠上也。'"在这一故事中，庄子把鱼之出游从容看成是鱼之乐，他针对惠子"子非鱼，安知鱼之乐"、"子固非鱼也，子之不知鱼之乐全矣"的诘难所作的答复，如果就认识判断、就事物的因果联系立言，则确乎含有就虚避实，甚至答非所问的诡辩因素。庄子没有能够解答惠子所提出的问题，从而驳倒惠子。但是，我们仍然以为，与其因此而谓庄子误解了惠子问题的实质，倒不如说惠子未能达到集思想家与文学家于一身的庄子的层次和境界更恰当些。事实上，惠子与庄子的问答辩难实体现着两种不同的精神，正如徐复观先生所指出："庄子所代表的是以无用为用，忘我物化的艺术精神。而惠子所代表的是'遍为万物说'，以'善辩为名'（天下篇）的理智精神。"③庄子无形中把艺术精神与理智精神对立了起来，惠子则只进入理智的境域，而未跃入艺术的境域。着眼于艺术底精神，庄子对鱼之出游现象作美底观照，因而得出"鱼之乐"的趣味判断；着眼于理智底精神，惠子对庄子"鱼之乐"的命题作

---

① 《庄子·齐物论》。

② 分别见徐复观著《中国艺术精神》第56—57页，第85页。

③ 分别见徐复观著《中国艺术精神》第56—57页，第85页。

论理底分析，因而得出"子之不知鱼之乐全矣"的认识判断。这说明："惠施是以认识判断来看庄子的趣味判断，要把趣味判断转移到认识判断中去找根据，因而怀疑庄子'鱼乐'的判断不能成立，这是不了解两种判断性质的根本不同"。[1]

所谓美底观照、趣味判断，亦就是人在艺术的境域中的当下的直觉、直观，它与理智底分析、逻辑底推断毫无共同之处。通过对自然事物作美底观照、直观直觉，人们自然将自己的情感、心绪、意念、趣向嵌入于自然事物之中，与自然事物打成一片，使自然事物构成人之美底对象、乐底对象。这种现象，说它是自然的人化，或是人化的自然，都未尝不可。因为自然被人化、艺术化，所以庄子从鱼在水中从容出游看到鱼之乐，从鸟在空中从容飞翔看到鸟之乐，从鹿在陆上从容奔跑看到鹿之乐……鱼之乐、鸟之乐、鹿之乐……是自然之乐，天乐，对自然之乐、天乐的肯定、认同，也是对人之乐、或曰人之天乐的肯定、认同。这是为自然与人的一体性、同一性决定的。这里的"从容"二字，我们不可轻易漏过，它是自然之乐、人之乐的真正内涵，它象征作为乐之主体的鱼、鸟、鹿……直至人自适其志，自恬其情，无拘无束，没有任何外在的压迫感、恐惧感、不适感。庄子认为，唯有到达这样的时刻、这样的状态，方可谓人之真正的快乐、真正的幸福，方可谓人之最大的快乐、最大的幸福。

### （四）"至乐无乐"、"无为诚乐"

由对天乐的肯定、认同，庄子转而审视世俗之苦乐观、幸福观。在《至乐》篇他集中论述道："夫天下之所尊者，富贵寿善也；所乐者，身安厚味美服好色声音也；所下者，贫贱夭恶也；所苦者，身不得安逸，口不得厚味，形不得美服，目不得好色，耳不得音声。若不得者，则大忧大惧，其为形也亦愚哉！……吾观乎俗之所乐，举群趣者，诬诬然如将不得已，而皆曰乐者，吾未之乐也，亦未之不乐也。果有乐无有哉？吾以无

---

[1]　徐复观著《中国艺术精神》第86页。

为诚乐矣，又俗之所大苦也。故曰'至乐无乐，至誉无誉……至乐活身，唯无为几存。'"这是说，世俗之幸福、快乐指富有、高贵、长寿、善终、身安、厚味、美服、好色、声音；世俗之不幸、痛苦则正好与此状相反。庄子对俗之所乐果有乐无有似乎未置可否，其实，他的态度很明确：俗之所乐恰恰是人之痛苦所在。世人只关注形体的享受，庄子则视精神的恬适、心灵的放达为人的快乐、幸福之真谛。在庄子看来，一味追求感官形体的享受，只会导致人性的丧失，"失性有五：一曰五色乱目，使目不明；二曰五声乱耳，使耳不聪；三曰五臭熏鼻，困悛中颡；四曰五味浊口，使口厉爽；五曰趣舍滑心，使性飞扬。此五者，皆生之害也。"①人性既失，岂有福乐可言？庄子认为，世人的最大悲剧在于把生之害看成是生之利，把虚假的福乐看成是真实的福乐，从而盲目追求，"诠诠然如将不得已"，从而"与物相刃相靡，其行尽如驰而莫之能止"，从而"终身役役而不见其功，恭然疲役而不知其所归"，②这是多么的可悲可哀啊！

为纠正世人庸俗而错误的苦乐观，庄子再次亮出"无为"的王牌："吾以无为诚乐矣，"认无为是最大的快乐。既然无为之乐就是庄子向往的"至乐"，庄子何以又言"至乐无乐"呢？显然，正如"无为"并非绝对的无所作为，"无乐"亦非绝对的无所快乐。"至乐无乐"乃是说，最大的快乐决不同于或不含有世之形体之乐、伦常之乐，它乃是指精神之乐、心灵之乐。在庄子心目中，人之形体和伦常之乐，是相对的暂时的和有限的，人之精神和心灵之乐才是绝对的永恒的和无限的。庄子把无为和至乐联系在一起，不仅意味着无为之乐乃乐之最佳状态，同时也意味着无为乃实现此一最佳状态的现实路径。

## （五）庄子是准个人主义者吗?

可以看出，庄子价值观中"至用无用"的命题也好，苦乐观中"至乐

---

① 《庄子·天地》。

② 《庄子·齐物论》。

无乐"的命题也好，无不体现着庄子精神、庄子人生的超越性和艺术性。这种超越的和艺术的价值观和苦乐观既与墨家立足于感性功利原则的价值观和苦乐观大相径庭，也与儒家立足于理性道德原则的价值观和苦乐观多所不同。关此，前面虽已作了较详的说明交代，但仍需补充的是，这种区别和差异还表现在：相对而论，孔墨重社会人伦，不重个体自我（墨子尤其），突出、强调人的社会价值和天下人的快乐幸福，一切从为他利他出发；庄子则重个体自我而不重社会人伦，突出、强调人的个体价值和个我心灵的愉快幸福，一切从为己利己出发。表面看，庄子似乎是一个准利己主义、准个人主义者，实质上，庄子并未把个我与社会、为己与为人、利己与利他绝对对立起来。庄子重个体却不否认社会，重发展自我却不排斥别人的发展。庄子的意思是说，一方面，人的个体价值的实现、个我的愉快幸福的获得无须依赖社会、他人；另一方面，每一个体各自独立地实现自身的价值，获取自身的幸福，又恰恰构成社会价值和天下人的快乐幸福的客观前提。二者形似无干，实为内在统一。

庄子超越的艺术的价值观和苦乐观是独特而深刻的。它的伟大、高明之处与它的缺陷、不足复杂地交织一起，让人难解难分。对它的认识评价我们切不可再走简单化、片面化的老路。辩证地看，似可这么说，它触及人的价值和幸福的更高、更深层面——精神、心灵层面，它揭示出个体自我的独立性和神圣性，并意识到人的自我发展与整个社会的发展的某种内在关联，这是富有智慧、理应肯定的闪光思想。同时，它将人的价值、快乐幸福仅仅归结为精神的自由、心灵的解放，忽略人的道德情感和形体物质需求。它过分推崇人的个性，忽略实现人的价值和幸福的外部力量及社会历史条件，则是它内在包含的理应否定的理论局限。庄子的价值观和幸福观的积极消极两面是庄子在当时险恶的社会现实面前图以反抗、超脱及其性格扭曲的观念反映。这两个方面对华夏民族国民性格的形成都产生了不可估量的影响。此不赘。

# 三、物我同一的境界说和人格说

物我同一，即物我平等、物我两忘、物我和谐。

## （一）"与天为徒"和"与人为徒"

庄子既不赞同人类中心说，更反对个己中心说。他主张"天地与我并生，万物与我为一"①，故没有儒家"人贵物贱"、"人为万物之灵"、"老吾老以及人之老，幼吾幼以及人之幼"一类的观念。人类中心、个己中心是"与人为徒"，"与人为徒"虽意在提升个己和人类，由人支配物，但结果则只能是迷失自我，人为物役。天地并生、万物为一是"与天为徒"，"与天为徒"并不意味人被贬抑、物被提升，它是从物性平等的立场、从美的艺术的眼光观照物我，将人放于他本来的位置，实现人对物的统治和支配。用庄子自己的话来说，就是"与物为春"②，"与物有宜而莫知其极"③，"物物而不物于物"④，"胜物而不伤"⑤。总之，物我同一的境界即自由开放的境界，物我同一的人格即自由开放的人格，不言而喻，它是庄子所称颂的最高人生境界和最高理想人格。

## （二）"齐万物"与"等是非"

庄子首先从认识论的角度展开对物我同一的论证和分析。在认识论上，庄子提出两个很重要的命题，一是"齐万物"，二是"等是非"。

所谓"齐万物"，就是否定事物质的规定性。物者何也？庄子曰：

① 《庄子·齐物论》。
② 《庄子·德充符》。
③ 《庄子·大宗师》。
④ 《庄子·山木》。
⑤ 《庄子·应帝王》。

"凡有貌象声色者，皆物也。"①物的世界指空间上有"貌象声色"可感可触的有形世界。庄子对作为客体的物进行多方面的考察，他认为事物的大小、多少、成毁、寿夭、美丑等差别只有在特定的比较关系中才是确定的，它只具有相对的意义。就事物的大小来说，滔滔大海显然要比涓涓细流大得多，但若将大海与天地相比，则"犹小石小木之在大山"②。任何事物只要被置于比较关系中就存有或大或小的二重性，一物，相对于较它大的另一物说，可谓小矣；相对于较它小的另一物说，可谓大矣。故而"以差观之，因其所大而大之，则万物莫不大；因其所小而小之，则万物莫不小"。③就事物的成毁而言，比如树木之被砍伐做成桌椅等器物，从桌椅方面说，这是成；从树木方面说，这是毁。这样的成毁也只具有有限和相对的意义，因为它不过是整个自然界生灭变化的一个部分，自然界是一个整体，从整体的角度看，则"其分也成也，其成也毁也。凡物无成与毁，复通为一"。④他如事物的美丑、寿夭、多少、远近、贵贱关系也是同样的道理。庄子曰："自其异者视之，肝胆楚越也；自其同者视之，万物皆一也。"⑤事物虽各自相异，但都有其普遍本质，这就是道。以道观物，则万物一齐，无所谓大小、多少、美丑、寿夭、成毁、贵贱之别。"以道观之，物无贵贱"。"知天地之为稊米也，知毫末之为丘山也"。⑥"天下莫大于秋毫之末而泰山为小，莫寿于殇子而彭祖为夭"。"举莛与楹，厉与西施，恢诡憰怪，道通为一"。⑦"道通为一"的"一"时指道本身，时指事物之整体，时指事物突破有限进入无限的浑

---

① 《庄子·达生》。

② 《庄子·秋水》。

③ 《庄子·秋水》。

④ 《庄子·齐物论》。

⑤ 《庄子·德充符》。

⑥ 《庄子·秋水》。

⑦ 《庄子·齐物论》。

然和谐状态。"道通为一"是说，从道的角度看，万物虽为多而有别，却都统一于一个整体，一个大和谐（通为一）。可见，齐万物，也就是泯灭客体之间的差异性，将万物"通为一"。

所谓"等是非"从一定意义上说就是否定人类认识的真理性。庄子认为，道和自然事物原本就是同一的、一体的，无所谓是，亦无所谓非，是非的分辨、造作不过是人类违背自然之理而将自己的主观成见强加给客观事物。这样做的结果，只能障蔽自然事物的本来面目，损害道的完整性和和谐性。"是非之彰也，道之所以亏也"。道出了是非之争的有害性。所以庄子强调"和之以是非，而休乎天均"①。要求人们不执着于是非的争论而保持事理的自然均衡。②

具体而论。庄子"等是非"的命题主要有以下三个重要的环节：其一，"常心"与"成"。这是庄子独创的一对概念和范畴。提出这对概念和范畴，为的是从认识的源头处寻找产生是非之争的终极根源。"常心"指主体先天具有的绝假纯真之心，为那无限的光芒所照耀并与之相合为一的"大成"之心；"成心"指主体后天形成的蒙蔽"常心"的假我之心，与那绝对、无限的道南辕北辙的"小成"之心。"大成"与"小成"之别也即认识的全面性与片面性之别，从"常心"出发，自能达对客观事物的完整把握和全面认识；从"成心"出发，则只能限于片面认识，并表现为肯定自我，否定异己，同于己则是之，异于己则非之。可见，"成心"乃是导致是非之争的最后根源。其二，"大知"与"小知"。庄子将主体的认识能力区分为"大知"和"小知"，"大知"与"常心"相关联，它是主体超越感性认识和理性思维的直觉能力，"小知"与"成心"相关联，它是主体限于认识有形事物的理智能力。庄子认为，"小知"只能触及可见可闻、可搏可得的有形事象，"大知"则能深入有形事象背后的普遍本质，领略那无形的"道"的雄姿异彩。其三，"莫若以明"。"常心"

---

① 《庄子·齐物论》。

② 依陈鼓应译文，见《庄子今注今译》第66页。

与"成心"、"大知"与"小知"是矛盾对立、水火不容的，"成心"、"小知"的兴作不能不使"常心"、"大知"不能彰显。"道隐于小成，言隐于荣华。故有儒墨之是非，以是其所非而非其所是。欲是其所非而非其所是，则莫若以明。"①一方面，理智认识的对象变动不居，没有质的确定性，另一方面，人的理智能力又十分有限，这两点决定人们无法把握事物的真相，作出真是真非的判断。儒墨是非之辩证起于各自的小成小知（一曲之见），儒家立足于人伦大本，指责墨家非乐、薄葬是无父无君的禽兽之行；墨家着眼于功利效用，批评儒家重丧葬、兴礼乐足以丧天下。凡此均是基于片面有限的观念。要想突破有限，全面了解事物的真相，则"莫若以明"。"以明"的字面含义指以虚静空灵之心观照事物，其实质在用"常心"否定"成心"，用"大知"否定"小知"，克除主观成见的影响，摆脱是非争辩的纠缠，完整客观地呈现物我的真相，在主观世界达到"因是因非，因非因是"②、"是非之不可为分"③、"彼亦一是非，此亦一是非"、"彼是莫得其偶"④的高低认识。总之，等是非就是泯灭主体之间的差异性，将人我"通为一"。

### （三）"心斋"与"坐忘"

如果说，"齐万物"、"等是非"是实现物我同一境界的认识论的途径的话，那么，"心斋"和"坐忘"就是实现物我同一境界的修养论的途径。庄子似乎更重视修养论的路径。在他看来，实现物我同一固然有赖泯灭客体之间的差异性，将万物"通为一"，将人我"通为一"，但尤为关键的在泯灭主客之间的差异性，将物我"通为一"，而这正是心斋和坐忘的现实目标。当然，在庄子这里，修养论的路径和认识论的路径亦非割裂

---

① 《庄子·齐物论》。

② 《庄子·齐物论》。

③ 《庄子·秋水》。

④ 《庄子·齐物论》。

为二，而是相互关联、相互渗透、相互补充的。

何谓"心斋"？何谓"坐忘"？《庄子》有明确的论述："回曰：'敢问心斋？'仲尼曰：'若一志，无听之以耳，而听之以心；无听之以心，而听之以气。听止于耳，心止于符。气也者，虚而待物者也。唯道集虚。虚也者，心斋也。'颜回曰：'回之未始得使，实自回也；得使之也，未始有回也。可谓虚乎？'夫子曰：'尽矣。'"① "颜回曰：'回益矣。'仲尼曰：'何谓也？'曰：'回忘仁意矣。'曰：'可矣，犹未也。'他日复见，曰：'回益矣。'曰：'何谓也？'曰：'回忘礼乐矣。'曰：'可矣，犹未也。'他日复见，曰：'回益矣。'曰：'何谓也？'曰：'回坐忘矣。'仲尼蹴然曰：'何谓坐忘？'颜回曰：'堕肢体，黜聪明，离形去知，同于大通，此谓坐忘。'仲尼曰：'同则无好也，化则无常也。而果其贤乎？丘也请从而后也。'"② "心斋"、"坐忘"都是主体内省的工夫，用庄子自己的术语来表示，可谓之"心养"③。"心斋"突出一个"虚"字，虚即"徇耳目内通，而外于心知"④，庄子在《天道》篇曾赞虚为万物之本和道德之至。"坐忘"突出一个"忘"字，"忘"即"离形去知，同于大通"。可见，"心斋"、"坐忘"的休养方式和目标指向是一致的相通的。究言之，"坐忘"实已把"心斋"的内涵包容在自身之内。

"坐忘"的休养进程是一个由外而内层层深入、层层递进的过程。大略言之，它有以下三个互为关联的步骤或环节：一曰忘物。庄子并未陷入彻底否定"物"抛弃"物"的禁欲主义、僧侣主义，他承认物各有用，承认人有基本的物质需求和感官欲望，他更意识到，正是"物"的诱惑导致人们感官欲望的无限膨胀，导致人们"物于物"，为物所伤。因此，他希

① 《庄子·人间世》。

② 《庄子·大宗师》。

③ 《庄子·在宥》。

④ 《庄子·人间世》。

望人们以空灵明觉的心态审视万物，甚至在主观上忘却物的存在，"未始有物"。他认为这样才能"不以物挫志"①，"不以物害己"②。忘物略近于庄子认识论路径中的齐物，却又更进了一层。

二曰忘己。忘己乃忘物的继续和深化。所谓"己"，当指人的自然形体、自然欲望及其知觉活动。忘己所要求的"堕肢体，黜聪明，离形去知"，并非真的要人为地堕毁人的形体，灭绝人的欲望和知觉，"离形"的要件是忘形忘利，使人之精神、心灵不为人之自然形体及其生理欲望的存在所圉，这也就是《德充符》篇所说的"有人之形，无人之情"。"无人之情"，"言人之不以好恶内伤其身，常因自然而不益生也"。"去知"的要件是忘心忘知，使心免受源于人的知觉活动的是非争辩的搅扰，永处于虚静的状态，这也就是《在宥》篇所说的"解心释神，莫然无魂"。庄子在《齐物论》首节还曾有"吾丧我"的提法。"丧我"与这里所述"忘己"若合符节。"我"指为物的存在、人的存在所迷惑，以致人的自然原始本性受到扭曲伤损的偏执之我、假我，"丧我"便是摒弃偏执之我、假我，唤醒和恢复本我、真我。忘己、丧我略近于庄子认识论路径中的等是非，却又更进了一层。中国现代著名美学家宗白华先生赞赏这种忘己丧我的心态说："你越能忘掉自我，忘掉你自己的情绪波动，思维起伏，你就越能够'漱涤万物，牢笼百态'（柳宗元语），你就会像一面镜子，像托尔斯泰那样，照见了一个世界，丰富了自己，也丰富了文化。"③

三曰物我两忘，天人一如。庄子《大宗师》篇借女偊之口论述学道体道的程序、步骤说："三曰而后能外天下"，"七曰而后能外物"，"九曰而后能外生"，"而后能朝彻"，"而后能见独"，"而后能无古今"，"而后能入于不死不生"。"外天下"、"外物"近似"忘物"，

---

① 《庄子·天地》。

② 《庄子·秋水》。

③ 宗白华著《美学散步》第238页。

"外生"、"朝彻"近似"忘己","见独","无古今","无死生"近似物我两忘、天人一如。庄子在这里对学道体道的程序、步骤作出先后的规定,许是出于方便人们掌握、践行的需要的考虑。其实,忘物、忘己乃至物我两忘乃是一个相互包涵、相互依存的统一过程。《庄子·天地》篇就是这么说的:"忘乎物,忘乎天,其名为忘己。忘己之人,是之谓入于天。"很显然,"入于天"即是物我两忘,物我同一,天人一体,它意味着时空界限的打破,主客界限的打破,天人界限的打破。在这种境界和状态中,仿佛物的生命即是我的生命,我的生命即是物的生命,人、世界、宇宙浑然融为一体,"我没入大自然,大自然也没入我,我和大自然打成一片,在一块发展,在一块震颤"。[1]这是一种美的艺术的入神入迷的境界,一种彻底地逍遥、无限地自由的境界,一种"神与物游"[2]的境界。

### (四)"物化"与"无待"

庄子非常推崇和欣赏这种通过认识论底途径——"齐万物"和"等是非",特别是通过修养论底途径——"心斋"和"坐忘"所达到的物我不分、主客合一、天人一体的境界。他有时将这种境界干脆用"物化"概念来形容、概括。谈到"物化",我们自然想起庄子著名的"蝴蝶梦"的故事:"昔者庄周梦为蝴蝶,栩栩然蝴蝶也,自喻适志,不知周也。俄然觉,则蘧蘧然周也。不知周之梦为蝴蝶与?蝴蝶之梦为周与?周与蝴蝶则必有分矣。此之谓物化。"[3]庄子以审美鉴赏家的眼光观察物我,认物我可以契合交感,契合交感的极致便是物我界限的消解,不知有我,不知有物;换句话说也即我转化为物,取得物的资格,物转化为我,取得人的资格。蝴蝶梦中"周之梦为蝴蝶与?蝴蝶之梦为周与"?虽属疑问的口吻,

---

① 《朱光潜美学文学论文选》第52页。

② 刘勰语,转引自周振甫著《文心雕龙选译》第299页。

③ 《庄子·齐物论》。

实即暗喻物我之相互转化、契合、交感。同时，蝴蝶之遨游自如、自适其志，实即表征人在冲破物我的阻隔、与物冥合为一之后所达之纯粹的逍遥自由。

在庄子看来，"物化"的境界、纯粹的逍遥自由的境界，也即"无待"的境界。"无待"相对于"有待"而言。"有待"指有所秉靠、有所依赖；"无待"指无所凭靠、无所依赖。庄子举例说，鲲鹏之高飞九万里，至于南冥，有赖于"风斯在下"；舟之行于江河，有赖于"水之厚积"，至于人，"知效一官，行比一乡，德合一君，而征一国者"，所赖者在人之智能、德行、人为；宋荣子"举世而誉之而不加劝，举世而非之而不加沮，定乎内外之分，辩乎荣辱之境。……彼其于世，未数数然也"，较"知效一官"确乎高出一筹，却也未跳出物我的封域，"犹有未树也"，"列子御风而行，泠然善也，旬有五日而后反。彼于致福者，未数数然也"，较宋荣子又高出一筹，却也未打破时空的界限、束缚，"犹有所待者也"。那么，"无待"谓何？"若夫乘天地之正，而御六气之辩，以游无穷者，彼且恶乎待哉！故曰：至人无己，神人无功，圣人无名"。①"无待"就是无己、无功、无名，就是冲破物我对待的有限观念和自我中心的有限境域，顺随天地、宇宙之规律法则，驾驭阴阳风雨晦明六气之变化，以游于无穷博大之境域。按照庄子的理路，达此无待的境界，人们就能"与天地精神往来，而不敖倪于万物。……上与造物者游，而下与外死生、无终始者为友"②，"游心于物之初"③，"浮游乎万物之祖"④，"游乎四海之外"⑤。"造物者"、"物之初"、"物之祖"就是道，游于道就是发现道、发现本我、真我，从而物我同一即是同于大道

---

① 《庄子·逍遥游》。

② 《庄子·天下》。

③ 《庄子·田子方》。

④ 《庄子·山木》。

⑤ 《庄子·齐物论》。

（大通），它是人之开放心灵之净土、精神自由之伊甸园。

### （五）真人、至人、神人、圣人

　　庄子认为，达到物我、主客、天人同一境界的人，即是所谓真人、至人、神人、圣人。这几者名异实同，都是庄子心目中的理想人物或理想人格。因此，我们进而考察庄子的人格说。

　　真人、至人、神人是庄子独创的概念，圣人概念则属儒道共用。在《庄子》一书中，圣人作为儒家的理想人格，他是庄子猛烈抨击和鞭挞的对象；作为道家的理想人格，他是庄子极力推崇和称道的对象。照庄子所说，儒家赞美追求的圣人有两个致命的弱点或缺点，一是"屈折礼乐以匡天下之形，县（悬）仁义以慰天下之心"。[1]用外在的仁义礼乐来规范、制约人的行为动作，要把天下人的生存生活统一于一个单一的模式之中，超出这一模式，即被指责为大逆不道。二是意识不到"德有所长，而形有所忘"，相反，往往表现为"不忘其所忘，而忘其所不忘"[2]。这里所谓"德"不是儒家意义上的人伦道德，而是指人之源自道的内在的德性，即自然无为；这里所谓"形"不仅指人之形体、身躯，更指一切外在人为的事物及其行为动作。庄子认为，倡仁义、扬礼乐也好，重形养、遗德性也好，均属"开人之天"[3]。"开人之天"与"开天之天"的不同在"开天者德主，开人者贼生"，"开人"的结果不只使个己莫得安其性命之情，也使社会蹊跂好知，争归于利，大盗不止，动乱不已。

　　于是，庄子认三皇五帝以来天下所以日乱一日，其罪魁祸首正是人们所盲目推崇称道的圣人君子。人们只知在尧、舜、禹、文王、周公、孔子等人的头上冠以"圣人"的美名加以崇拜，殊不知天下正毁于这些所谓"圣人"之手。庄子说："三皇之知，上悖日月之明，下睽山川之

---

① 《庄子·马蹄》。

② 《庄子·德充符》。

③ 《庄子·达生》。

情，中堕四时之施……而犹自以为圣人，不可耻乎？其无耻也！"①"大乱之本，必生于尧、舜之间，其末存乎千世之后。"②"圣人已死，则大盗不起，天下平而无故矣！圣人不死，大盗不止。""故绝圣弃知，大盗乃止；摘玉毁珠，大盗不起；焚符破玺，而民朴鄙；掊斗折衡，而民不争；削曾、史之行，钳杨、墨之口，攘弃仁义，而天下之德始玄同矣。"③"毁道德以为仁义'圣人之过'也。"④这些振聋发聩的遣词是一封对儒家圣人人格的无情的"死刑判决书"。这中虽也反映出庄子的过激倾向，但倘若仔细玩味后悟，其少有的深刻性与其内含的真理性又不禁使人为之惊叹、折服。庄子认为，究极来看，圣人君子道貌岸然，衣冠楚楚，且夫常常以身殉天下，以致迷惑世人追随其后，视为救星。其实，圣人以身殉天下，与小人以身殉利、士人以身殉名、大夫以身殉家并无二致，"此数子者，事业不同，名声异号，其于伤性以身为殉，一也"。"莫不以物易其性矣"⑤！芸芸众生为物所囿，执迷不悟，以致迷失自我，迷失自性，是可悲的，圣人图通过人为有以拯救众生，反把事情弄得更糟，使得自己和众生均不得解脱，更是可悲可哀。

于是，庄子从对现实社会和儒家圣人人格的批判转到对无所谓圣人、道德的远古时代的赞美。他认为远古的神农之世才是人类的黄金时代即"至德之世"。他以其罕见的想象力勾勒、描绘出一幅"至德之世"的社会状貌、人际关系及其生活方式的理想蓝图。在"至德之世"，人们"居不知所为，行不知所之，含哺而熙，鼓腹而游"⑥。在"至德之世"，子

---

① 《庄子·天运》。

② 《庄子·庚桑楚》。

③ 《庄子·胠箧》。

④ 《庄子·马蹄》。

⑤ 《庄子·骈拇》。

⑥ 《庄子·马蹄》。

女只知其母，不知其父，"同与禽兽居，族与万物并"①。而禽兽，而万物对人无有相害之心。在"至德之世"，人们无知无欲，素朴纯真，没有君子小人之分、贵贱亲疏之别，没有尚贤使能之举，一切都是那样自然、那样和谐。在"至德之世"，人们"端正而不知以为义，相爱而不知以为仁，实而不知以为忠，当而不知以为信，蠢动而相使不以为赐"。②庄子的乌托邦构想有一个理论上的前提，这就是"纯朴不残，孰为牺尊！白玉不毁，孰为珪璋！道德不废，安取仁义！性情不离，安用礼乐！五色不乱，孰为文采！五声不乱，孰应六律"③每一个人的行为举止都自然而然地符合物性，符合人性，符合道德，就用不着圣人出来进行道德说教。圣人出，礼乐兴，仁义起，反是损害人类生活的自然和谐的根源，

于是，庄子彻底否弃儒家赋予圣人的一切伦常道德、后天人为规定，而从道、从物我同一、从"至德之世"的理想出发，赋予圣人以自然无为的品格、逍遥天放的品格。照庄子的观点，作为道家理想人格的圣人的精神生活和行为方式与普通人乃至作为儒家理想人格的圣人有很大不同。其一，"圣人法天贵真，不拘于俗"④。世俗之人斤斤计较于利害得失、功名富贵，以致见名见利而轻亡其身。真正的圣人"游心于淡，合气于漠，顺物自然而无容私"⑤，洁身自好，不拘于人，像鹓鶵那样，"非梧桐不止，非练实不食，非醴泉不饮"⑥。他们过一种体道悟道的清静生活，使富、贵、显、严、名、利六者无以勃人之志，容、动、色、理、气、意六者无以谬人之心，恶、欲、喜、怒、哀、乐六者无以累人之德，去、就、

---

① 《庄子·马蹄》。

② 《庄子·天地》。

③ 《庄子·马蹄》。

④ 《庄子·渔父》。

⑤ 《庄子·应帝王》。

⑥ 《庄子·秋水》。

取、与、知、能六者无以塞人之道。"此四六者不荡乎胸"①，则胡可得而累邪！其二，圣人"通乎道，合乎德，退仁义，宾礼乐"②。儒者视仁义礼乐为神圣不可侵犯，主张按照仁义礼乐生存生活、修身齐家治国平天下，注重道德践履；庄子则视仁义礼乐为神之末，主张辞退仁义，摒弃礼乐，注重因性自然。其三，圣人"以天待人，不以人入天"③。"以天待人"即以自然的方式处置人事，甚将自我融化于自然之中；"以人入天"即以人事人为干扰冲撞自然。真正的圣人依循前者，他们的内心不曾存记着自然，不曾存记着人事，不曾存记着终始，不曾存记着物我；他们从容无为，游于不可亡失的境地而与道共存，这种不可亡失的境地就是天，"圣人藏于天，故莫之能伤也"④。其四，圣人常宽容于物，不削于人。⑤庄子认为，道广大无边，无所不容，它于大的事物不穷尽，于小的事物不遗漏。圣人与道合一，守道而终，故也具有道的无限包容性，而能宽容厚物，不侵削损害他人，而能"并包天地，泽及天下，而不知其谁氏"⑥；而能与世偕行，又不同于众，不拘于俗，"游于世而不僻，顺人而不失己"⑦。

虽说真人、至人、神人、圣人四者并无本质的差异，但照庄子的论述，真人、至人、神人似较圣人还要神妙、高超。在圣人身上，人的影子、社会的影子还是时有所见的，而真人，至人，神人则简直就是道的化身，就是一个神仙的形象。庄子描述真人（也即至人、神人）的性情状貌说，他心里忘却一切，他外貌静寂闲然，他额头恢宏宽大；他时而像秋天

---

① 《庄子·庚桑楚》。

② 《庄子·天道》。

③ 《庄子·徐无鬼》。

④ 《庄子·达生》。

⑤ 《庄子·天下》。

⑥ 《庄子·徐无鬼》。

⑦ 《庄子·外物》。

一样冷峻，时而像春天一样温和，一喜一怒都合乎春夏秋冬四时的循环变化；他神态巍峨却不畏缩，性情客气却不自卑，特立独行却不固执，心胸开阔却不浮华，他的模样往往很奇特很古怪，所谓兀者王骀，兀者申徒嘉，兀者叔山无趾，恶人哀骀它，阖跂支离无赈，瓮盎大瘿等等，都是些奇人怪人，然其奇其怪并不妨碍他们"原天地之美而达万物之理"，<sup>①</sup>成为真人、至人、神人。庄子描述真人的举止动作说，他睡觉不做梦，醒来不忧愁；他饮食随便，不求精美，甚至"不食五谷，吸风饮露"；<sup>②</sup>他呼吸十分深沉，但不是用咽喉，而是用脚后跟呼吸。庄子刻画真人的生活态度说，他于少得不觉委屈，于成功不觉得意；他遇事听凭自然，从不筹划商量，失去时机不后悔，一切顺利不欣喜；他"居无思，行无虑，不藏是非美恶"，任世人去褒贬誉非而无动于衷，"以天下誉之，得其所谓，謷然不顾；以天下非之，失其所谓，倘然不受。天下之非誉无益损焉。"<sup>③</sup>至于真人的功能作用，则更是神乎其神了："至人神矣，大泽焚而不能热，河汉沍而不能寒，疾雷破山，飘风振海而不能惊。若然者，乘云气，骑日月，而游乎四海之外。"<sup>④</sup>"至德者，火弗能热，水弗能溺，寒暑弗能害，禽兽弗能贼。"<sup>⑤</sup>"之人也，物莫之伤，大浸稽天而不溺，大旱金石流土山焦而不热。是其尘垢秕糠，将犹陶铸尧舜者也。"<sup>⑥</sup>真人与造物者为友，以天为宗、以德为本，以道为门；真人绝对逍遥自由，他登高不栗，入水不濡，入火不热，任何危难都不能对他有所伤害。不论在空间上，还是在时间上，真人都已进入无穷、无限的境地。

总之，庄子物我同一的境界说和人格说虽杂有神秘的"玄"的色彩，

---

① 《庄子·知北游》。

② 《庄子·逍遥游》。

③ 《庄子·天地》。

④ 《庄子·齐物论》。

⑤ 《庄子·秋水》。

⑥ 《庄子·逍遥游》。

然毕竟表现了庄子对人类崇高的理想的追求与向往。这种理想归结为一句话，就是一个自然无为的世界，一个逍遥天放的世界，一个主体性的内在的世界。这种庄子式的理想只是庄子式的人物之"神与物游"的产物。它是那样高超，那样神秘，以致一般人很难接近它，与它握手同观。它的高超，它的神秘，也意味着它的空想性和超现实性。确实，它只能实现于庄子的精神王国中，在后世人们的现实生活中，它从来就不曾真正实现过。固然，这也是历史和时代的局限所致。特别要指出的是，后世的人们所以十分看重庄子的物我同一观念，乃因为它能启示人们不断地去思索人生、不断地去追求高的理想、高的境界、高的人格；而这种高的理想、境界、人格则正是至真、至善、至美的高的统一。

# 四、安之若命与安时处顺

庄子肯定人人都具有达到物我同一的境界和人格的潜能，但不一定都能外化为现实。由于物我同一过于高超、神妙，除了得道之人，事实上一般人与它并无缘分。对于一般人来说，按照怎样的原则立身处世，以达到较高的境界和人格，并最终实现物我同一，这也是庄子苦心思索的现实人生问题。

## （一）庄子命论的由来与特色

庄子的处世原则（处世术），概言之就是"安时处顺"。它的提出以其命论为基础，因此，我们有必要先对其命论作一点分析。

在中国文化中，在人们的日常生活中，几乎可以说，再没有比"命"

的概念运用得更宽泛、更随便的了。自然界之寒暑变化可以说是命，国家之兴亡强弱可以说是命，人事之穷达贤愚也可以说是命；求则得之是命，求之不得也是命，一切的一切都可以是命的造化。那么，命到底是怎样一种东西？庄子的命论与传统的命论又有怎样的不同？

命的概念的本意，许慎《说文》是这样说的："命，使也，从口从令。"段玉裁解释说："命者，天之令也。"命乃来自天帝的声音，即天令或天的指示。在《五经》里面，言命的地方极多，如《诗经·周颂》云："昊天有成命。""维天之命。"《易经·说卦》云："穷理尽性，以至于命。"《书经·召诰》云："若生子罔不在厥初生，自贻哲命。"《礼经·祭法》云："大凡生于天地之间者，皆曰命。"《左传·成公十三年》云："民受天地之中以生，所谓命也；是以有动作礼义威仪之则，以定命也。"从逻辑上看，命是一个种概念，它包括两个属概念即天命和性命。但事实上，在中国古代典籍中，天、命、天道、天命常常是混而不分的，性命则明确是命、天命之表现于人者。照我的考察，殷周的天、命概念蕴含三重含义：一曰有目的意志的人格神，二曰自然之天，三曰义理之天。其中第一重含义是其主体。但随时间的推移，在人们心目中首先动摇甚被抛弃的正是第一重含义——有目的意志的人格神。后来孔孟着重就义理之天作了阐发，老庄着重就自然之天加以发挥，墨翟则明确取"非命"的立场，指出"执有命者""乃天下之厚害也"[1]，强调"赖其力者生"[2]。这是"天"、"命"观念演变的总的线索。把握这一线索，有利于较为客观而深入地理解和认识庄子命论。

庄子命论继承老子而来。总的看，老子多言天而少言命，他把"天"视为自然的代名词来推崇，把"命"视为人格神的代名词来否定。这一点，我们在前一章已作说明。现在要说的是，老子亦曾提出"复命"的主张，对"命"取肯定的态度。他说："夫物芸芸，各复归其根，归根曰

---

① 《墨子·非命中》。

② 《墨子·非命下》。

静，静曰复命。"①不过，这里所谓"命"与其人格神的含义已有千里之遥、天壤之别。根是什么？老子认为，根指道，指事物初始的素朴状态，指天地未形之际的混沌。归根就是返归于道、素朴与混沌。人作为芸芸万物中的一物，返归于道、素朴与混沌，就叫复命。可知"命"已经离开它的本意——上帝的指令而转化成了与根、天、道、自然相近相合的概念。

庄子汲取了老子这一思想。他给"命"下的定义是："未形者有分，且然无间谓之命。"②近人胡哲敷先生有云："研究庄子对命的见解，当以此句为宗。其他都是这句话的演义。"③此言甚是。"未形者"，即是说事物没有成形之时的素朴与混沌；"有分"，即是说在这素朴与混沌中，事物成形后的一切差别便已暗具。"且然"，犹且也；"无间"，浑然无别也。林希逸说："若有分矣，而又分他不得，故曰：'且然无间。'"④事物未形之时即已潜在地具备成形后的一切分际，这种分际不待后天人为的损益，这叫"命"。换句话说，"命"就是事物先天的存在条件，是一种自然必然性。因是先天必然，故而于物于人，都要求"褚小者不可以怀大，绠短者不可以汲深"，这叫作"命有所成，而形有所适"⑤。"命有所成"即是命定的意思，"形有所适"则意味着命定与人之恬适、自由并不矛盾对立，人们只需成就命之所成，便可获致恬适和自由。命定与自由在我们看来是相向而行的两股劲，庄子硬是巧妙地将二者统一起来。庄语的机智和诡谲于此可见一斑。

## （二）"知其不可奈何而安之若命"

庄子把人之先天必然作了不切当的夸张，认为人后天之所成所适皆

---

① 《道德经·十六章》。

② 《庄子·天地》。

③ 胡哲敷著《老庄哲学》第186页。

④ 转引自陈鼓应著《庄子今注今译》第310页。

⑤ 《庄子·至乐》。

命之使然。正是从这里出发，他提出"安之若命"的观念："知其不可奈何而安之若命，德之至也。"①"知不可奈何而安之若命，惟有德者能之。"②命运是不可抗拒的，人之死生、存亡、穷达、贫富、贤与不肖、毁誉饥渴、寒暑等等现象，都是事物之自然变化，运命之自然流行，就像昼夜之轮转，人们不能有以改变。知道事情之无可奈何而安于自然之运命，可谓德性之极点，也只有有德的人才能做得到。庄子认为，意识到这一点方不致让人事之变化扰乱人性之平和（不足以滑和），不让它们侵入人的心灵（不可入于灵府）③，以保持心灵的自得安逸和与外部自然的和谐统一。

### （三）"安时而处顺，哀乐不能入也"

"安之若命"的观念具体化为现实生活中设身处地的原则，即是所谓"安时而处顺"。"时"在这里不单纯是一个时间概念，同时也是一个空间概念，它的含义指时代环境、社会环境、自然环境"安时"实是要求不择时而安，不择地而安，不择事而安。庄子把圣人和众人之安与不安作了区分："圣人安其所安，不安其所不安，众人安其所不安，不安其所安。"④"所安"，自然也"所不安"，人为也。圣人安于自然，不安于人为；俗人相反，安于人为，不安于自然。可见，安于什么不是没有条件没有前提的，安的内容、方式不同，其结果定然有异。安于自然，则不论遇到何种情况，处于何种环境，都能泰然处之，保持内心的平和，情绪的稳定，灵魂的愉悦；安于人为，则若个己欲望获得满足，事业获得成功，自不待说，倘若欲望不得满足，事业不得成功，必致怨天尤人，甚而伤性害物。

---

① 《庄子·人间世》。

② 《庄子·德充符》。

③ 《庄子·德充符》。

④ 《庄子·列御寇》。

在《大宗师》篇，庄子特别以"大冶铸金"为喻，说明安于自然的重要性和必要性。他说："今大冶铸金，金踊跃曰'我且必为镆铘'大冶必以为不祥之金。今一犯人之形，而曰'人耳人耳'，夫造化者必以为不祥之人。"铁匠冶铸金属器物，金属从炉膛里跳出来喊道，一定把我铸成镆铘宝剑，铁匠定以为这是不祥之金，人也一样，他有了人的形体便叫嚷，我是人，我还要做人，造物者定以为这是不祥之人。庄子以拟人的手法、形象的语言指斥"不祥之金"之不能安于天命、"不祥之人"之不能安于性命。他持守"物之不能胜天"的信念，人为万物之一，固亦不能与天、自然、命处于对立的境地。他把自然力、运命看得过于伟大，似乎在自然力、运命面前，人们不能有任何作为，而只能听从运命的安排，任其自然。"父母于子，东西南北，唯命之从；阴阳于人，不翅于父母"。①仿佛人的一切言行举止都是自然力的造化，都受命运的控制，人的本分、人的职责在顺随个己之所受于天，而不加丝毫人为的增益和减损，否则便成为"不祥之人"。

"安时而处顺，哀乐不能入也。"②"安时"和"处顺"是一件事体之两面，实不可分，于其安之时，已有顺之意在；于其顺之际，亦有安之意在。今试别而论之，则"安时"已如上述，"处顺"则主要就处理世俗社会中人与人之间的关系而言。庄子认识到，人们虽可通过内心涵养，超越世俗人伦，但要抛弃世俗社会和伦常关系却终不可能。人类社会有如一个复杂的生存空间或共同体，人们生活在这个生存空间或共同体中，一方面要处理人与自然的关系，另方面要处理人与人之间的关系。人与人之间的关系及其处理这种关系的活动是人与自然之间的关系及其处理这种关系的活动的扩大和延伸。如果说"安时"侧重于解决人与自然之间的关系的话，那么，"处顺"侧重于解决人与人之间的关系。"处顺"要在一个"顺"字。顺，首先指顺从。在《人间世》篇，庄子借蘧伯玉之口说：

---

① 《庄子·大宗师》。

② 《庄子·养生主》。

"形莫若就,心莫若和。……彼且为婴儿,亦与之为婴儿;彼且为无町畦,亦与之为无町畦,彼且为无崖,亦与之为无崖;达之,入于无疵。"这是说,当你与人相处时,外表上最好亲近于他,内心里最好随和于他,他像婴儿那样天真无知,你也姑且像婴儿那样天真无知;他不分界限、畛域、是非,你也姑且不分界限、畛域、是非;他随心任性,无拘无束,你也姑且随心任性,无拘无束。"形莫若就,心莫若和",旨在大智若愚,大巧若拙,不显锋芒;"为婴儿","为无町畦","为无崖",意谓因任自然,逍遥天放,禁忌强人以同己。庄子认为,在复杂的人际交往中,个己不应把自我的秉赋、才能看得过高,老是吹嘘夸耀你自以为得意之处而触犯他人,那就危在旦夕了。君不见螳螂怒其臂以挡车辙,终为力不能胜而亡毁其身乎?其次,顺亦非消极地舍己以从人。舍己以从人,自暴自弃,卑躬屈膝,只能丢丧自性而不得逍遥自由,自适其适。所以庄子在指出与人相处要小心谨慎的同时,强调"就不欲入,和不欲出"①。外表亲近而又不要太过分,内心和顺而又不要太显露。亲近太过分,则将陷不能拔,以致颠败毁灭;和顺太显露,人家以为你意在争声名,亦会招致灾祸危殆。因此,最好的办法是不亢不卑,"不将不迎,应而不藏"②。

### （四）"顺人而不失己"

中国现代学者胡适批评庄子的处世哲学说:"这种人生哲学的流弊,重的可以养成一种阿谀依违、苟且媚世的无耻小人;轻的也会造成一种不关社会痛痒、不问民生痛苦、乐天安命、听其自然的废物。"③胡适先生的批评诘难是不公允的,它的失误很明显地表现为只看到庄子处世思想中"形莫若就,心莫若和"的"顺人"的一面,看不到其"就不欲入,和不欲出"的"不失己"的一面。事实上,这两方面在庄子思想中是有机地结

---

① 《庄子·人间世》。

② 《庄子·应帝王》。

③ 胡适著《中国哲学大纲》上卷第277页。

合一起，不能割裂为二的。胡适指斥的"无耻小人"、"废物"即是乡愿的意思。乡愿之徒的同流合污、同而不和的品格与庄子倡导的"顺人而不失己"①显然不可同日而语。在人伦社会这个复杂的关系网络中，乡愿们的处世方式"只能是在'流'与'污'中打转，向'流'与'污'中沉沦"②，没有自己的认识和见解，没有个性和自我，借用孔子的术语叫"同而不和"。同而不和意指人格形态、处世模式的无差别的单一性。庄子的"顺人而不失己"则正与此相反，他的"顺人"是以"不失己"为其前提的。"不失己"即不失自己的个性、本质、真我、本我。借用孔子的术语叫"和而不同"。和而不同意指人格形态、处世模式的多样性、差别性中的统一性，是异中有同，同中有异。而且，不论就其异抑或就其同而言，道家庄子与儒家孔子的理解也还有高低深浅的区别。相对来说，孔子出于道德主体自我意识的自觉醒悟，庄子出于艺术主体虚静之心的自然显露；孔子落脚于同而不排斥异，庄子落脚于异而不排斥同；孔子精神表现出伦常地平实地意味，庄子精神表现出超越艺术的意味。原始儒家和道家相近相通而又相异相斥的思想状况，为后世的思想家在儒道互补上做文章提供了客观可能。从另一个角度看，这也就是说，道家所尽的是弥补儒家观念的不足、缺陷或薄弱环节的历史使命。依我看，道家人学是较儒家人学更富思辨性和哲理性的高而深的人学。

---

① 《庄子·外物》。

② 徐复观著《中国艺术精神》第92页。

# 五、全性保真和死生同状

## （一）"贵在于我而不失于变"

在老子的人学中，已经透露出重生轻物的信息。他说："贵以身为天下，若可寄天下；爱以身为天下，若可托天下。"[①]贵重、爱护自己的身体超过贵重、爱护天下的人的人，才可以将天下托付给他。正是从重生轻物的观念出发，老子首倡摄生之说，追求长生久视、死而不亡。

道家学派的另一重要人物杨朱[②]则接过老子的摄生之说，发展而为全性保真的理论。这一理论有两个基本点，一曰轻物重生，系老子观念的继承因袭；一曰为我贵己，属杨朱的创造发明。韩非看到前一点，故说杨朱"不以天下大利易其胫一毛"[③]；孟子抓住后一点，故说杨朱"拔一毛而利天下不为也"[④]。其实，这两个基本点是同一学说的两个不同侧面，只不过后一个基本点在杨朱学说中更为突出、更富特色罢了。

道家思想的集大成者庄子也有全性保真的观念。但他所谓全性保真，就其形式来说，已经消除老子和杨朱的政治哲学的色彩，而更富有"人学"意味；就其内容来说，既保留和发展了老子摄生说的根源性、究极性追求，又超越物我的对立，排斥、剔除其轻物的倾向；既保留和发展了杨朱为我说的个体主体意识，又超越人我的对立，防止和避免个体主体与群体主体（类主体或社会主体）的抵牾、冲突。这是庄子精神所以高出于老子和杨朱的理由所在。

庄子认全性保真的目的在保身、全生、养身、尽年。他说："缘督

---

① 《道德经·十三章》。

② 杨朱的生卒年代不能确考，依冯友兰先生的推算，系生活于墨子与孟子之间。见冯著《中国哲学简史》第75页。

③ 《韩非子·显学》。

④ 《庄子·尽心》。

以为经，可以保身，可以全生，可以养身，可以尽年。"①凡事处之以虚以为养生的常法，就可以保护身体，保全天性，保养生命，享尽天年。庄子清醒地意识到，"天与地无穷，人死者有时"②。人们以有限的生命而寄托于无限的宇宙之间，就好比"骐骥之驰过隙也"③。虽然站在万物一齐的相对主义立场，可谓天与人同夭同寿；但着眼于人类个体生命的现实的绝对时限，则其与无限的天地宇宙毕竟难相比论。在庄子看来，个体生命绝对时限的长短寿夭是一回事，能否在物质生命的有限的旅程中，养其心志，全性保真，尽其天年是另一回事。庄子说："弃隶者若弃泥涂，知身贵于隶也。贵在于我而不失于变。"④可贵的是我自身而非外在的得失、祸福、财权、名利。因之，舍弃奴隶如同舍弃泥土，自我的身心性命却不可随事物的变化而轻易丧失。否则，不能全性保真，"说其志意，养其寿命者，皆非通道者也"⑤。庄子借盗跖之口指斥孔子鼓吹宣扬的那一套都是些诈巧虚伪的东西。正是在这一套诈巧虚伪的道德说教的鼓动下，世上的所谓贤士、义士、忠臣迂腐到重名轻死，不珍惜自己的生命本真。比如，伯夷、叔齐辞让孤竹国的君位而饿死于首阳山下；鲍焦饰行非世，抱木而死；申徒狄谏君不被采纳，而负石投河，为鱼鳖所食；比如，介子推之忠致以自割其股以食文公，后来文公仍然抛弃他，子推愤然离去，抱木而烧死；尾生和女友相约见面于桥下，女友不来，水至不去，抱梁柱而死；再比如，王子比干剖心而死，伍子胥沉江而死。这些所谓贤士、义士、忠臣的行为举动为世人所称道推崇，但从全性保真、养身尽年的要求看来，均属迷失本真、违反性情之举，"皆不足贵也"⑥。

---

① 《庄子·养生主》。

② 《庄子·盗跖》。

③ 《庄子·盗跖》。

④ 《庄子·田子方》。

⑤ 《庄子·盗跖》。

⑥ 《庄子·盗跖》。

### （二）"形全精复"的"卫生之经"

那么，"真"者何也？又如何全性保真以养身尽年？庄子云："道之真以治身，其绪余以为国家，其土苴以治天下"。[①] "真者，精诚之至也。……真在内者，神力于外，是所以贵真也"。[②] 真即道的精信之表现于人者，它得之于道而内存于人，作为精诚之极至，它构成人的自然原质。这种内存于人的自然原质，老子曾用婴儿来形容，有时又径直称之为大德（上德）之德；在庄子这里则以"真"的概念来指称，且认完身养生的关键即在"保真"、"贵真"，使人之精诚的自然原质"内保之而外不荡也"[③]。

按照庄子的观点，"保真"、"贵真"目标的实现主要凭借主体自身的精神修养。因此，在《达生》篇，庄子提出"形全精复"的观念。所谓"形全精复"即是说人的形体健全，精神充足。这反映出庄子"形""神"并重、内外相养的思想意向。但从总体上看，庄子虽不绝对排斥人的形体的修养，然其所孜孜关注、用力者只在人的精神生命的培养。在《田子方》篇，他说："人貌而天虚，缘而葆真，清而容物。"强调随顺自然而保持人性的纯真，心性清净而容人容物，正是着眼于此。庄子已经意识到，人的精神生命的培养反过来会促进人的物质生命的培养，他甚至视神养为长生的唯一的根本的保障。《在宥》篇所述得道之人广成子回答黄帝"治身奈何而可以长久"之问的一段话，讲的就是这样一番道理。广成子如是给黄帝指点门径："无视无听，抱神以静，形将自正。必静必清，无劳女形，无摇女精，乃可以长生。目无所见，耳无所闻，心无所知，女神将守形，形乃长生。"欲想长生，必须守持内在的清静，断绝外在的干扰。具体言之，外养则眼睛不被五色所迷惑，耳朵不被五声所骚

---

① 《庄子·让王》。

② 《庄子·渔父》。

③ 《庄子·德充符》。

扰，……一句话，使形体不被物欲所蒙蔽而免于劳累疲乏；内养则护守抱持精神的虚静，使你的精神不致耗费伤损，使你的心灵不被巧智虑谋所刺伤搅乱。唯此能够进入"大明"的境地，到达"至阴"、"至阳"的根源，甚至能够"与日月参光"，"与天地为常"。

在《庚桑楚》篇，庄子还将这种全性保真的养生要义通称为"卫生之经"。"经"，原则、方法。养生的原则、方法就是：使纯一的精神与形体合一而不分离；顺性自然，不求卜占筮，吉来知吉，凶来知凶；心性虚静，反身内求而不求之于外；修然侗然，无拘无束，无牵无挂，襟怀开阔。拿婴儿的习性动作来说，他所以能够终日嚎哭而喉不沙哑，终日握拳而手不乏倦，终日瞪眼而目不转动，正是因为他和气真纯、顺物自然、精神专注、偏不在外，"动不知所为，行不知所之"，"与物委蛇而同其波"的缘故。庄子得出结论说，人们若是像婴儿那样不驰心向外，天真无知，持守本性，则可冰解冻释，克除内外障碍，"人见其人，物见其物"，清朗光明；则可使形体和精神无有不适，使全性保真、养生尽年真正在世俗生活中现实化对象化，而不致成为一遥遥无期的空想目标。

全性保真、养生尽年体现了庄子生死观的重生贵生意识。重生贵生是对人的生存价值、进而也即对人的生活意义的肯定，并不保证也不要求人的个体生命永留世间、无有死灭。长生不死，那不过是道教曲解老庄、步入神秘主义歧途后的非分追求，并非老庄的本意和初衷。庄子说："生之来不能却，其去不能止。"[①]生死现象是变化之自然或自然之变化，是无以违逆、不得不然的。固然，老子说过"死而不亡"的名言，庄子也汲汲追求生命的永恒和无限，但那是从生命的源头处——道着眼，从超越性艺术性的意义上说的，与道教徒追求的长生不死有着本质的区别。

### （三）"万物一府，死生同状"

有这样一些问题，比如，生命的起源和归宿问题，生与死的关系问

---

① 《庄子·达生》。

题，死亡意味着什么？如何对待死亡？等等，是我们探讨庄子的生死观时所面临的极为重大的问题。这些问题，概言之也即古今哲人不断追索、永无定论的"生命之谜"或"死亡之谜"问题。为回答这一问题，庄子提出了"万物一府，死生同状"①的著名论断。"万物一府"是说万物一体，不分彼此，也即齐万物的意思；"死生同状"是说把死生看成一样、一致，"以死生为一条"②，也即齐生死的意思。自然，"死生同状"（齐生死）从"万物一府"（齐万物）推衍而来不疑。

死生何以能够同状？庄子首先从生命的起源和归宿处着手考察。他说："夫大块载我以形，劳我以生，佚我以老，息我以死。善吾生者乃所以善吾死也。"③又说："身非汝有"，"是天地之委形也；生非汝有，是天地之委和也；性命非汝有，是天地之委顺也；子孙非汝有，是天地之委蜕也。""人之生气之聚也，聚则为生，散则为死。若死生为徒，吾又何患？故万物一也。是其所美者为神奇，所恶者为臭腐，臭腐复化为神奇，神奇复化为臭腐。故曰：通天下一气耳。"④以上所引大致说明这样两层意思：第一，人的生命不是天上掉下来的，也非地上突然冒出来的，它乃是大自然赋予的，大自然才是生命的母亲。当代日本著名学者池田大作在其与英国著名历史学家汤因比合著的《展望二十一世纪》一书中讲过这样的话："宇宙本身就是'生命之海'。它内含着使生命诞生的力量。"⑤"地球在形成的早期，大概是没有生命的。所以出现了生命，是因为在无生命的地球内部，就已经存在向生命发展的方向性。"⑥生命的产生是自然界进化发展的必然。庄子的认识不可能达到如此明确清晰，但

① 《庄子·天地》。

② 《庄子·德充符》。

③ 《庄子·大宗师》。

④ 《庄子·知北游》。

⑤ 池田大作、汤因比著《展望二十一世纪》第313页。

⑥ 池田大作、汤因比著《展望二十一世纪》第312页。

他的论述所包含的意蕴实与此若合符节。第二，就个体生命来说，生死不过气之聚散，聚则为生，散则为死。换句话说，生死现象乃一气之变化，没什么可神秘的。这显然是对生命之谜的唯物主义的解释、把握。

将生命看成是大自然的产物，将死生看成是气运动变化的结果，还不是对"生命之谜"或"死亡之谜"的终极把握。从终极的视野看，则"天地与我并生，万物与我为一"①。天地与人并生于道，万物与人同归于道，道才是人的生命的究极根源和最后归宿。所谓"万物皆出于机，皆入于机"②。说的正是这个意思。中国现代学者李石岑先生说得好："生为道之发现，何得云有？死为道之复归，何得云亡？生死不过为道之循环，又何所用其欣戚？"③李先生的认识出于对老子生死观的理解，然用以说明庄子的生死观，又何尝不相契合。庄子"死生同状"的见地正是从道上着眼，从宇宙的根源处着眼。因为从此处着眼，则生不表明其有，死不表明其无，生死不过为气的聚散变化，道的循环运转。值此，方致"死生无变于己"④，"不知所以生，不知所以死，不知就先，不知就后，……入于寥天一"⑤。

谈论庄子的生死观，人们往往喜欢拿佛教的见地作为参照系。如果我们同意将二者作某种比较的话，就会发现二者确有许多相同相异之处。照我的理解，其同可以归结为庄子的齐生死说和佛教的生死不二说都认生命是一种超时间的存在，认死生有其相属性和连续性；其异可以归结为，佛教认生命的本质乃生即有，死即无，庄子则反对用有无的概念来规定生死，进而规定生命的本质，在他看来，生命同时也是一种超空间的存在。

---

① 《庄子·逍遥游》。

② 《庄子·至乐》。

③ 李石岑著《人生哲学》上卷第248页。

④ 《庄子·齐物论》。

⑤ 《庄子·大宗师》。

## （四）"生也死之徒，死也生之始"的辩证法

生命是一种超越时空的永恒存在，死生乃生命的本质的两种不同表现方式：生，即是生命的显现状态，死，即是生命的隐伏状态。这是庄子论证"死生同状"的一个重要依据。庄子指出："生也死之徒，死也生之始。"①生是死的连续，死是生的开始。生死相续，变化转移，"注然勃然，莫不出焉；油然谬然，莫不入焉。已化而生，又化而死"。"形之不形，不形之形"②，无有终期。此种认识，虽未能真正科学地揭示人之形体和精神的正确关系，但把死亡视为人的生命的一个重要因素，将其与生联系起来考察无疑应当给予肯定。恩格斯曾经说过："今天，不把死亡看成生命的重要因素，不了解生命的否定性质上包含在生命自身之中的生理学，已经不被认为是科学的了。因此，生命是和它的必然结果，即始终作为种子存在于生命中的死亡联系起来考虑的。""生就意味着死。③"庄子的认识不可能达到如此清晰深刻的高度，然而，他的生死辩证法足以见出他的超人的智慧。庄子是中国古代最伟大的"死亡"问题专家。

## （五）"死生如昼夜"与"死生无变于己"

按照庄子的意思，通过"死生同状"命题的提出和论证，至少可以得到以下结论或启示：其一，"死生如昼夜"。"死生如昼夜"，一方面是说，"人生天地之间，若白驹之过隙，忽然而已"。④世俗之人拘泥于人的形质，故有长寿短夭之分，若"自本观之"，则"生者，暗醷物也。虽有寿夭，相去几何？须臾之说也，奚足以为尧桀之是非"！⑤这意思是说，从本源上看，虽为冥灵、大椿、彭祖不为寿，虽为朝菌、蟪蛄、

---

① 《庄子·知北游》。

② 《庄子·知北游》。

③ 《马克思恩格斯全集》第20卷，第639页。

④ 《庄子·知北游》。

⑤ 《庄子·知北游》。

短命者不为夭，因为人的生死都是气的散聚和道的循环。另一方面是说，"死生，命也。其有夜旦之常，天也"。[1]人的死生是客观的必然，就好像永远有黑夜、白天一样，是自然的规律，为人力所不能干预。生即出于大本，死即入于大本，死生、终始、神奇、臭腐循环变化，这都是不依人的主观意志为转移的自然现象，也是天地万物的共同特征。了解人与物的共通性而同等看待，"则四支（同肢）百体将为尘垢，而死生终始将为昼夜，而莫之能滑"。[2]

其二，"死生无变于己"。在庄子看来，明确"死生同状"的道理，就能做到"死生无变于己"，"不暇悦生以恶死"[3]。针对世人悦生恶死的观念，庄子说，怎么知道悦生不是迷惑呢？怎么知道恶死不像流落异地不知回家的小孩呢？又怎么知道人死时不后悔始初不该贪生呢？"古之真人，不知悦生，不知恶死；其出不诉，其入不距；翛然而往，翛然而来而已矣。不忘其所始，不求其所终，受而喜之，忘而复之，是之谓不以心捐道，不以人助天，是之谓真人"。[4]《庄子·至乐》篇记载庄子见髑髅的故事，很可以见出庄子处生死的根本态度，且不揣赘烦，一并引之如下：庄子之楚，见空髑髅，髐然有形，撽以马捶，因而问之曰："夫子贪生失理而为此乎？将子有亡国之事、斧钺之诛而为此乎？将子有不善之行、愧遗父母妻子之丑而为此乎？将子有冻馁之患而为此乎？将子之春秋故及此乎？"于是语卒，援髑髅，枕而卧。"夜半，髑髅见梦曰："向子之谈者似辩士，视子所言，皆生人之累也，死则无此矣。子欲闻死之说乎？"庄子曰：'然。'髑髅曰：'死，无君于上，无臣于下，亦无四时之事，从然以天地为春秋，虽南面王乐，不能过也。'庄子不信，曰：'吾使司命复生子形，为子骨肉肌肤，反子父母、妻子、闾里、知识，子欲之乎？'

---

① 《庄子·大宗师》。

② 《庄子·田子方》。

③ 《庄子·人间世》。

④ 《庄子·大宗师》。

髑髅深矉蹙頞曰："吾安能弃南面王乐而复为人间之劳乎！"

从上面的长篇引述，再联系《大宗师》篇提到的"以生为附赘悬疣，以死为决疣溃痈"看，庄子似乎是把生命看成人的沉重负担，把死亡看成人的最好解脱，提倡速死以弃人间之劳，甚或提倡自杀以享南面王乐。事实上，有些庄学论者正是此般理解庄子的生死态度的。但照我的认识和把握，庄子的真义并不在此。如若庄子真心如是倡导，为何他自身未行自杀，而反求其全性保真、养生尽年，甚或求其长生呢？其实，庄子是意识到，对于世俗之人来说，死之患大于生之患，以致悦生恶死乃至贪生怕死，故他把死的境界大加渲染、夸张，以克除人们对于死的恐惧心理，改变人们恋生恶死的错误态度。庄子既不赞成"悦生恶死"，也不赞成"悦死恶生"，他的真义在扫荡悦恶情绪对人的身心的外在搅扰，"出生不欣喜，入死不拒绝，无拘无束地来，无拘无束地去；在察其始而本无生；非徒无生也，而本无形；非徒无形也，而本无气。杂乎芒芴之间，变而有气，气变而有形，形变而有生。今又变而之死。是相与为春秋冬夏四时行也"。[①]现代学人胡哲敷有一段话概述庄子的生死观十分精彩，他说："古之真人，知其生本不生，故不忘其所始，既生则与道同游，混万物而为一，故不求其所终，亦不求超脱万物以另寻极乐世界。生则受之，于生人之累，无所忧戚，故曰：'受而喜之。'无思无虑，浑忘而化，以还其本无之天真，故曰：'忘而复之。'此则所谓以死生为一条，以可不可为一贯，齐万物一死生之旨，要不外乎是矣。"[②]胡先生的概述可谓得其庄学生死观之要义。实际上，这也就是庄子"外死生"、"死生无变于己"之要义。

庄子"死生同状"的命题及其由此而来的"死生如昼夜""死生无变于己"的观念鲜明地体现了庄子生死观的自然主义性质。可以说，"死生如昼夜"观念是这一性质的客观方面的反映，"死生无变于己"观念

---

① 《庄子·至乐》。

② 胡哲敷著《老庄哲学》第220页。

是这一性质的主观方面的反映，"死生同状"则既是此二观念的理论前提，又是此二观念的逻辑合题，因而也是自然主义性质的主客统一的整体的反映。因为"死生同状"，故而当庄子妻死时，庄子不仅无悲泣之表征，反而蹲坐着鼓盆而歌；①因为"死生同状"，故而当"庄子将死，弟子欲厚葬之"时，庄子却说："吾以天地为棺椁，以日月为连璧，星辰为珠玑，万物为赍送。吾葬具岂不备邪？何以加此！"当弟子"恐乌鸢之食夫子"时，庄子却说："在上为乌鸢食，在下为蝼蚁食，夺彼与此，何其偏也。"②这言辞，这动作，是何等坦然，何等清远，何等旷达，何等逸脱，何等逍遥！透过这言辞和动作，庄子的气质、风度、境界、格调十分显然地跃现于我们面前，他是那般气派，那般自由。在他心目中，大有我、上帝（道）、世界三位一体的意味，故而死生虽大，他的气度，他的境界，他的精神却可以不与之变。

　　庄子人学理论（或曰人论）的丰富性为先秦乃至后世的其他思想家所不能比拟。庄子以其艺术家的想象力和哲学家的洞察力，就人的存在与自由的内在依据，人与自然、人与社会的关系，人的价值与苦乐，人的境界与人格，人的修养与处世态度，人的生死等等一系列重大的人生哲学问题，进行了全面的考察和深入的剖析，提出了许许多多独到的见解。在这些见解中，既夹杂着糟粕与谬误，又闪烁着真理的火花与智慧的光芒。这就要求我们必须以非常谨慎的态度来对待庄学，要求我们竭尽心力去做去粗取精、去芜存菁的工作，而切忌在倒洗澡水的同时，将可爱的孩子一同倒出门外。

---

① 《庄子·至乐》。

② 《庄子·列御寇》。

# 第四章　儒家：孔子知命有为的人生哲学

　　中国人的民族意识、思想倾向既不同于古希腊人，专注于自然哲学的探究，刻意觅求宇宙的终极本体，以说明宇宙万有的发生和发展；又不同于佛学之邦的印度民族，致力于对佛祖如来的顶礼膜拜，幻想在西天极乐世界得到彻底的解脱；中国人的思维模式，心理意识有她自己的鲜明格调，这就是在人而不在神，在历史传统的承继和现实人生的反思，而不在纯粹本体的孤立考察。这种民族精神、心理意识与儒家和道家特别是儒家的实际创始人孔子所建构的人生哲学体系有着十分密切的联系。揭示这种联系，有必要对孔子人生哲学的基本内容、范畴、特征做深入的解剖和系统的分析。

　　孔子（公元前551—公元前479年）名丘，字仲尼，春秋末期鲁国人。孔子的祖先为宋国贵族，由于避难，其曾祖防叔来到鲁国定居。孔子的父亲叫叔梁纥，据说是一个著名的武夫。孔子很小的时候（大约三岁），父亲就死了。虽然家世衰败，且年幼丧父，但孔子却始终怀抱一种宏大的志愿，要成就一番大事业。孔子从小就好礼，他事业的起步即是从事"相礼"的活动。①　"相礼"在当时是一种很荣耀的职业，俗称为"儒"。其

---

① 春秋时期，人们在重要的国事活动（如隆重的丧祭和庆祝活动，诸侯开会等外交场合）中，仍然很注重礼的运用，但礼的复杂性往往使一般的人不知所措，所以设立"相礼"的职务来专门掌礼。"相礼"近似于司仪。

实"儒"的含义较"相礼"宽泛得多，它也指一般的读书者，同时还含有道德的意味，所谓"君子儒"和"小人儒"的区别就是着眼于道德修养来划分的。孔子在二三十岁的时候在鲁国担任过"委吏"（管仓库）、"乘田"（管牛羊）等很小的官职，并开始招收弟子，创办私学。50岁以后他升为中都宰、司寇。但他发现鲁定公对他的政策不感兴趣，于是便开始周游列国，渴望得到别国君主的任用，以实现他的抱负。他最后碰了壁，回到故国，一方面整理编纂古代经典，一方面从事教学，传播他所创立的仁学。

从孔子的经历看，他不只是一个政治家、实践家，而且是一个伟大的教育家、思想家。他教育的目的主要不是为了传授知识，而是为了传授做人的道理；他的仁学实质也就是人学或人生哲学。

孔子人学的中心在于揭示人的社会性，着眼于人己关系，阐明人不能离开社会而孤立存在的事理；在不否定人之独立价值与独立人格的前提之下，突出人的社会价值与社会人格，追求个人道德理想与社会政治理想的统一，追求为己与为人、利己与利他的统一；提倡道德修养和道德践履，主张德化天下、道济万民，变无道社会为有道社会；倡导知命有为、发奋进取的刚健意识，信仰"人能弘道，非道弘人"，强调力行用世，培养内圣外王式的栋梁人才，以开创社会新文明。下面，我们以孔子与其弟子的言论总集《论语》为其主要依据，首先从其天人论的考察着手，揭示出孔子人学的客观逻辑基础，进而从其价值论、境界论、人格论、修养论、生死观等的概略考察中，阐明孔子人学根本观念在总体内容上多方面的展开，而后引申概括出孔子人学的最基本特征，并运用马克思主义历史与逻辑统一的思想，初步指出其社会历史根源，评判其理论得失。

# 一、性习·天命·知命有为

一般认为，孔子的仁学以人为中心，围绕人而展开全面的论述和发挥，着重考察了人道原则，对天道原则未给予应有的关注。表面看来，这种见解无可非议，孔子平生确实很少谈及天道与人性的问题，他的学生子贡就曾埋怨说："夫子之文章，可得而闻也；夫子之言性与天道，不可得而闻也。"①然而，一切人生哲学、道德哲学问题最终都归结为天道与人道的关系问题，最终都与人性问题不可须臾分离。天道与人道的关系问题，人性问题，是一切人生哲学、道德哲学无法回避而必须首先回答的问题。因此，孔子尽管罕言性与天道，但还是自觉不自觉地将人际之道与性和天命衔接了起来，孔子知命有为人生法则正是从对人性和天命的理解中得出的根本观念。换句话说，孔子所论天命、人性和仁实质就是天人关系或天道和人道关系的一种特殊表达方式。

## （一）"性近习远"命题的深刻寓意

关于人性的直接论述，孔子只留下"性相近也，习相远也"②一句话，除去两个无意义的"也"字，便剩下"性相近，习相远"六个字。然而，这寥寥六个大字对解开孔子人生哲学之谜却十分关键。

"性相近"。性，指人之天性或人之本性。性之性质若何？是性善抑或性恶，抑或亦善亦恶，抑或无善无恶？孔子没有明示。联系"人之生也直"③看，似可说孔子有性善说倾向。"性相近"是说，就人们的天性或本性而言，只要是正常而无生理缺陷的人，相互之间在本质上是很接近的，并无先天的差异。这就透露出两个重要的信息：第一，既然人的本性相近，没有太大的差别，那么，人们之间所以有善与恶、仁与不仁、君子

---

① 《论语·公冶长》。

② 《论语·阳货》。

③ 《论语·雍也》。

与小人等等不同，显然并非取决于人之天性；因此，第二，既然"人之生也直"，人人都有向善背恶、为君子而不为小人的愿望，那么，不管有位者抑或无位者、富者抑或贫者、贵者抑或贱者，一切不同地位不同处境的人们都平等地普遍地具有达仁成仁的内潜力或可能性，理想人格的完成在一定意义上是这种内潜力的自我外化。这是孔子人格均等、人格尊严观念的最初昭示。

"习相远"。习，有两层含义：一指外界各种因素如社会政治制度、意识形态、风俗习惯、教育等等的制约和影响，一指主观努力即为学修养和道德践履。"习相远"较有说服力地回答了实际生活中何以有仁与不仁、善与恶的差别存在的现实问题，正是由于各种外在因素的作用和主体自身努力的不同，才使人们相互之间发生巨大差别：有的为忠，有的为清，有的为孝；有的为君子，有的为小人，有的为乡愿；有的为智，有的为勇，有的为仁；这就暗含一个极为深刻的道理：尽管人的本性相近，因而人人都内在具有达仁成仁的内潜力或可能性，但内潜力外化自身，可能性转化为现实性，最终是后天习染的不同尤其是主体自觉自为程度的不同决定的。

与"性近习远"命题相关联，孔子还提出过"惟上智与下愚不移"[1]的命题。目前多数学人仍以为此二命题意趣非但不连贯，且相矛盾相冲突。其实，如果理解弄清后一命题中"下愚"概念的真义，就不难看出二命题所表达的思想的一致性。宋儒程颐解"下愚"为自暴自弃，较合孔子本意。为明白完整起见，我们不揣烦琐，将程颐的释文摘引如下："所谓下愚有二焉：自暴自弃也。人苟以善自治，则无不可移，虽昏愚之至，皆可渐磨而进也。惟自暴者拒之以不信，自弃者绝之以不为，虽圣人与居，不能化而入也，仲尼之所谓下愚也。"[2]按程颐的解释，上智下愚并非先天的差别，乃是后天所致，下愚之人本质上也具有为仁为善的内潜力，

---

[1] 《论语·阳货》。

[2] 转引自朱熹著《四书章句集注》。

只是后天对仁与善"拒之以不信","绝之以不为",从而其境界不可移易，难能升华。不过，下愚之人何以自暴自弃，程颐亦未能作出进一步的说明。照我的理解，这可能与人的各自不同的生理心理因素有关，也与人的各自不同的社会经济政治地位有关。要之，孔子并不迷恋于对人之本性的进一步反求体悟，并不醉心于对"为什么"或"所以为"的问题的深究，而重在指出"是什么"和"怎么为"，确立现实人生法则和行为的规范，强调在人的天性相近的前提下后天习染的重要性，强调主体的自觉和奋斗。孔子积极有为、奋发向上的人生观念亦正从此处推导出来。

孔子的"性近习远"是一个有价值有意义的命题。后来孟子抓住"性近"的一面加以发挥，提出性善说，强调人的天然善端的发明和扩充，荀子则抓住"习远"的一面加以发挥，提出性恶说，强调后天人为对人的天然恶性的限制和改造，即化性起伪。总之，"性近习远"命题蕴涵了后来儒学人性理论发展的一切可能，儒家各代表人物的形形色色的人性学说几乎都是在它的启迪和诱发下提出来的。

## （二）传统天命观的变异

如果说，孔子对性习关系的觉解是其人道观的前提和基础的话，那么，孔子对天命观念的认识就是其天道观的核心。天道和人道，或者说天命观和人性论是孔子天人论的基本内容。从逻辑上说，天道或天命是较人道或人性及人事原则更本质更根本的东西，人道原则或人性问题是与天道原则也即宇宙普遍法则密切不可分的。只是孔子的天人论有其鲜明的特色，一方面，它不同于老子，将天道人道作为对立而又统一的两极直接联系起来的考察，论证其二者对立中的内在统一性，而是寓天道于人道之中，认天道即人道，在人道的统一性中见出天道的统一性，而不是相反；另一方面，孔子也没有完全撇开天道问题，他常常用天命来规定和解释天道。应当说，迄至孔子时代，天道观已经经历了一个漫长的历史发展过程，将天道归结为天命并非孔子的创造，而是一个古老的传统。孔子继承了传统天命观念的外壳，而对其实质内容却进行了改造和变革。如我们在老子章所指出，传统天命观是富于神性色彩的，它的淡化和动摇始于《诗经》以降的怨天骂天思潮。这种怀疑天命权威的思潮在春秋时代更是形成一种一发不可收的趋势。这股迅猛汹涌的思潮和态势不仅对老子的思想认识产生了直接的影响，在对社会现实有深刻意会感受而博学慎思的伟大思想家孔子身上也有明显反映。为适应变化着的现实，吻合变化着的价值观，孔子汲取时代的养分，赋予天命以新的规定性。

孔子赋予天命的新的规定性主要表现在以下两个方面：第一，天乃自然必然性之天。我们曾指出老子的贡献之一是用道的至上性、自然的至上性取代和否定天命的至上性。虽然开明却时刻不忘传统的孔子不允许他的思想走得这么远这么彻底，但他将有人格意志的主宰之天转换成自然必然性之天，无疑体现了时代精神的要求。詹剑峰先生阐述孔、老思想关系时，论证孔子不只适周问礼于老子，实就诸多问题求教于老子。[1]孔子天道观中的自然主义倾向或许是在向老子求教过程中，在一定程度上吸收了老子思想使然。孔子说："天何言哉！四时行焉，百物生焉，天何言哉！"[2]天对四时不加左右，任其自然运行；对百物不加主宰，任其自然生长。天在这里显然是一种客观的自然必然性。不过，这种自然必然性还只停留在抽象的意义上，没有进一步的具体规定和充分展开，未能上升到老子的"道"的规律性的高度。

第二，天乃伦理道德的化身。孔子毕竟是孔子，他没有执着地固守着老子所昭示的方向，在他看来，天固然不再是有人格意志和目的的神物，也不只是自然必然性之天，更为重要的，天同时还具有伦理道德的性质。台湾学者杨慧杰说得好，孔子的"天命绝不同于神性的天帝。孔子的进境主要是一个道德人格发展的历程，在过程中不可能跑出一个上帝来，感知

---

① 詹剑峰《孔・老思想的关系试探》，载《中国哲学》第十一辑。

② 《论语・阳货》。

上帝是信仰中事，与道德实践所达的境界无关"。①孔子提出的仁是一种崇高的道德理想，仁的境界也即与天合一的境界，达到这种境界只有通过艰苦的道德实践和人格发展的历程。反过来说，只有天命自身具有道德的属性，经过道德实践所达与天合一的境界才是一种道德人生境界。由此也可看出孔子用人道来规定天道的思想特点。孔子在《论语》中还说过"不怨天，不尤人，下学而上达。知我者其天乎"！②和"五十而知天命"③的话。"知我者其天乎"是说天知人，"五十而知天命"是说人知天。天知人是把天拟人化道德化，人知天，说明人在天命面前不是被动的，说明天与人具有某种亲和性相通性。天人相知是天人契合无间、相互贯通的情态表征。这种"不怨天，不尤人"、"天人相知"的境界不是通过什么别的途径，而正是通过"下学"和"上达"的修养践履达到的，一般人体会不到这一点，故孔子曰："莫我知也夫！④"

### （三）传统天命观的认同

孔子对传统天命观的改造和变革是有限度的。这首先表现在他对天命明确地取肯定的态度。《论语》载："子罕言利，与命与仁。"⑤"与"，人们大都将其作连词解，以为孔子不仅罕言利，也罕言命和仁。在我看来，这既不符合孔子本意，也不符合《论语》载录的事实；"与"当作动词解，即同意、赞许，也就是说，孔子很少谈及功利，却赞同天命和仁德。通观《论语》，不难看出后一种解释更接近孔子本意。其次，孔子也继承了先前天命观中命运之天的因素。一次，孔子弟子冉耕犯癞病很严重，孔子去看望他，离别时连连叹惜说，这真是命运啊！

---

① 杨慧杰著《天人关系论》第64页。

② 《论语·宪问》。

③ 《论语·为政》。

④ 《论语·宪问》。

⑤ 《论语·子罕》。

这个人而有这种病，这个人而有这种病。①又有一次，孔子适宋与弟子习礼大树下，宋司马桓魋伐其树，孔子弟子惧之，欲孔子速行。孔子却不慌不忙、镇静自若地说，天生德与予，桓魋能把我怎么样呢！②又有一次，孔子在匡被围凡五日，弟子担心不测而惧之。孔子却坦然地说，文王既死，文王之道不就在此吗？天若将欲毁灭此道，则不会使后死者我闻而知之；今我既闻而知之了，则天未欲毁灭此道可知也，匡人又能把我怎么样呢！③还有一次，颜渊死，孔子深叹："天丧予！天丧予！"④还有一次，鲁人公伯寮在季孙处说子路坏话，子服景伯（均孔子弟子，此时为鲁大夫）怕季氏对子路（此时为季氏家臣）起疑心而将此事告诉孔子，并声言他们的力量尚可杀死公伯寮，将其陈尸于市。孔子却说，道之将行与将废，都是命定，他公伯寮如何抗得过天命呢！⑤虽然这里大多是孔子在特定场合发出的某种感叹，但也从侧面反映了孔子相信命运之天对现实人生的制约作用。子夏说："商闻之矣：死生有命，富贵在天。"⑥子夏乃孔子弟子，闻之恐即闻之于孔子。

孔子之天作为自然必然性之天和命运之天，大体可以归结为一种外在的异己力量。这种异己力量的不可抗拒性要求人生不可逆天而行，否则，"获罪于天，无所祷也"⑦。孔子之天作为伦理道德之天又是内在于人的，与人的本性不相矛盾和冲突。后儒孟子发展了这后一方面而主张天人不二，提倡尽心知性知天；荀子则发展了前一方面而主张天人相分，提倡不与天争职。

---

① 《论语·述而》。

② 《论语·雍也》。

③ 《论语·子罕》。

④ 《论语·先进》。

⑤ 《论语·宪问》。

⑥ 《论语·颜渊》。

⑦ 《论语·八佾》。

### （四）乐天知命与安贫乐道

在孔子看来，幸福人生的获得基于对天命的多重性复杂性的认识和把握。对天命的认识和把握也就是所谓"知天命"："不知命，无以为君子。"①按照孔子的意思，认识了天命的不可抗拒性，方可敬畏、顺应天命；体悟了天人相通的道理，方致不怨天、不忧人。这也就是孔子乐天知命的观念。乐天知命观念的消极意味与前述孔子向上有为的进取精神显然是有抵牾的，但孔子的思维指向并非到此为止。孔子通过将乐天知命的观念理想化具体化现实化为安贫乐道的生活方式，从而初步实现了消极观念向积极观念的转化。关此，孔子有许多精彩的论述是人们所熟悉的。比如孔子说："君子食无求饱，居无求安，敏于事而慎于言，就有道而正焉，可谓好学也已。"②"贤哉，回也！一箪食，一瓢饮，在陋巷，人不堪其忧，回也不改其乐。贤哉，回也！"③"饭疏食饮水，曲肱而枕之，乐亦在其中矣。"④"君子忧道不忧贫。"⑤孔子把安贫乐道作为达仁成仁的理想人生路径来倡导乃由于，如果说向上有为体现着阳刚，那么安贫乐道便体现着阴柔。根据《周易》，阴柔和阳刚一样都是完美的，二者的关系不是相互排斥、分离，而是相互渗透、补充。《周易》载："刚中而柔外，说以利贞。"（大壮）"坤至柔而动也刚，至静而德方。"（坤）孔子治过《易》，懂得刚柔相济的道理。同时，安贫乐道表面看虽亦具消极意味，但消极外壳下却内在体现着人的独立精神、人格尊严和蓬勃生机。

### （五）殊途而同归

孔子从"性相近"出发，通过"习相远"而得出向上有为的人生路

---

① 《论语·尧曰》。

② 《论语·学而》。

③ 《论语·雍也》。

④ 《论语·述而》。

⑤ 《论语·卫灵公》。

径，又从"与命"出发，通过乐天知命而导出安贫乐道的人生路径。前者纯积极、阳刚，可谓积极的乐观；后者外消极内积极、阴柔，可谓消极的乐观。二者总归为知命有为一途，总归为乐观的人生哲学。所以殊途同归，在于其逻辑前提性与命的关联性。在孔子那里，性是人之内在本质，命相对于此是一种外在的异己力量（命固然也有内在于人的一面）；性与达仁有着直接的不可分割的联系，即决定实现美的境界、美的人格的可能性，命直接决定人的生死富贵而与达仁间接地构成联系，即须有"知"的作用的参与，而"知"就其终极说是性潜在具有的一个属性。孔子对天人关系的理解和把握以及通过这种理解和把握所导出的知命有为人生法则，决定了他肯定人生价值和生命意义的特殊方式，也决定了他确立理想境界和完全人格的特定尺度。

## 二、个体价值与群体价值

人的价值问题也就是人在宇宙中占何地位和人的现实生活有无意义问题。毋庸置疑，人与神的对立，人在自然界中地位的恢复，人的价值的重视构成儒道两家人生哲学的共同前提和共同本质。这似乎是不待论证和说明的。但我们的认识仅仅停留于此是远远不够的，我们还必须意识到，儒道两家肯定人的价值的具体方式和思想意向却有很大差异。确实，与道家老子通过域中有四大而人居其一、善救人无弃人、否定天命鬼神等环节来提升人的价值不同，儒家孔子尝试用人贵物贱、重人生轻鬼神、尽人事知天命等要素来弘扬人的价值；与道家老子着意强调人的独立地位和个体价值，并将其诉诸人际关系的超越和自然人性的自我复归不同，儒家孔子力图揭示人的个性和社会性、个体价值和群体价值的统一，并将人的个性的发挥、人的价值的实现落脚在现实的人伦关系和社会政治生活及其日常生活之中。

### （一）人贵物贱的观念

《论语》一书虽未有人贵物贱观念的明确表达，但渗透和贯穿这一精神却确切无疑。孔子认为，人是万物之灵，众物之长，人在宇宙间居有崇高的地位，不可将人与宇宙万物置于同一层次而相提并论。孔子说："鸟兽不可与同群。"①鸟兽何以不能与人同群？因为人有灵，灵就是聪明智巧；鸟兽没有这个灵，没有聪明智巧。人有了灵，有了聪明智巧，就可以组织社会，开展认识世界和改造世界的各种活动，就可以有丰富多样的物质生活和精神生活。孔子把人的世界和物的世界严格地区分开来，以为人的世界远远地高出于物的世界，人比人之外的一切事物都要尊贵而高大。正因此，孔子有一次退朝回家，见马厩烧了，只问："伤人乎？"而不问马②。首先关心的是人的生命安全而不是马和其他财物的损失；也正因此，孔子提出仁爱观念、仁政学说，强调仁者爱人，爱惜劳动力，反对苛政暴政。孔子说："善人为邦百年，亦可以胜残去杀矣。"③"不教而杀谓之虐，不戒视成谓之暴；慢令致期谓之贼。"④这种古朴而浓烈的人本主义意识，体现了孔子对人的生命的关心和对人的价值与地位的认定，具有明显的历史进步性。

### （二）重人生轻鬼神的观念

人贵物贱反映着人的世界与物的世界之间的关系，重人生轻鬼神反

---

① 《论语·微子》。

② 《论语·乡党》。

③ 《论语·子路》。

④ 《论语·尧曰》。

映着人的世界与鬼神世界之间的关系。与人贵物贱观念相关联，孔子提出重人生轻鬼神似乃必然中事。有人从"祭神如神在"①导出其反题："不祭神则神不在。"②未免失于表面和简单化。然孔子对鬼神取一种存而不论、敬而远之的轻鬼神态度，这在当时不能不是一种大胆的进步的举动，是人的地位上升和神的地位下降的一种价值表征。

根据《论语》的记载，孔子是拒绝讨论怪、力、乱、神问题的。季路问事鬼神。子曰："未能事人，焉能事鬼？"③樊迟问知。子曰："务民之义，敬鬼神而远之，可谓知矣。"④孔子轻鬼神远鬼神的态度根源于他重人生重现实的性格和信念，二者是互为因果的。孔子关心的是活生生的人，而不是冥冥世界中的鬼和神，是现实的人生，而不是死后的境界。何晏《论语集解》引陈群注"未知生，焉知死"说："死事难明，语之无益，故不答。"墨子也说："儒以天为不明，以鬼为不神。"⑤鲁迅先生对孔子重人生轻鬼神观念则给予极高赞扬："孔丘先生确是伟大，生在巫鬼势力如此旺盛的时代，偏不肯随俗谈鬼神。"⑥

孔子不肯随俗谈鬼神，是否意味着孔子不重视或根本否认鬼神呢？似乎还不能简单地作此结论。《论语》不是也记载说："祭如在，祭神如神在。子曰：'吾不与祭如不祭。'"⑦"子曰：'非其鬼而祭之，谄也。'"⑧有的同志据此而认为孔子已经肯定鬼神的真实存在。笔者不敢苟同。照笔者的理解，孔子在鬼神是否存在问题上态度并不十分明朗，他

---

① 《论语·八佾》。

② 曹锡仁文：《先秦三家人生哲学的比较研究》，载《江汉论坛》1983年第6期。

③ 《论语·先进》。

④ 《论语·雍也》。

⑤ 《墨子·公孟》。

⑥ 《鲁迅全集》第二卷，第58页。

⑦ 《论语·八佾》。

⑧ 《论语·为政》。

的论述往往是暧昧模糊的，我们从这里似乎还不足以导出孔子肯定鬼神存在的结论。其实，孔子旨在突出祭祖祭神的必要性和祭祀祷告时的诚意。如果我们深一层看，就会发现孔子提出敬鬼神祭鬼神与其轻鬼神远鬼神的主张也并不矛盾，二者都从属于人伦关系，服务于现实人生。这一点曾子在当时就看得极为清楚，他说："慎终追远，民德归厚矣。"①曾子的体会道出了孔子祭祖敬神主张的目的所在，即丧尽其礼，祭尽其诚，以致民德归厚；民德归厚，人们自不会犯上作乱，于是天下治矣。《礼记·祭统》篇指出祭礼的重要性说："凡治人之道，莫急于礼；礼有五经，莫重于祭。""祭之为物大矣……是故君子之教也，外则教之以尊其君长，内则教之以孝于其亲。""故曰：祭者教之本也。"祭祀不只为礼的重要内容，且是教化的根本。可见，《礼记》与孔子的思想也是一脉相承的。

### （三）尽人事知天命的观念

孔子时而强调乐天知命，从而提倡安贫乐道，称道"贫而乐"、"仁者不忧"、"饭疏食饮水，曲肱而枕之，乐亦在其中矣"；时而强调重人生重现实，从而提倡尽人事尽人为，高叫"富而可求也，虽执鞭之士，吾亦为之"。②这种安贫乐道的人生态度和主动追求的入世主张的内在统一，集中体现在天命和礼义上。安贫乐道表现了与天命的关联。"如不可求，从我所好"③。"安贫"正由于"不可求"，因为"死生有命，富贵在天"；"乐道"正由于"可求"，可求便从我所好，因为仁或道非由外在的天命而由人之性与习所规定和制约。尽人事人为表现了与礼义的关联。人事人为必须符合礼义的要求，在礼义的范围内亦不必错过一切有利的时机，违逆礼义的任何行为则是孔子竭力摒弃和藐视的。孔子说，比如富与贵是人人所企求的，但也要"以其道得之"，否则即便得之也不能持

---

① 《论语·学而》。

② 《论语·述而》。

③ 《论语·述而》。

久保有；贫与贱是人人所厌弃的，但也要"以其道去之"，否则虽欲去之
而终不能去。"以其道得之"、"以其道去之"的"道"在这里也就是礼
和义。为此，孔子还通过义利关系的论述来进一步说明人事人为与礼义的
关联。

　　义利同善恶范畴一样，是人类步入文明社会以后就提出来的；义利
不同善恶的地方在于它并非一开始就是一组价值判断命题而处于截然对
立的状态，我们可以说为善去恶，却不以可说为义去利。追溯历史可以看
出，孔子之前已有人论及义利问题，《国语·晋语》就载有"义以生利，
利以丰民"的话。但对义利问题作出全面论述，从而为儒家义利观的建立
奠定基础则推孔子。概而言之，孔子的义利观有三个要点：一曰"义以
为上"。"义以为上"就是"以义为上"，就是说，义是高于利之上的东
西，是人们一切求利行为的最高标准，合乎义的行为即正当行为，因而可
以为之；不合乎义的行为即不正当行为，因而不可以为之。所谓"君子喻
于义，小人喻于利"[①]是说君子的行为着眼于义，小人的行为着眼于利，
着眼于义与着眼于利便是君子与小人的不同。二曰"见利思义"。在孔子
看来，在义利的矛盾统一体中，虽然义是矛盾的主导方面，利是矛盾的次
要方面，但利毕竟构成人们生存生活的物质前提，因而不唯义，利（包括
公利和私利）也在可求之列，只是在利的面前或在求利的过程中，要避免
"见利忘义，"要时刻考虑到所求之利及其求利的途径、手段是不是为道
义所许可的。"不义而富且贵，于我如浮云"[②]。以不义的途径来达到富
贵的目的是尤为可耻的。三曰"义利相通"。后来孟子曾把义利绝对对立
起来，孔子的高明之处在于他看到了义利之间的相通性，照孔子的意思，
利虽有公私之分，但不管为公、为私？亦公亦私？只要合乎义，这种求利
行为与求义本质上就是吻合的一致的，而"因民之所利而利之"则更是义
利统一的体现了。

---

① 　《论语·里仁》。

② 　《论语·述而》。

人贵物贱的观念，重人生轻鬼神的观念，尽人事知天命的观念表现出孔子的思想中已经有了人的自觉或人的发现，它的标志即宗教观念的淡薄和人的价值的推崇。这无疑构成孔子思想的一个特点和优点。中国社会绵流数千年，宗教狂热终不能占据中国人的心理意识，宗教理论终不能成为中国传统意识形态的主要构架，与孔子人生哲学所具有的这种特质也许有着内在的因果联系。

### （四）人之主体性与独立性之肯定

孔子不仅极力夸扬人之作为生命存在的普遍意义，也极力夸扬人之作为独立人格或独立主体的特殊价值：第一，如前所述，达仁成仁乃人人所具有的内潜力，"仁远乎哉？我欲仁，斯仁至矣"[①]。仁之为现实性为后天的习染所决定，于是为仁不可能成为贵族阶级的特权而被垄断，贵族人士如没有很高的道德修养，同样不可致于仁的境界，享有仁人的美名；而下层人士黎民百姓若能具备很高的道德修养，同样可以达仁成仁。在孔子看来，伦理道德是一个神圣不可侵犯的领域，在这个领域，贵贱、贫富不同等级的人们绝对地平起平坐，丧失了外在的高低上下之别。专人根据"君子而不仁者有矣夫，未有小人而仁者也"[②]，判定孔子的仁乃贵族阶级的专利品。其实，这里君子小人的分别是就伦理道德的新意义而言的。在《论语》中，孔子虽然沿袭了就社会政治地位而言君子小人的旧意义，但更重要的是他就伦理道德而言赋予君子小人以新的意义。这句话的意思是：在道德上称之为君子的人并不一定够得上仁人，仁人是人生的最高典范，君子则是士人的起码要求，君子和仁人是相通的，但不可以画等号；君子的品德境界尚且有够不上仁的，作为君子对立面的小人固然被排斥在仁之大门之外了。

第二，达仁成仁归根到底是一个自成其德、自我实现的过程。孔子

---

① 《论语·述而》。

② 《论语·宪问》。

说："为仁由己，而由人乎哉！"①这掷地有声的文字集中昭示着人的独立精神和主体的能动性，达仁成仁关键在于主体的自觉和奋斗，达仁的外部条件如礼义的制约、社会的教育、习俗的影响等也只有在发挥主体能动性的基础上才有真正的意义。如他"不愤不启，不悱不发"②的教学方法，"三军可夺帅也，匹夫不可夺志也"③的无畏气概，"发愤忘食，乐以忘忧，不知老之将至"④的处世态度，"知其不可而为之"⑤的人生信仰，都不只标示着孔子对理想政治、理想人生的追求，更体现着他对主体价值、人格独立的肯定和重视。

### （五）人的价值即人伦世界的价值

按照马克思主义人是社会关系总和的原理，一方面人是独立个体有其个性，另一方面人是社会群体中的一员，人的一言一行、一举一动无不打上社会的烙印，因而有其共性、社会性，人的本质是这两方面的统一，一方面，人的个性的充分发展导致人的个体价值的实现，另一方面，人的共性、社会性的高度体现导致人的群体价值的实现，人的价值是这两方面价值的统一。孔子似乎不自觉地意识到了人的个性与共性、个体价值与群体价值的统一、意识到人格主体的自觉和奋斗离不开社会之有机整体。他没有像老子那样忽略人的共性、社会性，孤立地谈论人的个性的发挥，忽略人的群体价值，孤立地追求人的个体价值。孔子思维的重心集中指向个人怎样在与整个社会的联系中发挥个性，实现其主体价值，指向以"极高明而道中庸"的方式阐明人伦世界和人的整个社会生活及其历史发展。孔子认为，人所以生活于现实的人伦世界之中，乃因它是人最为可靠和直接

① 《论语·颜渊》。

② 《论语·述而》。

③ 《论语·子罕》。

④ 《论语·述而》。

⑤ 《论语·宪问》。

的依托，人伦世界是价值的中心，人的价值实质也即人伦世界的价值，因而只能在人伦世界中对象化客体化自身。孔子从不把希望寄托于来世，不把理想的实现寄托于虚幻的天国世界；孔子要把理想的殿堂建立在平平常常、色彩斑斓的现实世界，孔子要在世俗世界实现其主体人格的伟大价值。这就是孔子的品格。

由上可见，孔子淋漓尽致地揭示了个体人格与伦常社会、个体价值与群体价值的有机统一。一方面，他充分肯定了个体人格的独立性和神圣性，构成社会主体的每一个个体不仅普遍具有实现仁的道德境界、完成圣人的理想人格的客观可能性，而且个体人格的自由发展、个体价值的高度体现正是人伦社会的充分发展、群体价值的完满体现的客观前提。另一方面，他特别强调了人伦社会中每一个体的相互依存性，个人只有通过社会才能得到发展，个体价值只有与群体价值相一致才能得到真正体现。否则，个人脱离社会，个人和社会都得不到充分发展；同理，个体价值违逆群体价值，个体价值和群体价值都得不到完满体现。这一个性与共性、个体人格与伦常社会同步发展、个体价值与群体价值吻合一致的观念，可谓孔子人学的精华。然而，这一点也与孔子人学固有的历史局限性不可分割地交织在一起，孔子把这种发展和统一严格地限定在他所承继和发扬的基于家族血缘关系之上的仁义礼智伦理道德所规定的范围之内，一次总出仁义礼智伦常规范和要求的言论和行为都为孔子所深恶痛绝，孔子答颜渊问仁之目所说"非礼勿视，非礼勿听，非礼勿言，非礼勿动"[①]即本于此。这样，尽管孔子极力倡导每一个体通过自身的为学修养和道德实践，以达与社会和谐发展，实质上却又束缚和限制了这一发展。这是孔子人学自身无法解决的内在矛盾。这一矛盾在孔子人学的其他方面也有明显表现。

---

① 《论语·颜渊》。

# 三、道德境界与道德人格

## （一）儒家对先王世界的追求

当代著名美学家高尔泰认为，理想主义是中国传统哲学（他所谓哲学也是在人学的意义上说的）的一个鲜明特征。在古代中国，每一创立自己思想体系的思想家或哲学家，在创立自己体系的同时，几乎无一例外地要描绘一幅人生和社会的蓝图，以作为人生和社会追求的目标。固然，这在古代西方也不例外。但古代西方的理想主义和古代中国的理想主义有很大的不同。西方的理想主义是信仰、向往和追求彼岸世界，而这个彼岸世界不过是以宗教方式提出来的天国；中国的理想主义则是憧憬、向往和追求所谓先王世界，而这个先王世界却是以伦理的方式提出来的大同社会。"前者是一个外在的世界，通向那个世界的途径是知识和信仰。后者由于它的伦理性质又获得了此岸的实践意义，基本上是一个主体性的内在的世界，通向那个世界的途径，主要是内省的智慧"。[①]高尔泰先生对中国哲学特征的把握主要着眼于传统儒学的思想实际，因之与孔子人学的精神更是吻合无间。

人生的理想乃至社会的理想是以尧、舜、禹、文王、周公为其历史凭借的先王世界。但这里所谓先王世界在孔子心目中却已被具体化为一种道德境界和道德人格，从而孔子对先王世界的憧憬、向往和追求就并不是要把人们拉回到尧、舜、禹、文王、周公的时代去，而是期望人们达到一种道德的境界和人格。实际上，道德境界和道德人格也是一而二、二而一的范畴，道德境界的实现即是道德人格的完成；反过来，道德人格的完成亦即是道德境界的实现。只是为了展示孔子人生理想学说的丰富内涵，我们仍然将其分而论之。

---

① 高尔泰著《美是自由的象征·中国艺术与中国哲学》，人民文学出版社1986年版。

### （二）孔子的道德境界与其心路历程

何谓道德境界？照孔子的意思，就是指通过伦理的方式或途径以达到人与人、人与社会的普遍谐和的理想状态。这种理想状态体现在个人一面就是仁，体现在社会一面就是大同。孔子认为，人人都有其所向所背，就人之本性说，所向为好，所背为恶；为仁为所向所好，违仁为所背所恶。就是说，为仁是人之内在欲求，为仁的行为及其为仁的手段、过程都是善的，推己及人的积极一面含义就是由已有这种内在欲求推及别人也有这种内在欲求，由己力图外化这种内在欲求，达到仁的境界，推到帮助别人外化这种内在欲求，达到仁的境界；反过来，违仁是与人之内在欲求相背离的，违仁的行为及其违仁的一切手段、过程都是恶的，推己及人的消极一面含义就是由自己对违仁的厌恶推及别人对违仁的厌恶，从而不把自己不喜欢的东西强加于人。可见，仁是一种极高的道德修养境界，为仁在于从自己的内在欲求或所向所好出发，从而爱人和推己及人。而达到仁的境界便能够乐而不忧，所谓"仁者不忧"[①]是也。

"仁者不忧"实质上也就是孔子所说的"从心所欲，不逾矩"的状态。孔子于其晚年自述其一生的境界的不断深化过程说："吾十有五而志于学，三十而立，四十而不惑，五十而知天命，六十而耳顺，七十而从心所欲，不逾矩。"[②]"志于学"之学虽不必没有普通所谓增益人的知识的含义，但主要是指学道之学，"志于学"就是"志于道"，"士志于道而耻恶衣恶食者，未足与议也"[③]。而孔子所谓道即是仁或仁道（做人的大道理）。因此，"志于学"就不是一般地立志做学问，而是立志成就仁的道德境界和道德人格。"三十而立"之立，有人说是"立于礼"，有人说是立于办教育，有人说是指学业上有所立。其实，这几种说法也不是绝对

---

① 《论语·子罕》。

② 《论语·为政》。

③ 《论语·里仁》。

排斥的，不过，教育和学业上之立还只是形式，是浅层次意义上的立；
"立于礼"才是本质，是深层次意义上的立。"不知礼，无以立也"①。
礼是一种行为的规范和规则，能立亦即能依礼而行。孔子把依礼而行视作
人们为仁的极其重要的一步、一个环节，孔子说"克己复礼为仁"②就是
这个意思。"四十而不惑"乃进学为仁的第二阶段，在这个阶段，不仅于
礼有立有守，且能知之明而居之安③。"不惑"意味着循礼的行为，为仁
的行为不是盲目的，而是自觉的。"五十而知天命"乃进学为仁的第三阶
段。在这一阶段，除了对仁礼即人事的原则有较高的觉解，又对天命有较
高的觉解，意识到天命是一种客观的自然必然性和异己力量，这种自然必
然性和异己力量与人生的苦乐、福祸也有着密切的关联。"六十而耳顺"
乃进学为仁的第四阶段。依冯友兰先生解，"耳"即"而已"，徐言之曰
而已，急言之曰耳。此句原作"六十耳顺"或"六十而已顺"④。在这一
阶段，人们一方面顺乎礼义，另方面顺乎天命，亦即顺乎人事的原则和天
道的原则，从而一切声入心通，无所违逆。"七十而从心所欲不逾矩"乃
进学为仁的极致。朱熹解释说："从，随也。矩，法度之器，所以为方者
也。随其心之所欲，而自不过于法度，安而行之，不勉而中也。"⑤用今
天的话说，"从心所欲"就是心里怎么想就怎么说怎么做，一切出自于心
灵的自然愿望或内在欲求："不逾矩"则是从自然愿望或内在欲求出发的
一言一行、一举一动丝毫不超出礼义法则规定的范围，相反却恰恰符合
礼义法则的要求。"从心所欲"重在自发性，"不逾矩"重在自发性与
自觉性的吻合，二者的统一即是从必然王国跨入自由王国和理想的道德

---

① 《论语·尧曰》。

② 《论语·颜渊》。

③ 取钱穆著《论语新解》释"不惑"义。

④ 参见冯友兰著《新原道·孔孟》。

⑤ 朱熹著《四书章句集注·论语集注》卷一。

境界实现的终极标志。于是便"贫而乐，富而好礼"①，"贫而无怨，富而无骄"②；于是便"不怨天，不尤人"③，"不惑"、"不忧"、"不惧"④；于是"其为人也，发愤忘食，乐以忘忧，不知老之将至"⑤。

## （三）个人理想与社会理想的一体化

在孔子思想体系中，仁不仅是个人的最高道德理想，同时也是整个社会的最高道德理想；不仅是人生理想境界的完美体现，同时也是社会理想政治的完美体现。仁是伦理观、人生观、政治观三者合而为一、一而为三的范畴，是个体价值和群体价值的有机统一体。这样，推己及人便有着更为广阔深远的意义，它乃是及于整个社会，以达到主体和客体、个人和社会的普遍谐和。

《论语》记载说："子路问君子。子曰：'修己以敬。'曰：'如斯而已乎？'曰：'修己以安人。'曰：'如斯而已乎？'曰：'修己以安百姓。'"⑥"修己以敬"，旨在修身齐家，"修己以安人"，"修己以安百姓"旨在治国平天下，而"敬"与"安人"，"安百姓"的根本前提是"修己"及其"修己"的扩展，因此，我们说孔子追求的境界是道德境界，孔子向往的社会是道德伦常社会。后来《礼记·礼运》篇所描述的大同世界的美妙蓝图亦正是这种身修百姓安、国治天下平的谐和景致的体现和发挥："大道之行也：天下为公，选贤与能，讲信修睦，故人不独亲其亲，不独子其子，使老有所终，壮有所用，幼有所长，鳏寡孤独废疾者皆有所养；男有分，女有归，货恶其弃于地也，不必藏诸己；力恶其不出于

① 《论语·学而》。

② 《论语·宪问》。

③ 《论语·宪问》。

④ 《论语·子罕》。

⑤ 《论语·述而》。

⑥ 《论语·宪问》。

身也，不必为己。是故谋闭而不兴，盗窃乱贼而不作，故外户而不闭，是谓大同。"孔子的最高目的在于通过伦理的手段造成一个"老者安之，朋友信之，少者怀之"[①]的理想的道德社会。可见，仁之于个人与大同之于社会不能截然分离而观，二者都是以个人、社会、国家的和谐一致为其内在精神的，仁的境界、大同的境界实在就是一种社会的道德伦理境界。

### （四）孔子式圣人人格的主要特征

按照孔子的思想逻辑，道德境界的承担者只能是道德人格。当代德国著名心理学家弗罗姆[②]说过这样的话："人类心血最大的成品，乃是他自己的人格。"[③]由此我们想到，孔子的伟大不也正在于他创立仁学体系的同时，塑造了自己崇高的道德人格？！后人称孔子为"万世师表"，不是毫无道理的。

根据《论语》的记载，关于道德人格，孔子有许多不同的称谓，诸如士、君子、成人、仁人、圣人以及小人、乡愿，等等。其中，除了最后二者是在反面意义上说的之外，其余五者均是在正面意义上说的。由于篇幅的限制，我们不能对这许多人格名称逐一作出详细具体的阐释。要之，"圣人"是孔子所称道的最高的人格。那么，圣人之为圣人都有哪些主要的特性？

显然，崇尚道德、主仁徙义是孔子式圣人人格的最基本特征。与道家崇尚自然的传统不同，儒家的传统是崇尚道德，而孔子无疑是这一传统的奠基性人物。《论语》载孔子崇德云："主忠信，徙义，崇德也。""先事后得，非崇德与？"[④]孔子在这里指出了崇德的两层含义：（1）以忠信为主，唯义是从；（2）先难后获，先劳后享。（2）很明显是（1）

---

① 《论语·公冶长》。

② 埃里希·费罗姆（1900—1980年）德国心理学家，法兰克福学派的代表人物。

③ 转引自杨慧杰著《天人关系论》第62页。

④ 《论语·颜渊》。

的引申和具体化，而"忠"乃仁之积极方面，"信"乃为仁所统摄、包容的德目之一。这样，孔子所谓崇德——主忠信、徙义，亦便是主仁徙义。孔子深信，实践道德的生活，才是人类最理想完满的生活。它不仅能使自己近仁达仁，从而不忧不惧不惑，且能使"民德归厚"，从而"天下归仁"。

孔子崇德具体表现在他把德行与现实人生的一切方面联系起来。首先，有无德行构成人们道德评价的直接依据。在孔子看来，没有崇高的德行，即使如齐景公贵为公侯，有马千驷，也得不到万民的敬重；反之，虽如伯夷叔齐饿死首阳，却能得到万民称颂而名垂千古。其次，德行还是人们设身处地的行为准则。孔子说："不仁者不可以久处约，不可以长处乐。""里仁为美。择不处仁，焉得知？"①仁德乃生命之根本，人之所以为人之根本，失去仁德即是失去生命之根本，失去人之所以为人者。志于道，据于德，依于仁，方可以久处约、长处乐，方可以为美、为知。再次，德行构成文化教育的中心内容。前面曾指出孔子"志于学"之学虽含有增益人的知识的意义，但主要是指学道之学。与此相关，孔子论教育亦主要不是知识教育，而是伦理教育、做人教育。孔子认为，纯粹知识的觅求是第二位的，道德教化和人格修养才是人生的要件。"子以四教：文、行、忠、信"②。先代遗文、书本知识的传授固也是文化教育的内容之一，但它与德行教育的重要性是不可同日而语的，"行有余力，则以学文"③，表明孔子处理书本学习和道德修养关系的明确态度。最后，德行还是国家政治兴衰存亡的重要标志。孔子是以德治国传统的倡导者，他以为为政者实行德治，则国家无不兴盛安定之理，这就好像天上的北辰星安居其所，众星却环绕归向它而旋转是一样的道理。所以当子张问行时，孔子说，言忠信，行笃敬，虽蛮貊可行可化；言不忠信，行不笃敬，虽州里

---

① 《论语·里仁》。

② 《论语·述而》。

③ 《论语·学而》。

不行不化。所以当子夏问政时，孔子说，就粮食、兵力、民心三者而言，以后者最为关键。因此，必不得已而去，则宁可去食、去兵，亦不可失信于民。因为"自古皆有死，民无信不立"①。这反映出孔子政治伦理化、伦理政治化的思想特色。

孔子认为，对于现实人生来说，仁德比水火重要，"民之于仁也，甚于水火。水火，吾见蹈而死者矣，未见蹈仁而死者也"。②面对当时社会道德衰微、世风日下的局面，孔子常常发出感叹："已矣乎！吾未见好德如好色者也。""由！知德者鲜矣。"③"中庸之为德也，其至矣乎！民鲜久矣。"④孔子最担心忧虑的是"德之不修，学之不讲，闻义不能徙，不善不能改"。⑤因此，孔子再三强调"无求生以害仁，有杀身以成仁"⑥。"君子无终食之间违仁，造次必于是，颠沛必于是"⑦。孔子的最大愿望是通过道德教化，以造就志士仁人的完全人格。

孔子式圣人人格的第二个基本特征是为学崇智，视学与智为达仁成仁的重要环节之一。孔子说："好仁不好学，其蔽也愚，好知不好学，其蔽也荡；好信不好学，其蔽也贼：好直不好学，其蔽也绞，好勇不好学，其蔽也乱；好刚不好学，其蔽也狂。"⑧好学乃好仁、好知、好信、好直、好勇、好刚的前提或基础，离开好学则流弊万端：仁而愚，知而荡，信而贼，直而绞，勇而乱，刚而狂。孔子倡导为学，故主张普及教育，提高

---

① 《论语·颜渊》。

② 《论语·卫灵公》。

③ 《论语·卫灵公》。

④ 《论语·雍也》。

⑤ 《论语·述而》。

⑥ 《论语·卫灵公》。

⑦ 《论语·里仁》。

⑧ 《论语·阳货》。

人们的文化修养。所谓"有教无类"[①]、"富之"、"教之"[②]、"学而时习之"[③]、"敏而好学"[④]、"敏以求之"[⑤]，便是孔子崇智的象征。人们往往根据"民可使由之，不可使知之"[⑥]一语，把孔子思想归入蒙昧主义范畴。其实，这段话的正确断句应当是："民可，使由之；不可，使知之。"这段话的真实含义应当是：人民许可，照办；人民不许可，就得进行智的教育和说明，使人民明了事情的利害缓急，从而同意这么做。这种解释与孔子崇智为学的主张，与孔子作为中国历史上第一位伟大教育家是吻合的。

在孔子看来，为学崇智的目的是为了辩惑。惑者何也？"爱之欲其生，恶之欲其死。既欲其生，又欲其死，是惑也"。"一朝之忿，忘其身，以及其亲，非惑也"[⑦]。对待同一事体的矛盾态度和处理问题的简单化毛病都是惑的表现。辩惑，就是依靠"知"的力量和作用，去消除这种矛盾心理和简单化毛病。尽管孔子的认识论未能取得独立地位，孔子的"知"从属于伦理观、政治观、人生观，但孔子在这里还是接触到了"知"的探求客观真理，辨是非，分同异，别真假的功能。孔子把"知"视作辩惑的依据和前提，指出"知者不惑"[⑧]。不惑亦可以叫"明"。孔子说："浸润之谮，肤受之愬，不行焉，可谓明也已矣。浸润之谮，肤受之愬，不行焉，可谓远也已矣。"[⑨]不被暗中传播的谗言所迷惑，不被切

---

① 《论语·卫灵公》。

② 《论语·子路》。

③ 《论语·学而》。

④ 《论语·公冶长》。

⑤ 《论语·述而》。

⑥ 《论语·泰伯》。

⑦ 《论语·颜渊》。

⑧ 《论语·宪问》。

⑨ 《论语·颜渊》。

身受到的诽谤所干扰，可谓明智的了，可谓有远见的了。这里主要还是就"知人"的知己一面而言，知人、不惑重要的在于知彼。孔子说："众恶之，必察焉；众好之，必察焉。"①众恶之、众好之是现实生活中经常出现的现象。孔子指出在这种情况下，必须冷静细致地分析，何以众恶之、众好之？众恶之中是否有值得肯定的东西，众好之中又是否有应当否定的东西？因为本质的正常的情形只能是"善者好之，其不善者恶之"②。孔子又说："唯仁者能好人，能恶人。"③仁者必有知，仁者以和而不同为原则，故而能够正确地判定是非曲直，辨别真假同异，能够合理地去好人、恶人。孔子进而认为，圣人有了"知"，有了"明"，就可以"举直错诸枉，能使枉者直"④。提拔正直的人放于邪恶的人之上，以感化邪恶的人，使其向正直的方面转化。"举直"亦即"举贤"，知以举贤，知是举贤的条件或手段，举贤则既是知的直接目的，又是实现理想政治的重要一环。在孔子这里，"知"和"明"的认识过程，人格的培养和完善过程，理想政治的施行和实现过程，实在是一个过程，是一个过程分而言之的三个不同方面。

孔子式圣人人格的第三个基本特征是力行用世、成功成名。这与老子式圣人的无名无誉的隐士风格截然立于相反的境地。从《论语》中我们知道，孔子对于隐者是很敬重的，他以为隐者即避世之士较避言避色即避人之士要高出一筹，并且在与隐者的直接和间接的接触中⑤，受了他们的思想和行为的一些影响。"道不行，乘桴浮于海"⑥表露出孔子羡慕隐者

---

① 《论语·卫灵公》。

② 《论语·子路》。

③ 《论语·里仁》。

④ 《论语·颜渊》。

⑤ 直接的接触，指孔子问礼于老聃，及在楚遇隐者接舆吟歌而过其车前；间接的接触，指孔子周游列国途中，其弟子子路分别遇隐者长沮、桀溺和荷蓧大人。

⑥ 《论语·公冶长》。

独善其身的处世方式的心迹，孔子甚至还说过"天下有道则见（现），无道则隐"①的话。但纵观孔子的一生，他所奉行的处世原则却始终是现而非隐，是兼善而非独善。所以，尽管隐者一再指斥他不识时务，说他行道是梦想，劝他迷途知返，"往者不可谏，来者犹可追"。②他仍然笃信己念，毫不动摇，我行我素。在天下无道的现实面前，隐者认为洁身自好才是明智的抉择，孔子则认为，正因其世乱才有变革现实的必要，在变乱世为治世的斗争中，人生才显示出其意义与价值。孔子也意识到"道之不行，已知之矣"③，但他却要以弘毅的姿态行求不倦，执信"人能弘道，非道弘人"④。孔子用世心切，请看他说："沽之哉！沽之哉！我待贾者也。"⑤"苟有用我者，期月而已可也，三年有成。"⑥"如有用我者，吾其为东周乎？"⑦我们不能因此说孔子是官迷，须知孔子是以天下归仁为己任为抱负的，从这里可以见出他的人生哲学的"用""为"的精神。

孔子不仅身体力行，汲汲以求，且视这种实践品格为成就圣人人格的内在要求。他主张力行："君子欲讷于言而敏于行。""古者言之不出，耻躬之不逮也。"⑧"先行其言而后从之。"⑨"听其言而观其行。"⑩他强调致用："诵诗三百，授之以政，不达；使于四方，不能专对；虽多，

---

① 《论语·泰伯》。

② 《论语·微子》。

③ 《论语·微子》。

④ 《论语·卫灵公》。

⑤ 《论语·子罕》。

⑥ 《论语·子路》。

⑦ 《论语·阳货》。

⑧ 《论语·里仁》。

⑨ 《论语·为政》。

⑩ 《论语·公冶长》。

亦奚以为？"①"士而怀居，不足以为士矣。"②"学而优则仕。"③这也就是说，圣人不仅需要有很高的道德修养（仁）和文化修养（智），还需要在社会中成就一番大事业，成功成名（勇），圣人是仁且智且勇的完美人格。在孔子看来，尧、舜、禹、文王、周公就是这样的人格。

不难看出，孔子树立的这一人格范型对于一般人来说，实是可望而不可即的。虽然孔子并没有否认每一个体都有成就圣人人格的现实可能性，但客观上孔子已把圣人神化，在人神化的圣人面前，普通的人们除了仰慕、叹服、崇拜之外，还能干什么呢！因此，我们说，孔子在重人轻神的同时，又把人引向对外在的礼义的服从和对圣人的崇拜。人们才刚刚起步从神灵的束缚和禁锢中走出来，随之而至的却是礼义服从和圣人崇拜。可见，人类的自我意识在走着一条艰难曲折的道路，人的自觉和发现在经历一个艰难曲折的过程。

# 四、道德修养与道德践履

照孔子的逻辑，人生理想即道德境界和道德人格必须通过道德修养和道德践履的途径来实现。因之，孔子制定了一套繁杂而周密的道德准则，用以规范和约束人们的行为。我们仅就其较为重要的观念作一阐发和评析。

---

① 《论语·子路》。

② 《论语·宪问》。

③ 《论语·子张》。

## （一）孝悌乃为仁之本

孝悌观念（孝实已包含悌）并非孔子独创，至少在西周时期，具有道德含义的孝悌观念即已产生和流行。当时孝悌的内容主要表现为晚辈对长辈、子女对父母、弟对兄的意志的绝对服从，孝悌的行为是纯粹被动和强制性的，在长辈、父母、兄面前，晚辈、子女、弟的自我意识和独立意志没有任何体现的机会，或者说根本就没有自我意识和独立意志之可言，作为家长的父亲可以随意使唤和支配子女。固然，孝悌观念不是起到了绵延家族和维系社会安定的巨大作用。正是意识到这一点，孔子把孝悌观念纳入自己的仁学体系之中，将其视作为仁的第一步功夫。孔子认为，仁不像老子的道那样具有超越现实的玄远性质，它是内在于现实、平实近人的。因此，为仁只需从近情的伦常观念——孝悌出发，无须另辟超越蹊径。不过，孔子对传统的孝悌观念亦非照搬照抄，而是将其与人之真情实感结合起来，并充实以时代的民主的因素。有子说："孝悌也者，其为仁之本与！"[1]这段话可以从两方面看，就内感说，孝悌乃人之真情实感的自发流露。真情实感是为仁的基础，为仁须从自己内在的真情实感出发，向外用力，才能近仁达仁。孔子说："刚毅木讷近仁。"[2]"巧言令色鲜矣仁"[3]就是这个意思。"今之孝者，是谓能养。至于犬马，皆能有养；不敬，何以别乎"？[4]所强调的也在人之真情实感。就外感说，孝悌乃己对人、下对上的一种从属关系，孝指孝顺父母，悌指敬爱兄长。这种孝亲敬长的行为不是强制的而是基于真情实感之上的自觉行为。孝悌观念是内感与外感的统一，自发与自觉的结合，为仁始于孝悌，终于达仁，正如孔子所说："弟子入则孝，出则悌，谨而信，泛爱众，而亲仁。"[5]

---

① 《论语·学而》。

② 《论语·子路》。

③ 《论语·学而》。

④ 《论语·为政》。

⑤ 《论语·学而》。

孔子孝悌观念的民主成分表现在他反对对父母意志的盲目服从。他认为父母如有不当之处，子女也可以伺机劝阻，这就是"事父母几谏"。孔子认定父母、长辈也会有不是之处，子女、晚辈有"几谏"、纠正的权利，这是难能可贵的。但孔子的思想并不彻底，他认为倘若父母"见志不从"（不接受劝阻），子女只能"又敬不违，劳而不怨"①，这又反映出孝悌观念的消极保守的一面。总之，孔子的孝悌观包含民主与守旧、积极与消极二重性，它与后来的封建统治者宣扬的"父要子死，子不敢不死"、"天下无不是之父母"的道德说教没有任何相同（相通）之处。同时，在人格平等的前提下，提倡孝顺父母，敬重兄长，这对社会主义精神文明建设也不无促进作用。

### （二）忠恕乃为仁之道

孝悌主要是对个人的修身要求，而仁不仅是最高的道德理想，同时也是最高的政治理想。因之，为仁局限于个人的道德修养和道德践履，局限于孝悌的功夫，是远远不够的，还必须以此为前提，在更广阔的范围内向外使力，进一步去履行忠恕之为仁之道。所谓忠，就是"己立立人，己达达人"。这是忠的一般含义。表现在处理君臣、上下关系上，孔子主张"君使臣以礼，臣事君以忠"②。忠在这里是有条件的，是以君上依礼使臣为前提的。忠绝非盲目崇拜、盲目服从，倘若君上不能守礼尽礼，臣下宜"勿欺也，而犯之"③。这与后来封建统治者"君权神圣不可侵犯"的理论也是风马牛不相及的。表现在社会人际交往中，孔子强调"与人

---

① 《论语·里仁》。

② 《论语·八佾》。

③ 《论语·宪问》。

忠"①，"忠焉能勿诲"②，"行之以忠"，反对"为人谋而不忠"③。忠在这里是没有条件的，忠底行为纯粹是以真心去立人达人的义底行为，道德底行为（仁底行为）。

所谓恕就是"己所不欲，勿施于人"，"我不欲人之加诸我也，吾亦欲无加诸人"④。这是恕的一般含义。后来《中庸》作者将其具体化为"君子之洁矩之道"："所恶于上，毋以使下，所恶于下，毋以事上；所恶于前，毋以先后，所恶于后，毋以从前；所恶于右，毋以交于左，所恶于左，毋以交于右。此之谓洁矩之道"。《中庸》作者又说："忠恕违道不远，施诸己而不愿，亦勿施于人。"恕包含宽厚容人的意思。孔子反对"居上不宽"，提倡"使民如承大祭"，"不念旧恶"，指出君子有"四恶"："恶称人之恶者，恶居下流而讪上者，恶勇而无礼者，恶果敢而窒者。"⑤都是恕的宽容的精神的体现。总之，正因为忠恕对于达仁至为关键，故而孔子说忠恕是他的一贯之道，弟子曾参则将孔子思想归结为"忠恕"二字，指出："夫子之道，忠恕而已矣。"⑥

### （三）"推己及人"乃为仁之方

朱熹在解释忠恕时说："尽己之心为忠，推己及人为恕。"⑦把忠恕加以区分，把恕归结为推己及人。其实，推己及人不只在恕，更在于忠，忠和恕是推己及人不可须臾分离之两面，两面的合一构成推己及人之为仁之方。推己及人既是一种行为规范，也是一种人生修养方法。不论从其积

---

① 《论语·子路》。

② 《论语·宪问》。

③ 《论语·学而》。

④ 《论语·公冶长》。

⑤ 《论语·阳货》。

⑥ 《论语·里仁》。

⑦ 见朱熹著《四书章句集注》。

极的含义，还是从其消极的含义来说，推己及人的行为都是一种为他人和为社会的行为。它要求人们把个人的修养和整个社会整个人类的修养、把个人的幸福和整个社会整个人类的幸福结合起来，认为前者是起点，后者是归宿。所以，它不同于道家主要着眼于个人，而是着眼于人类和社会，乃至着眼于人类和社会的未来与前途。孔子思想中的以身作则、正己正人观念亦正是推己及人之为仁之方的具体化。孔子认为，以身作则的道德感染力量是很大的，他甚至将其提到德政统一的高度来认识，指出："子帅以正，孰敢不正？"[①]"其身正，不令而行；其身不正，虽令不从。""苟正其身矣，于从政乎何有？不能正其身，如正人何？"[②]为政者若能正其身，不仅可以正其人，还能收到"不令而行"的效果；反之，不能正其身，则不仅谈不上"不令而行"，甚至于"虽令不从"了。

## （四）"五德"与"九思"

以仁为纲纪，孔子提出许多具体德目作为现实人生的行为准则。所谓"五德"，就是指子贡概括的"温、良、恭、俭、让"[③]。子贡认为，温和、善良、恭敬、节俭、谦逊是孔子呈露于外、蕴蓄于内的五种德养，是他异乎别人的取信于人的根由所在。朱熹注："五者，夫子之盛德，光辉接于人者也。"[④]孔子自己也说："能行五者于天下为仁矣。"[⑤]这五者就是恭、宽、信、敏、惠。恭，就是端庄严肃，"貌思恭"[⑥]，"恭近于

---

① 《论语·颜渊》。

② 《论语·子路》。

③ 《论语·学而》。

④ 见朱熹著《四书章句集注》。

⑤ 《论语·阳货》。

⑥ 《论语·季氏》。

礼"①，"其行己也恭"②。宽，就是对人宽厚，不苟于人，否则，"居上不宽，……吾何以观之哉"③？信，就是诚实不欺，信任可靠，"人而无信，不知其可也。大车无輗，小车无軏，其何以行之哉"④？人若无信，就好像大牛车或小马车的辕木与横木间没有接榫不能行路一样，无法行世人间。"君子义以为质，礼以行之，孙以出之，信以成之。君子哉"⑤！敏，就是敏捷勤快，"敏于事而慎于言"⑥。惠，就是慈惠，"养民也惠"⑦，"君子怀刑，小人怀惠"⑧，"君子惠而不费"⑨。孔子论恭、宽、信、敏、惠五种美德的重要性说："恭则不侮，宽则得众，信则人任焉，敏则有功，惠则足以使人。"⑩以为每一个体的人格尊严、荣誉心理、道德品性、致用精神都须在仁之诸德目——恭、宽、信、敏、惠等的制约下得到体现。

五德之外，孔子又提出"九思"，认为君子有九种之事当用心思虑使合礼义。它们是："视思明，听思聪，色思温，貌思恭、言思忠，事思敬，疑思问，忿思难，见得思义。"⑪九思可分三类，一曰视听，二曰色貌，三曰言事，疑、忿、得皆事之要而已。九思各专其一，九思的功夫亦即自我省察，自我修养的功夫，它表现在日用伦常之中，因此，与人们的生活实践又是紧密相关的。在孔子看来，人们只有在视听、色貌、言事诸

---

① 《论语·学而》。

② 《论语·公冶长》。

③ 《论语·八佾》。

④ 《论语·为政》。

⑤ 《论语·卫灵公》。

⑥ 《论语·学而》。

⑦ 《论语·公冶长》。

⑧ 《论语·里仁》。

⑨ 《论语·尧曰》。

⑩ 《论语·阳货》。

⑪ 《论语·季氏》。

方面思及是否合乎礼义，才能做到"言寡尤，行寡悔"。总之，九思是五德的补充，九思和五德为忠恕原则的进一步展开。

### （五）求诸己而勿求诸人

孔子还把求诸己和求诸人作为区分君子与小人的标准之一，强调求诸己，反对求诸人。"求诸己"一方面是说，为仁主要靠自己锲而不舍的修养努力，即主观能动性的发挥，好比堆土成山，其止其进皆在我而不在人；一方面是说要严于律己。孔子说，君子、仁人不怕别人不了解自己，只怕自己不了解别人，只怕自己没有能力。又说："君子不失足于人，不失色于人，不失口于人。"①严于律己与宽以待人是一件事体之两面，故而孔子主张"不以所能者病人，不以人之所不能者愧人"②。认为"薄责于人"，才不至遭人怨恨（"远怨"）③。

从求诸己的立场出发，孔子提倡自省改过。孔子认为，现实生活中过错总是难免的，有了过错并不可怕，可怕的是有过而不改，"过而不改是谓过也"④。所以孔子强调经常对照礼义检查自己，从而"能见其过而自讼"⑤，"过则勿惮改"⑥，"改之为贵"⑦。正视并改正错误是人的身心得以健康发展的前提，反之，文饰或遮掩错误，那只能越陷越深、朽木不可雕了。因此，当陈司败指出孔子的过错时，孔子说："丘也幸，苟有过，人必知之。"⑧感到很幸运。

---

① 《礼记·表记》。
② 《礼记·表记》。
③ 《论语·卫灵公》。
④ 《论语·卫灵公》。
⑤ 《论语·公冶长》。
⑥ 《论语·学而》。
⑦ 《论语·子罕》。
⑧ 《论语·述而》。

### （六）"和而不同"与"过犹不及"

孔子的思想体系中有一个具有普遍意义的哲学概念，这就是"中庸"。关于中庸的意义及其实质，人们的看法很不一致。限于篇幅，这里不能深论。从伦理道德的角度看，中庸似包括和而不同与过犹不及两层含义。

和而不同。和，指和谐、谐调、可否得当；同，乃和之反面，指盲从、附和。"和"、"同"是春秋时期两个常用的概念，《左传·昭公二十年》所载晏子对齐景公批评梁丘据的话和《国语·郑语》所载史伯的话对"和"、"同"都有解释。"和"如五味的调和，八音的和谐，没有水火酱醋各种不同材料不能调和五味，没有高下、长短、疾徐各种不同声调不能和谐八音，这是"和"的本义。"和"的引申义是有否有可，可否得当。晏子说："君所谓可，而有否焉，臣献其否以成其可；君所谓否而有可焉，臣献其可以去其否。""同"则正相反，如晏子所说："君所谓可，据亦曰可；君所谓否，据亦曰否；若以水济水，谁能食之？若琴瑟之专一，谁能听之？'同'之不可也如是。"孔子吸收了晏子、史伯的和同观念，指出："君子和而不同，小人同而不和。"①所谓"和而不同"就是有否有可，该肯定的肯定，该否定的否定，如刘敞所解："所谓可而有否焉，所谓否而有可焉，此之谓和。"②这是真正的中庸。所谓"同而不和"就是绝对地同一，没有可否之别可言。孔子认为这是反乎中庸的。《中庸》作者说："君子中庸，小人反中庸。"后来孟子将同而不和的反中庸的好好先生称为乡愿。这都是有道理的。

过犹不及。如果说"和而不同"是中庸的积极的正面的解释的话，"过犹不及"就是中庸的消极的负面的解释。显然二者是统一的。孔子认为，凡事都有一个界限和尺度，达不到或超过这个界限或尺度都不可

---

① 《论语·子路》。

② 《七经小传》卷一。

取。人格的修养和践履行为同样不能例外。孔子说："质胜文则野，文胜质则史，文质彬彬，然后君子。"①质朴多于文采则显得粗野，文采多于质朴则显得浮夸，文采和质朴配合恰当，才是君子。孔子举例说："不得中行而与之，必也狂狷乎！狂者进取，狷者有所不为也。"②狂是过，狷是不及，"过犹不及"③。因此，狂和狷都不足取，只有不偏不倚、无过不及才是正确的尽善尽美的生活方式和生活态度。根据这一原则，孔子评价其弟子说："师也过，商也不及。""柴也愚，参也鲁，师也辟，由也喭。""求也退，故进之；由也兼人，故退之。"④孔子判断过与不及的标准和尺度谓何？照我的理解就是仁和礼。仁和礼各有其相对独立的意义，但二者又是相互渗透、相互规定的，不能截然分离为二。

### （七）"事死如事生，事亡如事存"

如何对待死亡？这是古往今来人们无法回避的一个极为重要的现实问题。比较孔子和老子在这一问题上的看法，我们发现二者有其一致性，更有其差别性。其一致性表现在：他们都把生死现象看成自然之不得不然，认死为自然变化之必然轨迹，长生不死乃不可能之事。同时，他们都不患死而重生，都从各自的立场肯定了生的意义和价值。其差别性表现在：孔子主张生合于礼，死合于礼，生死之道以礼为准绳；老子追求长生久视，死而不亡，生死之途以道为依归。

时下一般根据"未知生，焉知死"⑤一语，判定孔子只重生不重死，只关心生的问题，不关心死的问题。其实，如果透过"未知生，焉知死"的字面，将其放在孔子思想的整体联系中来考察的话，如果不是孤立地把

① 《论语·雍也》。

② 《论语·子路》。

③ 《论语·先进》。

④ 《论语·先进》。

⑤ 《论语·先进》。

生和死看作皆然割裂的两个过程，而是将其作为一个对立统一体，放在人生旅途的整体过程中来考察的话，我们就有理由说，孔子不仅重生也重死。死固是生的终结，却可以是生的价值、意义的升华和伸延。固然，这种价值升华是以生的价值为其前提的，是在道德人格不朽的意义上说的。

孔子是否重视和如何重视死亡现象，参诸儒家典籍《礼记》《中庸》，我们将看得很清楚。《礼记·檀弓》载："曾子寝疾病，乐正子春坐于床下，曾元曾甲坐于足，童子隅坐而执烛。童子曰：'华而皖，大夫之箦与？'子春曰：'止！'曾子闻之，瞿然曰：'呼？'曰：'华而皖，大夫之箦与？'曾子曰：'然，斯季孙之赐也，吾未之能易也！元起易箦！'曾元曰：'夫子之病革矣，不可以变；幸而至于旦，请敬易之。'曾子曰：'尔之爱我也，不如彼！吾子之爱人也以德，细人之爱人也以姑息。吾何求哉？吾得正而毙焉。斯已矣！举扶而易之，反庸未安而没。'"这是说，将死之际别无他求，唯求得正而毙，贞正而死，生之时固当依礼而行，死之际亦不可姑息迁就，仍须合于礼的要求。

显而易见，"得正而毙"是主体自身重死的价值表征。若就主体对客体（设生者为主体，死者为客体）的态度言，重死的精神便表现为"事死如事生，事亡如事存"。《中庸》指出："践其位，行其礼，奏其乐，敬其所尊，爱其所亲，事死如事生，事亡如事存，孝之至也。郊社之礼，所以事上帝也，宗庙之礼，所以祀乎其先也。明乎郊社之礼、禘尝之义，治国其如示诸掌乎。"人死不可复生不能不是可悲可哀之事，因之儒家十分重视丧礼祭礼，强调以严肃的态度对待死。"事死如事生，事亡如事存，孝之至也"，反过来，若不能"事死如事生，事亡如事存"，则不只是不孝，甚或是不孝之至了。孔子说得更全面："生，事之以礼；死，葬之以礼，祭之以礼。"①生死之道以礼为准则，不可须臾违礼背礼。《礼记·檀弓》又载："伯鱼之母死。期而犹哭。夫子闻之，曰：谁与哭者？门人曰：鲤也。夫子曰：嘻！其甚也。""孔子在卫，有送葬者，而夫子观

①　《论语·为政》。

之。曰：善哉为丧乎！足以为法矣。小子识之。"前则是说，母死子哭，
情理使然；但期而犹哭，其甚也，非礼所要求。后则是说，孔子在卫恰遇
送葬者，其所行葬礼尽善尽美，孔子赞叹不已，取以为法，命弟子记之。
不难看出，孔子不仅是从人之常情和世俗礼法，而且是从国泰民安的高度
来考虑对死者的哀思和丧祭的。

# 五、伦常本位与多面人

## （一）伦常本位特征

　　孔子仁学的鹄的就是谐调人与人、人与社会的相互关系，仁下的诸
德目如忠、恕、孝、悌、知、勇、恭、宽、信、敏、惠、义、慈、直等，
都发端于家庭伦理，落脚于治国平天下。因此，以家庭为中心，以伦常为
本位构成孔子人生哲学的最本质特征。这是从前面的论述中必然引出这结
论。下面就此再作点分析。

　　且看知（智慧）、仁（道德）、勇（意志）三达德的关系。孔子常
常仁知并提："仁者安仁，知者利仁"①、"知者乐水，仁者乐山；知者
动，仁者静；知者乐，仁者寿。"②孔子强调的是真与善、知识与道德的
统一，冯契先生因之将孔子思想归结为仁知统一说③，确是独具慧眼。但
我们还应当看到，孔子仁知的落脚点仍在仁，而仁者人也。樊迟问仁时，

---

① 《论语·里仁》。

② 《论语·雍也》。

③ 冯契著《中国古代哲学的逻辑发展》上册孔子部分。

孔子说"爱人",问知时,孔子说"知人"。这实是说,在仁知(善与真)统一体中,双方的地位和作用是很不相同的,求真求知不过是手段,求善求仁才是目的。所以,在孔子那里,像古希腊哲学家那样为求知而求知的纯粹的认识哲学是很贫乏的,甚而可以说是没有的。这是就仁知(道德和知识)关系而言。就仁勇(道德和意志)的关系说,孔子认为,勇(意志的外化)亦不可超出仁的范围。孔子说:"君子义以为上,君子有勇而无义为乱,小人有勇而无义为盗。"①有勇无义必致犯上作乱;只有勇于义才是真正的勇。"见义不为,无勇也。"②勇德的建立、意志的外化以仁义为根基,因为"仁者必有勇,勇者不必有仁"③。可见,知、仁、勇虽是统一不可分的整体,然究而言之,仁是枢纽,知和勇统一于仁、从属于仁。孔子总结说:"知者不惑,仁者不忧,勇者不惧。"④知者知人故不惑,仁者安仁故不忧,勇者行仁故不惧;知人识人而有智德,行仁达仁而有勇德,智德勇德归结为仁德。

再看孔子对"直"的规定。孔子称道质诚不欺,鄙视奸诈欺狂,指出:"孰谓微生高直?或乞醯焉,乞诸其邻而与之。"⑤微生高自家没有醋不实说,借邻家的醋送人讨好,故被孔子指斥为不直。但"直"亦不必执死地看,只要是从伦常关系出发,不背离传统习惯,那么"不直"也是"直"。所以当叶公语孔子:"吾党有直躬者,其父攘羊,而子证之"时,孔子针锋相对地说:"吾党之直者异于是,父为子隐,子为父隐,直在其中矣。"⑥孔子保留了周礼中的"亲亲"观念⑦,而"父子相隐"正体

---

① 《论语·阳货》。

② 《论语·为政》。

③ 《论语·宪问》。

④ 《论语·子罕》。

⑤ 《论语·公冶长》。

⑥ 《论语·子路》。

⑦ 如孔子说:"君子笃于亲,则民兴于仁。"(《论语·泰伯》)

现着"亲亲"的原则，孔子故说"直在其中"。这也是孔子所谓"权"的运用。

孔子人生哲学的伦理主义特征还表现为把"孝"的修养视作为仁的第一步，以为仁是体，孝悌是用。在孔子看来，天下、国家不过是家庭或家族的扩大，因此，如何处理好家庭或家族内部不同性别、不同辈分人们之间的关系就显得尤为重要，进而也就是说维系家庭或家族的血缘关系和伦常意识是尤为重要的。后来孟子明确提出五伦说，其中的三项"父子有亲，夫妇有别，长幼有序"①以及"不孝有三，无后为大"②的观念，可以说是孔子伦常意识的进一步发挥。

孔子和儒家这种以伦常为本位、以家庭为中心的思想特征，曾为二三十年代的一些资产阶级学者所揭橥。梁漱溟先生在总结中西文化的各具特色时就说："团体与个人，在西洋俨然两个实体，而家庭几苦为虚位。中国人却从中间就家庭关系推广发挥而以伦理组织社会，消融了个人与团体这两端。（这两端好像俱非他所有）。"③李石岑先生也说："中国人的生活没有不是从家族的唯一观念引申而出的，现在要谈到人生问题，便可知中国人离开家族观念实在没有什么人生问题可言，不是图扬名显亲，便是想长依膝下，不是为后人种福，便是为前人争荣，这种观念恒数千年而无变化，这便是中国人一般的内部生活。"（着重号均为引者所加）④看得出，梁漱溟、李石岑两先生的论断都是立足于儒家和儒家思想对民族文化心理的影响，虽然都是有见地和有道理的，但显然不足以概括中国传统文化和民族意识的整体面貌。中国人的德性传统固然以儒家为正宗，但道家作为唯一能与儒家抗衡的文化流派，其影响同样深广且久远。如我们在第二章所指出，道家人生哲学的特征是以自然为本位，以个人为

---

① 《孟子·滕文公》。

② 《孟子·离娄》。

③ 梁漱溟著《中国文化要义》第84—85页。

④ 李石岑著《人生哲学》上卷第83—84页。

中心，这就与儒家有很大不同。因此，只有把儒道作为一个对立统一体进行综合的考察，方能从整体上把握华夏民族的德性传统和心理结构。①

### （二）孔子形象的复杂性

列宁指出："判断历史功绩时，不是根据历史活动家没有提供现代所要求的东西，而是根据他们比他们的前辈提供新的东西。"②列宁的教导是我们评价孔子历史地位的根本准则。孔子在吸收和改造前人的思想成果，观察和思考现实人生的基础上，提出了突破性的新观念——仁，并将其系统化，因这突破性的新观念，亦因其体系的博大、思想的深邃、气象的壮美，从而奠定了孔子在中国人生哲学史和世界文化史上的不朽地位。

孔子的人学（仁学）对几千年中国社会的历史发展和中华民族文化心理结构的形成产生了不可估量的影响。这里没有足够的篇幅用以全面细致地考察和论述这种影响，而只能联系这种影响就孔子的历史地位谈点肤浅的看法。我们知道，战国之际，孟、荀分别将孔子学说发展到一个新阶段；汉代，董仲舒"罢黜百家，独尊儒术"，确立孔子儒学的独尊地位，自此以往，孔子儒学便以正宗的身份而受到历代封建统治者的推崇；宋代，大思想家朱熹把《论语》《大学》《中庸》《孟子》归为四书，并亲自作《四书集注》；大书法家米芾还作《大哉孔子赞歌》："孔子孔子，大哉孔子！孔子之前，既无孔子；孔子之后，更无孔子。孔子孔子，大哉孔子！"③元代统治者亦在曲阜为孔子立碑云："先孔子而圣者，非孔子无以明；后孔子而圣者，非孔子无以法。"近代的维新派康有为也不能不假借孔子名义托古改制，并作《孔子改制考》；即便今天，人们的骨髓深处也或多或少为孔子精神所浸透。凡此一方面说明孔子与中国历史、中国

---

① 在近年的中国文化研究中，多数论者仍然只着眼于儒家的观念，未把儒道乃至墨法等结合起来进行整体研究，故而所得结论往往仅具片面的真理性。

② 《列宁全集》第二卷，第150页。

③ 见于曲阜孔庙大成殿。

社会乃至中国人的命运密切相关，另一方面也提醒我们注意，孔子本身与
孟、荀心目中的孔子、董仲舒心目中的孔子、朱熹心目中的孔子、康有为
心目中的孔子……是很不相同甚至格格不入的，评价孔子的历史地位，应
区分孔子本人的思想和经后人改造发挥了的思想，以还孔子的本来面貌。
同时，孔子被历代统治者尊为"至圣先师"，且被黎民百姓视作"万世师
表"的历史事实也告诉我们，唯有通过对中国社会发展各个阶段的特定历
史条件、中国思想文化发展的特殊规律运动与孔子思想的联系的分析，才
能比较客观地揭示出这种种现象的内在必然性。

　　孔子是多面人而非单面人[①]，孔子人生哲学具有积极和消极、进步和
落后二重因素。为此所决定，孔子的思想影响也表现为积极和消极、进步
和落后两个方面。因此，评价孔子人生哲学的历史地位，不仅要注意区分
其思想的积极成分和消极成分，从而吸取精华，剔除糟粕；还应区分其思
想的积极影响和消极影响，弄清不同历史条件下所起的不同社会作用。从
历史上看，孔子的向上有为、取义成仁观念曾经养育了无数忧国忧民、精
诚报国的仁人志士，如屈原、岳飞、范仲淹、文天祥、史可法、张煌言
等，孔子的道德规范、人生准则对一切进步人士加强德性修养，对限制达
官贵人的骄奢淫逸，维护封建帝国的长期稳定统一，曾起过十分有效的作
用。但我们也应看到，孔子重仁义礼智伦常规范对人的制约的倾向，在很
大程度上阻碍了中国人思维观念的更新和个性的追求、解放。总之，孔子
思想影响的两个方面是与其思想本身的两重因素紧密联系在一起的。

## （三）孔子的阶级性格

　　孔子人生哲学的复杂性乃至其内在矛盾与孔子的阶级性格是相辅相成
的。关于孔子的阶级属性，历来见仁见智，莫衷一是。我们认为孔子并非
如大多数论者所说是没落奴隶主阶级的思想代表，而是士阶层中接近新兴
地主阶级的开明派改良派人士。于此，我们有以下两点理由：

---

① 借用马尔库塞的术语，参见其著作《单面人》。

先从孔子人生哲学自身的价值形态看。孔子固然主张敬畏天命，但敬畏天命被看成现实人生的内在要求，人在天命面前不是被动的，而是主动的，孔子说"知天命"本身就是人为主动的表征，可见其人生观念是积极的；孔子执信人生不可离开现实和现实的人伦关系，坚持把理想的殿堂建立在现实的人伦世界之中，因此其人生观念又是入世的现实型的；孔子以坚定的政治理想和人生信念，周游列国十余载，备受甘苦，"斥于齐"、"逐于宋"，"畏于匡"，"困于陈蔡之间"[①]，终不能见用，却矢志不移，乐天知命，求道不息，并指出："如有王者，必世而后仁。"[②]是故其人生观念又为乐观的进取型的。毫无疑问，如果我们硬将这种积极的入世的乐观的进取型现实型人生哲学归结为处于正在崩溃瓦解中的没落衰朽的奴隶主阶级的思想反映，显然是不合适的；相反，如果看作是士阶层中接近新兴地主阶级的生机勃勃的开明派改良派人士的意识显现，却合情合理。

继从当时的历史背景和孔子的特殊经历看。孔子生活在奴隶制向封建制过渡的经济、政治、文化发生全面变革的时代。时代的剧烈动荡表现在阶级结构上就是士阶层从贵族中分离出来，形成与没落贵族和新兴地主相对并存的社会势力。因为时代的造化，士阶层中以孔子为代表的开明派改良派成了这时期生机勃勃、积极进取的社会力量。就宏观角度而言，这时奴隶主贵族衰落而未彻底衰落，新兴地主阶级兴起而未真正形成的特定环境，在客观上为他们提供了英雄用武之地；同时，中国古老的贤人政治传统也为他们的经世致用主张提供了名正言顺的历史依据。就微观角度而论，孔子思想中的变化发展观念使他有可能对旧的政治制度和意识形态采取变通、损益的立场；同时，孔子自身"少也贱"的生活经历也使他有可能提出许多在一定程度上符合历史发展趋势和人民的愿望要求的进步思

---

① 《史记·孔子世家》。

② 《论语·子路》。

想。不可否认，孔子从小受到鲁国保存的旧的文物制度①的熏陶、感染，后来又对它做了系统的整理和研究，因此，对它产生某种眷念和崇拜心理是很自然的。

可以肯定，孔子虽然拖着旧世界的尾巴，而在思想深处残存着退守恋旧的因素，但也并非逃向原始的"乐园"，而是追求未来的理想，昂扬向上，因而积极进取的观念才是孔子精神的实质。孔子人生哲学的复杂性及其内在矛盾是他作为士阶层中接近新兴地主阶级的开明派改良派人士的阶级性格的真实反映。

---

① 《左传·昭公二年》载："周礼尽在鲁矣。"

# 第五章　儒家：孟子存心养气的人生哲学

　　孔子之后，儒家学派发生很大分化。《荀子·非十二子》记有子思孟轲之儒，子张氏之贱儒，子夏氏之贱儒，子游氏之贱儒；《韩非子·显学》则谓"儒分为八"[①]，《史记·仲尼弟子列传》又称孔门"受业身通者七十有二人"。凡此均可说明儒家学术发展之盛况及其派别分化之情形。不过，这些众多的儒家派别大多因其著作文献的失传（其中有的派别或许本来就未有著述流传于世），而使其真实的思想无法确考而昭彰于世，唯有孟荀二人分别成一家之言，并寓微言大义于鸿篇巨制之中传诸后人，以致与孔子学说一起，极大地影响了中国文化的发展和中国历史的进程。

　　孟子名轲，邹（今山东邹县）人，约生于公元前372年（周烈王四年），约死于公元前289年（周赧王二十六年）[②]。传说他是鲁国贵族孟孙氏的后裔。孟氏家族发展到孟子父亲孟激之时已经衰落，加上孟激早逝，致使孟子不得不在极其艰难贫寒的环境下度过他的青少年少代。这种情况与孔子的经历十分相似。孟子后来所以能够成为一位在中国文化史上屈指

---

① 《韩非子·显学》云："自孔子之死也，有子张之儒，有子思之儒，有颜氏之儒，有孟氏之儒，有漆雕氏之儒，有仲良氏之儒，有孙氏之儒，有乐正氏之儒。"

② 一说孟子的生卒年为：约公元前390—公元前305年。

可数的伟大思想家，很大程度上得力于他的知书识礼的母亲的苦心教养。据汉代刘问的《列女传》记载，孟母为教育儿子成才，激发儿子好学上进的进取心，曾三异其地（"三迁"）和起刀断织（"断织教子"）。母亲的伟大，由此亦可想见。

孟子不是孔子的嫡传弟子，但他却常以孔子学说的继承者自居，这一方面表明他对孔子的崇敬和对儒学的虔诚，另一方面也在于他曾受业于孔子之孙子思（又名孔伋）的门人，学习《诗》《书》《礼》《乐》《易》《春秋》六经①。孟子在30岁左右开始收徒讲学，传授"存心养气"的人生大道理。40岁以后开始周游列国，宣扬他的"民贵君轻"的"仁政"、"王道"学说。与孔子一样，孟子游说诸侯的目的亦在于希望诸侯信奉他的理想蓝图，从而实现他的政治抱负。史载他曾游历过齐、梁、鲁、滕、薛、宋、魏等国。一些国家的当政者虽然厚礼迎之，并虚心地向他请教治国为政之方，实际上并不真正采纳和实行他的政治主张。既然政治实践屡遭挫折，孟子决定弃政从学，著书立说。他在62岁时回到故国邹国，"退而与万章之徒序《诗》《书》，述仲尼之意，作《孟子》七篇"②。

孟子人学直接继承孔子人学而来，他是孔子之后儒家学派发展的中坚人物之一。历史上他被尊为"亚圣"，东晋以后人们甚至直接孔孟并提（所谓"孔孟之道"）以标示整个儒家学派或儒家学说，这都不是偶然的现象。最根本的原因在于孔孟之道适应了统治阶级建立和巩固封建制度的政治需要。同时，孔孟之间学说一致性和差异性的存在也是一个十分重要的因素。这种一致性集中表现在：二者都着眼于个人与个人、个人与家庭、家族、社会的关系建立自己的理论体系，都把个体的人生道德理想与人类、国家的社会政治理想视为一个统一的整体，把个体的人格培养和修身齐家的道德践履与治国平天下的为政方略的实施看成是一回事，因而其

---

① 孟子说："予未得为孔子徒也，予私淑诸人也。"（《孟子·离娄》）

② 司马迁《史记·孟荀列传》。

人学都带有政治化、伦理化的价值取向。二者的差异性则主要表现在：孟子较孔子更深入地探讨了人心和人性等较高层次的问题，明确提出了人性本善的人性学说和尽心知性的人学主张，同时，孟子也较孔子更多地吸收了道家人学的一些观念，从而表现出对人的个性、个体人格或自由人格的更大关注。孟子人学不同于孔子人学的新观念和新特色标志儒家人学在孟子这里已经进展到一个新的阶段。

# 一、性善论新解

性善论是孟子人学体系的基石和直接出发点，它在孟子思想中占有十分重要的地位。因此，欲想在孟子人学乃至整个孟子学说的研究中有所突破和进展，首先需要对他的性善论有一个新的认识和新的评价。

## （一）人性学说种种

众所周知，人性问题并非孟子首次提出，甚或在孔子之前就已有人提出"性"的概念①，但这不过是关于人性的朦胧意识，即或孔子提出的"性相近也，习相远也"的命题（虽然这个命题与他的人学主张有着非常密切的联系），也只是在人性问题的认识上稍稍前进了一步而已，还不能算是一种系统的人性学说或人性理论。如我们在前一章所指出，孔子的人性观表现出性善说的倾向，但他毕竟没有明确表过态。人性及其人性善恶问题讨论的展开和深化，是孔子之后、战国中期即孟子生活的时

---

① 《左传·襄公十四年》《左传·襄公二十六年》谓"天地之性"、"小民之性"。老子有自然人性论思想，但没有明确提出人性的概念。

代的事情。

据《孟子·告子》篇记载，当时关于人性有四种不同的看法：1. 性无善无不善说。持此论者论证说，人性就好比急流的水，从东方开了个缺口便向东流，从西方开了个缺口便向西流。人性之不分善和不善，犹如水流之不分东西流向一样。2. 性可以为善可以为不善说。持此论者认为，举人之善性养之则善长，举人之恶性养之则恶长。从前周文王武王（圣王）在上，人民便趋向善良；周幽王历王（暴君）在上，人民便趋向于暴戾，就是因为人的本性可以使它善良，也可以使它不善良的缘故。3. 有性善有性不善说。持此论者举例说，以尧这样的圣人为君，却有像这样暴戾的百姓；以瞽瞍这样坏的人为父，却有舜这样好的人为其儿子；以纣这样的恶人为其兄的儿子，且为君王，却有微子启、王子比干这样的仁人善人。凡此不正说明人性有善与不善的差别吗！4. 性善说。孟子对上述第一种观点持根本的否定态度，对第二、第三两种观点虽未明加驳斥，但显然也并不赞同，他只主张彻底的性善说。

## （二）性善论之要义

孟子的性善说是中国思想史第一个较为系统的人性学说。按照孟子的意思，它大体包括这样几个要点：首先，人性是善的，但不是不可以变更的。孟子指出，人性的向善，就好像水性的向下流。人没有不向善的，水没有不向下流的。当然，拍水可以使它跳起来，以致高过额头；挡水可以使它倒流，以致引上高山。但这难道就是水的本性吗？这不过是形势使它如此罢了。人性可使为不善，并不意味着人性之不向善，而只表明外力的作用可以改变人的本性。

其次，人的善性体现为四心。四心即恻隐之心、羞恶之心、恭敬（或曰辞让）之心、是非之心，也即仁义礼智："恻隐之心，人皆有之；羞恶之心，人皆有之；恭敬之心，人皆有之；是非之心，人皆有之。恻隐之心，仁也；羞恶之心，义也；恭敬之心，礼也；是非之心，智也。"①

再次，人性是先天的和内在的。孟子在将人的本性规定为四心或仁义礼智的前提下，又进一步认定这种本性内在于人，为人先天所固有。他说："仁义礼智，非由外铄我也，我固有之也。""君子所性，虽大行不加焉，虽穷居不损焉，分定故也。"②立足于人的本性或本质的先验特征，孟子驳斥了告子的"仁内义外"说。告子把"义"看成是由外部环境决定的外在的东西，他指出，因为他年长，所以我去恭敬他，这恭敬之心不是我所固有，就好像外物是白的，我就认它是白色之物，我头脑中白色的观念是由身外白色之物的存在决定的。"义"之为外在的东西，意正与此同。孟子驳斥说，白马的白和白人的白没有什么不同，但对老马的恭敬和对长者的恭敬也没有什么差别吗？而且你所谓义是在于老者长者呢，还是在于恭敬老者长者之心呢？如果说义取决于我对老者长者的恭敬之心，那么义就仍然还是内在于人的。

最后，人性作为人的本质是人区别于动物的根据所在。相对而言，人类比较早地意识到了人与物、人的世界与物的世界的区别，但对人与动物、人性与动物性的区别的认识却是经历了一个十分艰难的过程，因而是较晚以后的事情。直到春秋末年，孔子虽然指出鸟兽不可与人同群，但鸟兽何以没有资格与人同群，换句话说，人区别于动物的根据何在？孔子没有从本源的意义上加以论证和说明。到战国中期，儒家孔子的实际继承者孟子才比较自觉地认识和解答这个问题。孟子之时，告子主张"生之谓性"，"食色，性也"。把人性归结为人的生理机能或生理需求。孟子不否认人有肉体食色的物质需求，但他认为人的物质需求或自然属性不构成人区别于动物的本质属性，否则人性与犬性与牛性就没有区别了。孟子说："人之有道也，饱食暖衣，逸居而无教，则近于禽兽。"③人所以不

---

① 《孟子·告子》。

② 《孟子·尽心》。

③ 《孟子·告子》。

同于其他动物乃至高于其他动物在于"人之有道"，"道"之所指就是人的社会属性，它的内容就是所谓"四心"或"四端"，人若无此"四心"或"四端"，即是所谓"非人"，亦即与禽兽同类："无恻隐之心，非人也；无羞恶之心，非人也；无辞让之心，非人也；无是非之心，非人也。恻隐之心，仁之端也；羞恶之心，义之端也；辞让之心，礼之端也；是非之心，智之端也。人之有是四端也，犹其有四体也。"①

### （三）性善论评析的理论前提

学界关于孟子性善论的认识和评价从来都是众说纷纭，难能统一，但其中有一种占主导地位的意见认为，性善论虽然包含有不可磨灭的合理性或真理性，如它试图揭示人与动物的本质区别，肯定人高于动物、人性高于动物性，阐明人性平等和道德自觉等命题，但它毕竟是一种先验唯心论的人性学说，它"不可能科学地把握人性，也不可能认识人们道德观念的差异的社会根源"②；同时，性善论是孟子作为封建地主阶级思想家对于封建时期人的本质的认识，因此不仅有着理论上的先天不足，也有着鲜明的阶级局限性和欺骗性，"它表达的不是实际存在的人性，而是对于完美人性的向往，是一种按封建阶级的愿望所设想的被净化、美化了的人性范型，是以封建伦理作为人性的最高尺度。对人类本身进行的价值评判"③。它"潜伏着将封建伦理教条夸大、绝对化为至高无上的权威的倾向，从而在一定的历史条件下，人类的道德规范会演变成为压迫和奴役人的绝对理性和外在权威，形成一种特殊的人的异化——伦理异化"④。总的来看，这种认识和评价还是比较客观、比较公允的，但显然不够深刻、全面和科学。

---

① 《孟子·公孙丑》。

② 黄卫平文：《孟子性善论新探》，载《中国哲学》第12辑。

③ 黄卫平文：《孟子性善论新探》，载《中国哲学》第12辑。

④ 黄卫平文：《孟子性善论新探》，载《中国哲学》第12辑。

在我看来，要对孟子的性善论作出较为深刻、全面和科学的认识和评价，只有从人的自然属性和社会属性的关系着手，除此之外，别无他途，因为一切人性学说的全部问题都可以归结为自然属性和社会属性的关系问题。应当说，人们过去的认识和评价也并没有完全抛开人的自然属性和社会属性的关系问题，但由于陈旧观念的影响和形而上学思维方式的作用，致使对自然属性和社会属性的关系本身没有正确地给以揭示。尽管人们普遍意识到，既不能离开人的自然属性单纯强调人的社会属性，也不能离开人的社会属性单纯强调人的自然属性，人的本质是其自然属性和社会属性的内在统一。但一落实到具体的人性分析上，则往往把自然属性和社会属性看成是人的两个独立的本质，把社会属性看成是本质的本质，它高于自然属性。把这种观念运用于孟子性善论乃至历史上其他一切人性学说的分析、评价，就不可避免要出现偏颇、失当和失误。

马克思主义人性论所以能够成为迄今为止最为科学、全面、深刻的人性理论，关键在于它真正实现了人的自然属性和社会属性的内在统一。人们都熟悉马克思说的"人的本质在于其社会性"、"人的本质在其现实性上是一切社会关系的总和"的著名论断。由于理解上的偏差，许多同志或是视人的自然属性为非本质的，视人的社会属性为人的唯一本质；或是脱离人的自然属性，甚至认人的社会属性可以吞并自然属性而成为独立自存的本质。其实，马克思的命题并不包含这样的意思，相反，这样的理解和认识恰恰是历史上的一些思想家（如孟子等）在人性问题上所存在的理论局限。我非常赞同当代学者邹化政先生对马克思人性观的理解，他说，按照马克思的意思，"人的自然属性与其社会属性同样是人的本质的两个方面，但人的自然属性是更切近于人作为主体的物质实体和其内在组织的一个层次，人的社会属性只能从属于它而成为它的本性。"① "自然属性和社会属性是一个不可分割的对立统一体。所谓'人的本质在于其社会性'这个命题的真正含义，并不是说人的自然属性是非本质的，另外还有个不

_____

① 邹化政著《"人类理解论"研究》第519页。

是自然属性的社会属性在承当人的本质；它是说，人的社会属性本身就是人的自然属性的固有本性。这正是人区别于动物的地方"①。邹化政先生对人的自然属性和社会属性的辩证关系的阐发，是比较切近马克思人性观的本意的，也是比较全面、科学和深刻的。照我的理解和把握，它实说明了这样几层意思：第一，人的自然属性和社会属性不是两个东西或两个本质，而是一个东西或一个本质即人的本质的两个方面。第二，人的自然属性是其社会属性的基础和前提，社会属性是其自然属性的自我现实表现，并且这种表现的所有条件和规律都早已潜存于人的自然属性之中，人不待其社会属性完全表现、外化出来时才成其为人，人在其物质机能系统及其肉体生理结构中，在其自然属性中便已经是人。第三，人的社会属性的表现和外化有其必然性；同时，人的自然属性的存在和发展也有赖于人的社会属性的存在和发展，换句话说，人的自然属性不能离开社会、离开自身本性的现实表现即社会性而存在和发展。但从这里绝对得不出人的社会属性是自然属性存在和发展的独立依据的错误结论。

### （四）性善论的建树及其缺陷

运用上面所理解的马克思主义人性观来重新认识和评价孟子的性善说，我们不难发现他在理论上的独到建树及其致命的缺陷。在中国人性学说史上，是孟子首次从人的自然属性和社会属性（当然他没有也不可能明确提出和使用自然属性和社会属性的科学概念）的角度，从人之所以为人的根源处来探讨人与动物的联系与差别。他认为人之与动物禽兽，所同者要比所异者多，这从他"人之所以异于禽兽者几希，庶民去之，君子存之"②的论述可以看出。他所谓同正是在自然属性的意义上说的，是指人和动物共同具有的物质机能系统或肉体生理本能。他所谓异则正是在社会属性的意义上说的，是指人具有的区别于动物的特殊性征。孟子认为，

---

① 邹化政著《"人类理解论"研究》第518页。

② 《孟子·离娄》。

人之所同于动物者，也即人的物质需求和生理本能不可谓为人之性，人之所异于动物者，也即人之所以为人者，方可谓为人之性。如前所述，孟子把人之性规定为仁义礼智四端之心，有时他也用理义来概指仁义礼智。他论证他的上述主张说："口之于味也，有同耆焉；耳之于声也，有同听焉；目之于色也，有同美焉。至于心独无所同然乎？心之所同然者何也？谓理也义也。圣人先得我心之所同然耳。故理义之悦我心，犹刍豢之悦我口。"① "口之于味也，目之于色也，耳之于声也，鼻之于臭也，四肢之于安佚也：性也，有命焉，君子不谓性也。仁之于父子也，义之于君臣也，礼之于宾主也，智之于贤者也，圣人之于天道也：命也，有性焉，君子不谓命也。" "君子所性，仁义礼智根于心，其生色也睟然，见于面，盎于背，施于四体，四体不言而喻。"②这几段话蕴含两层深刻的意思：其一，味、色、声、臭之欲，是人生来的自然本能，但不构成人之所以为人者，故君子不谓为人之性；仁、义、礼、智四德，是人生来具有的善端，它构成人之所以为人者，故君子所谓性专指此。其二，既然圣人与凡人同为人类，同具耳目口和心等各种官能，既然口有同耆，耳有同听，目有同美，则其心亦定有所"同然"，"故凡同类者，举相似也，何独至于人而疑之？圣人与我同类者"③。圣人与凡人之人心所同然者即是所谓仁义礼智。从第一层意思来看，它的意义和深刻之处就在于，他一方面肯定了人的自然欲望和生理本能的存在的天然性和合理性，另一方面他力图从人之为人的终极处来把握、理解人性或人的本质，意识到人的社会属性的存在的"先天"性质，并将其看成是人性或人的本质的主要内容。与第一层意思紧密相关，从第二层意思来看，它的意义和深刻之处就在于，他从心有同然逻辑地导出圣人与凡人同类的结论，这不仅仅是对人性平等、人格平等的理性认同，更重要的是为他高扬"扩充善端"、"求之在我"的

---

① 《孟子·告子》。

② 《孟子·尽心》。

③ 《孟子·告子》。

主体意识、自我意识提供了逻辑依据。这种思想与孔子"性相近也，习相远也"的观念虽说一脉相承，但其人性论内含显然大大地深化和丰富了。孟子性善说的可贵之处，正在这里。

不过，我们也应该清醒地看到，孟子人性学说的合理性毕竟是有限的。它的深刻性和丰富性固然高出于告子乃至孔子，但正是在这种深刻性和丰富性中，却内在地包含着它的致命的缺陷。第一，同历史上许多思想家一样，孟子不自觉地割裂了人的自然属性和社会属性的内在联系，他没有否定二者存在的必然性和合理性，但把二者看成是互不相关的。第二，他没有把人的自然欲望和生理本能归结为"恶"，从而主张绝欲，但他将其排斥在人性或人的本质的大门之外，将人的自然属性看成是无关其本性或本质的东西。第三，他认人性只是一个社会性，意识到社会属性的"先天"性质，却不知道其"先天"性质正在于它是人的自然属性的必然的现实表现，从而把社会属性视为人性或人的本质的唯一内容。第四，他认人之所以为人者原因在于人"先天"地具有仁、义、礼、智四端之心，这就进一步把人性、人的社会性限定为一个道德性，这就更是片面的了。

总之，从理论上看，孟子的性善说既包含许多有价值的因素，在今天仍然有待我们进一步发掘吸取；又存在明显的局限和错误，需要加以清理克除。从其影响来看，在先秦诸种人性学说中，没有哪一个可以与性善说相比拟，没有哪一个像性善说那样影响深广且久远。两汉以降直至现代马克思主义学说传入中国以前，中国人性学说的发展大多走的是性善论的路子，即或历史上那些不完全赞同乃至根本反对性善说的思想家和哲学家，也不能不正视性善说的存在，不能不从性善说中吸取养分。这种情况，难道不值得我们深长思之吗？难道仅仅用"唯心主义抽象人性论"的帽子就可以对孟子性善说盖棺定论吗？！

# 二、重义轻利

在中国哲学中，义与利是很早就已经出现的一对范畴，特别是在墨家和儒家的道德哲学和人生哲学中，义利问题成为一个举足轻重的大问题。朱熹谓"义利之说，乃儒者第一义"①。话虽说得有些过头，但无疑是有感于儒者重视义利之辩的苦心而发。

## （一）义利问题上的重义派（儒）、重利派（墨）、取消派（道）

关于义与利的看法，在孔孟生活的时代，大体可以区分为三派。首先是道家学派的看法。在《庄子》章我们已经指出，道家遵循的是非感性非理性、超功利超道德的超越原则。从这一原则出发，道家老庄对义和利都采取排斥的立场，老子主张"绝圣弃智"、"绝仁弃义"、"绝巧弃利"，认为这样方能"盗贼无有"、"民复孝慈"、"民利百倍"；庄子也说："绝圣弃智，大盗乃止，擿玉毁珠，小盗不起；焚符破玺，而民朴鄙；掊斗折衡，而民不争。"②强调"不就利，不违害"③，于利害无所用心。他们既不对义与不义、利与不利作出区分，也不对义与利、孰义孰利强为辨别。在他们看来，义利的问题是不成问题的问题。因此，他们关于义利并无正面的论述，而只是采取取消问题和否定摈斥的态度。不过，他们的观念毕竟出现较早，且与儒墨都有不同。对儒墨义利观的产生和形成起了一定的作用；同时，这种观念在后世也有不可忽略的市场和影响，故而我们将其作为义利问题上的一派观点加以论列，姑且名之为取消派或否定派。当然，道家的旁支杨朱于义利有根本不同于老庄的见地，他说："拔一毛以利天下，不为也；悉天下以奉一身，不为也。"④这种论调在

---

① 朱熹：《与延平李先生书》。

② 《庄子·胠箧》。

③ 《庄子·齐物论》。

④ 《庄子·杨朱》。

当时曾打下深刻的烙印，但因为与道家正宗的观点相去甚远，且在后世的影响也微乎其微，故而我们既不能将这种观念归在道家老庄的名下，亦不必单号之为一独立派别，姑且知道曾经有这种奇怪论调的存在就可以了。

其次是墨家墨翟及其弟子的看法。在《庄子》章，我们亦曾指出，墨家（包括法家）遵循的是感性功利原则。立足于这一原则，墨家以前所未有的姿态对利加以推崇和突出。他们推崇和突出利，却对义也并不忽视。墨子尝言"天下莫贵于义"，墨子后学亦言："义，利也。"①认义与利二者有其一致性。但义的标准或根据是什么？换句话说，人行人事的一切行为举动是否应当？唯一的根据即是看这种行为举动于人是否有利。利，则义；利不仅是义的终极标准，同时也是人行人事的最后目的。所谓"兼相爱，交相利"，其最终的落脚点也仍然是一个"利"字。因此，套用朱熹的话说，"义利之说，乃墨者第一义"，是再确当也不过的了。墨家言利只及公利不及私利，墨子常讲"人民之大利"、"天下之大利"，他提出的著名的"三表"法的第三表即是说："发以为刑政，观其中国家百姓人民之利。"②"国家百姓人民之利"就是绝大多数人之利，而非君王、个己之私利。这与儒者把利与私联系起来明显不同。墨子后学还注意到利有大小之分、假利与真利之别。在假利与真利之间，他们主张去假利以成真利；在小利与大利不可得兼的情况下，他们主张牺牲小利以全大利。这种观念集中体现在《墨经·大取》篇的如下一段话："断指以存腕，利之中取大，害之中取小也。害之中取小也，非取害也，取利也。其所取者，人之所执也。遇盗人而断指以免身，利也，其遇盗人，害也。……利之中取大，非不得已也；害之中取小，不得已也。所未有而取焉，是利之中取大也；于所即有而弃焉，是害之中取小也。""利之中取大"，"害之中取小"对人来说都是利的表现。正是从这种以利为其价值取向的观念出发，墨子反复强调"去无用之费"，"凡足以奉给民用则止，诸加费不

---

① 《墨子·经上》。
② 《墨子·非命》。

加于民利者，圣王弗为"①。他有专文《节用》篇提出各种具体的"节用之法"，如"饮食之法"、衣服之法"、"宫室之法"、"节葬之法"等等。综上所述，我们完全有理由将墨子及其弟子在义利问题上的看法命之为重利派或肯定派。当代著名学者张岱年先生在其早年著作《中国哲学大纲》中将其归结为义利统一派，似也能成立②。

再次即是儒家孔孟的看法。上面我们对道家和墨家的义利观的基本内容及其特点作了概略的阐析，目的在于为孔孟特别是孟子义利观的探讨提供一理论上的参照系；同时也是考虑到，孟子重义轻利的义利观的提出，不仅有其直接的正面的思想渊源关系，即对孔子观点的继承与吸收，也有其间接的反面的思想渊源关系，即对道家和墨家观点的批判和扬弃。

在《庄子》章，我们曾论及，儒家孔孟既不赞同道家非感性非理性的超越原则，更反对墨家狭隘的纯粹感性功利原则，他们恪守遵循的是基于人己关系的伦理化了的理性道德法则。从这一原则出发，儒家孔孟竭力抬高"义"而贬低"利"，甚至把义利对立起来，故而我们命孔孟为重义派或重义轻利派，以示与道家取消派和墨家重利派的区别。

### （二）孔子的义利观及其孟子对它的发展

应该说，孔子已经奠定重义轻利的基本格调。在他那里，个人的行为举动于己于人有利无利，可以不去管他；但其应当不应当，亦即合义不合义，则必得穷究清楚，丝毫不能含糊。所谓"君子义以为上"③、"君子义以为质"④、"放于利而行，多怨"⑤、"君子之仕也，行其义也"⑥、

---

① 《墨子·节用》。

② 张岱年著《中国哲学大纲》第398页，中国社会科学出版社，1982年版。

③ 《论语·阳货》。

④ 《论语·卫灵公》。

⑤ 《论语·里仁》。

⑥ 《论语·微子》。

"子罕言利"①，等等，说明的正是这样一个道理。孔子认为，不论个己之修身养性（内圣之道），抑或君主之执政"养民"（外王之道），其使命和职责都在于行义。孔子有时明确以求义与求利来划分君子与小人，孔子说："君子喻于义，小人喻于利。"②喻，晓也。君子行事从道义出发，唯义是从，从不计较个己的利害得失；小人行事从财利出发，唯利是图，时刻不忘盘算计较个己的利害得失。"君子上达，小人下达。③""上达"，即上达乎仁义；"下达"，即下达乎财利。所以孔子又说："君子怀德，小人怀土；君子怀刑，小人怀惠。"④也是这个意思。

孔子"罕言利"的性格和"义以为上"的观念直接影响了孟子，为孟子所接受。孟子义利观的独到之处在于：他把"罕言利"转换为"何必曰利"，这就不只是少言利的问题，而含有不言利的意蕴；他把"义以为上"发展为"惟义所在"，上，同尚。"惟义"较"尚"，语气上显然更进一层；他仁义并提合言，也有别于孔子言仁言义不相联属；他对"义"作了较孔子更为明晰具体的规定，并将其视为人之所以为人的标准，从更深的层次来进行把握。

且看《孟子·梁惠王》篇的记述：

> 孟子见梁惠王。王曰："叟！不远千里而来，亦将有以利吾国乎？"孟子对曰："王！何必曰利？亦有仁义而已矣。王曰'何以利吾国'，大夫曰'何以利吾家'，士庶人曰'何以利吾身'，上下交征利而国危矣。万乘之国，弑其君者，必千乘之家；千乘之国，弑其君者，必百乘之家。万取千焉，千取百焉，不为不多矣；苟为后义而先利，不夺不餍。未有仁而遗其亲者

---

① 《论语·子罕》。

② 《论语·里仁》。

③ 《论语·宪问》。

④ 《论语·里仁》。

也，未有义而后其君者也。王亦曰仁义而已矣，何必曰利。"

在孟子看来，仁义是立国立家立身之本。因此，君王、大夫、士庶人只可言义求义，利是登不了大雅之堂的不祥之物。倘若举国上下交相言利求利，或后义而先利，则身将不修，家将不齐，国将不治。

《孟子·告子》篇亦云：

> 宋轻将之楚。孟子遇于石丘，曰："先生将何之？"曰："吾闻秦楚构兵，我将见楚王，说而罢之。楚王不悦，我将见秦王，说而罢之。二王，我将有所遇焉。"曰："轲也，请无闻其详，原闻其指；说之，将何如？"曰："我将言其不利也。"曰："先生之志则大矣，先生之号则不可！先生以利说秦楚之王；秦楚之王悦于利，以罢三军之师；是三军之士乐罢而悦于利也。为人臣者怀利以事其君，为人子者怀利以事其父，为人弟者怀利以事其兄，是君臣父子兄弟终去仁义，怀利以相接，然而不亡者，未之有也。先生以仁义说秦楚之王；秦楚之王悦于仁义，以罢三军之师；是三军之士乐罢而悦于仁义也。为人臣者怀仁义以事其君，为人子者怀仁义以事其父，为人弟者怀仁义以事其兄；是君臣父子兄弟去利，怀仁义以相接；然而不王者，未之有也。"

宋轻力图从利害关系说服秦楚罢兵息战，孟子告之此非治本之法。他认为，"怀利以相接"和"怀仁义以相接"是两种根本不同的交往原则，以前一原则作为人事的指导，大可以导致国与国之间关系的紧张乃至国家的灭亡，小可以导致国家内部君臣互叛，父子反目，兄弟相欺；以后一原则作为人事的指导，则大足以使国泰民安，小足以使人己和睦。

在《离娄》篇孟子又说："大人者，言不必信，行不必果，惟义所在。"言信行果而又合乎义，固是值得称道的善行善果。倘若言信行果而不合义，则是"大人弗为"的"非义之义"、"非礼之礼"了。义乃是人的一切行为的最高准绳，凡事只须从义出发，不必顾及其他，亦即"言不必信，行不必果"。孟子"唯 义所在"的命题把"义"提升到一个无以复加的地位。

我们知道，孔子还只是泛泛地强调重义轻利，对"义"的内涵并未作出更具体的规定和说明；孟子则不只主张"惟义所在"，他还把"义"看成是人之所以为人的依据和人的本质所在。孟子认为，对于君子、贤者来说，义是不可须臾离的，存义取义乃人之最大愿欲："鱼，我所欲也，熊掌亦我所欲也；二者不可得兼，舍鱼而取熊掌者也。生，亦我所欲也，义，亦我所欲也；二者不可得兼，舍生而取义者也。""生亦我所欲，所欲有甚于生者，故不为苟得也；死亦我所恶，所恶有甚于死者，故患有所不辟也。"①君子所以能够做到舍生而取义，临死而不辞，在于他们已经意识和自觉到，人之所欲有甚于生者，这就是"义"，人之所恶有甚于死者，这就是"失义"。

孟子还把"义"同"仁"、"礼"、"智"联系起来阐述"义"的含蕴。他提出"义路礼门"的概念，指出，"义"是一条路，"礼"是一扇门，只有君子能走这条路，进出这扇门②。又说："仁，人心也；义，人路也。舍其路而弗由，放其心而不知求，哀哉！"③仁乃人人所固有的爱人之心，故曰"人心也"；义乃人人所应走的处世之路，故曰"人路也"。倘若舍其路而弗由，放其心而不知求，即是弃义弃仁；弃义弃仁，非人也。那么，怎样辨别人之行为之义与不义，亦即应当与不应当呢？孟子于是搬出"智"的概念。在孟子看来，所谓"智"，就是人人先天具有

---

① 《孟子·告子》。

② 孟子云："夫义，路也；礼，门也。惟君子能由是路，出入是门也。"（《孟子·万章》）

③ 《孟子·告子》。

的"是非之心"，亦即辨别义与非义的 先天能力，这种能力孟子也特称为"良知良能"："人之所不学而能者，其良能也；所不虑而知者，其良知也。孩提之童，无不知爱其亲也。及其长也，无不知敬其兄也。亲亲，仁也；敬长，义也。无他，达之天下也。"①良能，人生来就有的善的能力；良知，人生来就有的善的知识。运用这种善的能力和善的知识，就可以辨别是非、善恶，区分义与非义。孟子用孩提之童爱其亲、敬其长的行为来论证良知良能的客观存在，把基于遗传关系和后天环境影响而形成的伦理观念和伦理知识以及在这种伦理观念和伦理知识指导和支配下的孝亲敬长的伦理行为看成是纯粹先天的东西，这在逻辑上是很有些漏洞的，在理论和实践上其影响也是很坏的。

我们还清楚地记得，孔子曾提出"君子喻于义，小人喻于利"的命题，把言义求义与言利求利作为划分君子和小人的基准。对于这一点，孟子显然是深表赞同的。但他认为，仅仅停留于这样的认识，毕竟有些生硬，还应当从更深的层次做进一步的探究，以找出义、利与君子、小人之间的必然联系。首先，他用"大人"、"小人"去指代"君子"、"小人"。相对而言，在孔子那里，"君子"、"小人"虽然也含有政治人格的意蕴，但主要是指道德人格的区分；在孟子这里，"大人"、"小人"则更多地带有政治人格的色彩，尽管它仍然常是道德人格高低评价的结果。同时，"大人"的"大"，有时还含有大智大勇的意思，后面我们将要详加讨论的孟子"大丈夫"人格或许与此存在某种内在关联。其次，他将人的身体器官区分为"大体"、"小体"，指出："体有贵贱，有小大。无以小害大，无以贱害贵。养其小者为小人，养其大者为大人。""从其大体为大人，从其小体为小人。"②大体即心之官，小体即耳目之官。大体与小体，也即心之官与耳目之官虽然都是"天之所与我者"，但却有着截然不同的功能作用："耳目之官不思，而蔽于物。物交

---

① 《孟子·尽心》。

② 《孟子·告子》。

物，则引之而已矣。心之官则思，思则得之，不思则不得也。"①耳目等感性器官不具备思考功能，易为外物所蒙蔽，而把人引向迷途；心官作为理性器官具备思维功能，故能明辨是非、善恶、义与不义，故能得其理。孟子看到了主体人的心之官的思的功能和耳目之官的片面性有限性，但他把二者绝对对立起来，看不到心之官的理性认识和耳目之官的感性认识的相互作用和相互依赖性，不懂得人的理性认识必须建立在感性认识基础上才有其可靠性的道理，从而片面夸大了心之官的功能，"先立乎其大者，则其小者不能夺也"②。在孟子看来，大体、心之官的指向是义，义得以立则为大人；小体、耳目之官的指向是利，利得以立则为小人。可见，孟子重义轻利，与他重视理性思维、忽视感官闻见是一致的。

孟子重义轻利的观念，为儒学的集大成者荀子所肯定和接受。荀子的义利观归结起来，不外为先义后利，以义克利。荀子说："不学问，无正义，以富利为隆，是俗人者也。"③荀子不同于孟子的地方，在于明确肯定利之于人的天然合理性，主张在以义制利的同时，不可绝对去利以存义："义与利者，人之所两有也，虽尧舜不能去民之欲利，然而能使其欲利不克其好义也；虽桀纣亦不能去民之好义，然而能使其好义不胜其欲利也。故，义胜利者为治世，利克义者为乱世。"④汉儒董仲舒则直接从孟子出发，发挥重义轻利之旨说："天之生人也，使人生义与利，利以养其体，义以养其心；心不得义，不得乐，体不得利，不能安；义者心之养也，利者体之养也，体莫贵于心，故养莫重于义，义之养生人，大于利

① 《孟子·告子》。
② 《孟子·告子》。
③ 《荀子·儒效》。
④ 《荀子·大略》。

矣。"①后世学者之中，除了李泰伯②、陈同甫③、叶水心④和颜习斋⑤几位兼重义利外，其他大凡都可归入重义轻利一派。由此可以见出孟子义利观的影响之大、之深、之广、之远。

### （三）重义轻利观念的历史逻辑根由

孟子把重义轻利的观念推向极端，有其历史的和逻辑的根由。在孟子生活的战国时代，一方面，各国统治者利欲熏心，争城夺地，把社会环境弄得乌烟瘴气，而下层人民迫于生活，也汲汲于求利；另一方面，从士阶层自身来看，如前所述，"天下之言不归杨，则归墨"，而杨墨学说的主旨即是一个"利"字。孟子深切战国时人之病，故在政治观上主张"仁政"，反对"霸政"的同时，在人生观上倡仁义，排功利，以他少有的辩才，拒杨墨，辟异端，反复阐扬重义轻利之旨。从孟子的整个思想体系来看，他提出重义轻利的观念不只是历史的必然，也是逻辑的必然。更确切地说，重义轻利是性善学说必然导出的结论。在"性善论新解"部分，我们已经指出，性善论的理论特色之一是把人的社会属性、道德属性看成是人的唯一的本质，把人的自然属性看成是无关人的本质的东西。重义轻利的观念正好与这种对人的本质的认识相吻合，因为按照孟子的思维逻辑，义与人的社会属性、道德属性（也即与人的本质）相关联，利与人的自然属性相关联。可见，重义轻利观念的理论局限最终决定于其逻辑前提上的失误。

---

① 董仲舒《春秋繁露·身之养莫重于义》。

② 李泰伯（1009—1059），北宋思想家。

③ 陈同甫（1143—1194），南宋思想家。

④ 叶水心（1150—1223），南宋思想家。

⑤ 颜习斋（1635—1704），明末清初思想家。

### （四）孟子义利观的时代意义

重义轻利作为儒家文化传统的一个重要方面，固然构成中国文化传统的一个重要内容。在20世纪80年代的中国，重新提倡这一传统，非只不合时宜，且也极其有害。事实上，我们正在进行的改革事业，把发展经济和生产力放在首要地位，本身就是对这一传统的一种反动。随着改革的深化，"利"的观念逐渐在人们心目中扎下了根，人们开始厌恶、摒弃空洞的政治说教和道德说教，而视对"利"的追求是正当合理的事情。这是历史的进步，也是民族的进步。但是，我们也应该清醒地看到，如果只追求物质财富的丰厚和感官需要的满足，忽略人的精神素质的提高和内在的追求，也是十分危险的。事实上，危机已经出现，一个突出的表现，即是为文化人所深刻感受到的文化规律与商品规律的严峻冲突现象的存在。[①]冲突的实质即是要文化规律服从商品规律，否定文化的独立价值和文化发展的相对独立性；冲突的外部性征即是标志社会发展方向的精英文化无人问津，相反，大众化、通俗化乃至庸俗化的东西却充斥整个文化市场，只见文化商业，不见文化事业。这种现象的出现，是无限夸大商品规律的功能作用，用商品规律取代文化规律，以经济效益标准来衡量文化事业的发展所必然导致的结果。如果放任这种一切向钱看（也即唯利是求）的倾向膨胀、发展下去，那么，不仅文化事业的发展、国民素质的提高无从谈起，甚至还会延缓改革的进程乃至断送改革的已有成果，面对这种严酷的社会现实，我们回过头来重新审视孟子重义轻利的思想，平心静气地思考一下，就会发现，重义轻利观念也有某种内在合理性。这种合理性就在于它以其极其片面、武断的形式高扬了人的精神需要和精神价值。尽管他所谓精神需要和精神价值离科学的解释相距甚远，但从一般的意义上说，对人的精神需要和精神价值的实现的关注，在任何时候都是必需的。因为人毕

---

① 关于文化规律与商品规律的冲突问题，1988年6月在吉林市召开的社会主义初级阶段文化与社会发展讨论会上，代表们有过认真的讨论.其观点载于《社会科学战线》1988年第4期的会议综述。

竟不同于其他动物，人是有灵性和超越性的高级动物，人之为人，主要不在人是一种感性物质存在，有其肉体感官需求，而在人是一种超越性的存在，有其精神上的需求。①

# 三、忧患意识与"大丈夫"

欲明孟子的忧患意识与其"大丈夫"人格之间存在怎样的关系，需要我们先就忧患意识的形成及其内涵作一概略的考察。

金耀基先生在《中国现代化与知识分子》一书中指出："儒家思想千门万户，但揆其根本，则在人间建立一道德性之政治社会。儒家思想有浓厚之人间性道德性与政治性。而贯穿于政治社会之价值理念，则是和谐与秩序，使万物各适其性，各安其位。"②金先生对儒家思想实质的把握可谓不易之论。尽管儒家内部也存在这样或那样的分歧，但有两点是为他们所共同遵守和信仰的，这就是：第一，他们要在人伦社会建立一个和谐有序的王道世界；第二，为实现王道世界，他们寄希望于"内圣外王"式的理想人格。现在要讨论的是，儒家的王道世界和理想人格的背后隐含着什么？换句话说，儒家为什么要提出这样一种社会理想和人格理想？过去人们往往只从其历史背景和地理背景上作出说明，而很少从文化的深层背景上加以考虑。为了弥补这一缺憾，我们有意识地将其探讨的视角主要放在文化背景方面。从文化背景上看，可以说，儒家的王道理想和人格理想的

---

① 马斯洛认为，人的需要可以划分为许多层次，而自我实现的需要是其最高的层次，不无道理。见马斯洛著《动机与人格》。

② 金耀基著《中国现代化与知识分子》第105页，台北言心出版社1966年版。

提出和定型乃取决于中国古代先哲或文化人的强烈而深沉的忧患意识，是儒者悲天悯人的忧患意识的产物。

### （一）宗教的人文化与圣王分途

根据当代台湾年轻学者林火旺的考察分析，中国古代先哲的忧患意识的滋生、形成和强化经历了一个极为漫长的过程，这个过程大体可划分为宗教的人文化和圣王分途两个阶段。[①]

所谓宗教的人文化，实是说，中国文化走的是一条不同于世界其他文化的独特道路，从文化发源不久就树立了自己的独特品格。在我看来，如果说中国哲学的发端只能从春秋末期的老子和孔子讲起的话，那么，中国文化的发端则必须从周以前的原始宗教讲起，因为任何文化皆导源于宗教或原始宗教，这不论在东方抑或西方均无有例外，而中国周以前的文化则正是一种原始宗教文化。原始宗教的核心和特点如同我们在讨论孔子的天人关系时所指出，周以前的人们肯定人格神的存在，把天帝看成是人事的主宰，认天帝能够公正无私地赏善罚恶，决定人事的吉凶祸福，并幻想通过对神祇的祈祷崇拜而实现生存发展的愿望。中国原始宗教没有像西方宗教那样因此而走向出世，否定现世，相反，却逐渐地丧失其宗教固有的"超绝"、"出世"的神秘性，逐步地过渡到认同现实、积极入世的路上来，其根本的契机就在于中国原始宗教发展到周代，在人们的心态上出现两个具有决定性的转折："即①由有常之天转至无常，②由修德以解释天命之无常。"[②]周初形成的普遍的怨天骂天思潮是第一个转折的标志，进而人们提出"以德配天"，"敬德保民"的观念是第二个转折的标志。经过这两个转折，人们不再简单盲目、消极被动地祈求天的恩赐，而把着眼点放在人事的努力上，主张通过修德以达天人的和谐。这说明此时人们已从宗教迷信的层层云雾中渐次摆脱出来，开始萌生人的自主性或主体性。

---

① 参见林火旺著《从儒家忧患意识论知行问题》第11—23页。

② 参见林火旺著《从儒家忧患意识论知行问题》第14页。

这种宗教人文化的过程也即忧患意识的滋生和成长的过程，因为"忧患心理的形成，乃是从当事者对吉凶成败的深思熟虑而来的远见；在这种远见中，主要发现了吉凶成败与当事者行为的密切关系，及当事者在行为上所应负的责任。忧患正是这种责任感来的要以己力突破困难而尚未突破的心理状态"①。

宗教的人文化带来忧患意识的萌发和初步形成，圣王分途则导致忧患意识的强化和基本定型。所谓圣王分途，实是指理想人格的内圣品格与外王品格，也即道德身份与政治身份之间的分裂。圣王分途的过程伴随周室衰征的出现开始展开。在古代先哲看来，周代前期诸王的内圣品格与外王品格是完满合一的，以周文王等为代表，虽身处盛世，且居王天下的显赫地位，却时时忧患政之不稳，民之不安，而以敬天恤民为己任。故而后人将其美称之为"圣王"而加以推崇。周朝国运发展到幽厉时代走向衰落，幽厉诸君徒有"外王"之政治身份，而尽失其先辈之"内圣"品格。他们私欲横流，荒淫无度，置子民之苦痛于不顾，连年征战，弄得民不聊生，世风日下，使社会处于持久的动乱不安状态。故而后人将其恶称之为"昏君"、"暴君"而加以唾弃，此时，"士人虽承袭周初圣王敬德恤民之忧患意识，对贫苦流离之百姓满怀不忍之情，而以其悲天悯人之心肠，欲承担环境之苦难。然而由于'圣''王'分途……有德者不在其位，士人即使有用世之心，却无用世之君，所以此时之圣者，既不忍逃避于世局之苦困，而当下挑起拯溺解悬之悲愿；但是又由于缺乏政治之实权，其欲突破困境之艰难与无助的忧患之心，比之于周初圣王唯恐不敬德之戒慎更为深刻，因此，先哲之忧患意识也愈益强烈"②。

## （二）悲天悯人与承担责任

从忧患意识的萌生、滋长、强化和定型的组略考察和分析，我们可以

---

① 徐复观著《中国人性论史·先秦篇》第24页，台湾商务印书馆1977年版。

② 参见林火旺著《从儒家忧患意识论知行问题》第22页。

得出如下几个结论：第一，忧患意识的滋生必须是有患可忧，患的存在乃是产生、形成忧患意识的客观前提。《易·系辞下》云："作易者，其有忧患乎？"一部《易经》正是因为忧患而作。患的内容可以是感性物质生活的缺憾和个体生存发展上的苦困，也可以是精神生活的缺憾和人类群体生存、发展上的苦困，后者是其更主要的方面。

第二，忧患意识的产生导致中国文化向着认同现实的方向发展，并促进古代先哲尤其是儒者的入世品格的形成；而认同现实、肯定自我的人生信念和入世品格反过来又使这种强烈而深刻的忧患意识得以不断提升和稳固，以致历经数千年而经久不灭。二者相生相长，相辅相成，互为因果。

第三，透过忧患意识的形成的初步行程，还可以窥见忧患意识的基本内涵即是悲天悯人和承担责任。从终极的意义上说，先哲们忧患的决非个己的功利得失，绝非"一朝之患"，先哲们忧患的对象乃是人类群体的幸福安和理想的实现、物我对立的取消、天人合一的建立，乃是立己立人、成己成物，使人使物各适其性，各遂其情，各得其所。所以，当外来的无穷苦困缠绕个己和芸芸众生之际，当天人合一、物我和谐的境界和秩序为庸臣暴君所打破，人和物均不能适其性、遂其情、得其所之时，先哲们自然在自己的内心深处产生一种真切而深沉的悲情悲愿，此种悲情悲愿地正是一种悲天悯人的无限的同情之心。但是，倘若任此种悲情悲愿自然发展而不加引导和提升的话，则势必使个己和众生陷入彻底悲观和彻底失望的境地而不能自拔。于是，先哲们在悲天悯人的基础上，进而引发出承担责任的博大情怀。所谓承担责任，简言之，亦就是自我关怀和群体关怀。自我关怀旨在达其"内圣"目标；群体关怀旨在收其"外王"效用。这里的"外王"已不具其原初之意，它乃是指以济世救民为己任，以推己及人以至万物为路径，而参天地、赞化育，实现天人合德之最高生命理想。

总之，悲天悯人的同情心是责任感得以生发的直接契机，承担苦困的责任感则是同情心的必然升华，二者共同构成忧患意识的有机内涵，并已在儒家典籍中得到集中的体现。应该说，《大学》《中庸》倡导的慎独功夫、孔子强调的"己立立人，己达达人"和孟子高扬的"存心"、"养气"、"扩充善端"，《易传》指出的"居安思危"，均为此同情心与责任感的应有之义。

### （三）孟子之忧患意识和理想人格及其与孔子的比较

上面我们扼要阐发了忧患意识的形成过程、忧患意识的主要内容以及忧患意识与先哲们之社会理想和人格理想的关系，这是为具体阐发论述孟子的忧患意识及其与"大丈夫"人格之间的关系所作的必要铺垫。现在要问：孟子的忧患意识和理想人格有无自己的特色？他为什么要推出一位天将降大任于其身的顶天立地、威武不屈的"大丈夫"作为他所想象的理想人格的范型？

从总体上看，孟子承继了古代先哲尤其是前期儒者孔子的文化传统，沿袭了旧有的思维方式，即首先在自己的主观世界构想出一幅理想社会的壮丽蓝图，并与人类社会发展旅程中的所谓"黄金时代"——尧、舜、禹时代挂搭起来，然后将其作为一面镜子反观现实社会、现实人生，发现现实社会现实人生与人类的理想差距十分之大，犹如天堂、地狱之别。一方面是现实苦痛的困扰，另一方面是理想世界的召唤，于是有了悲天悯人的同情心的滋生，于是有了承担苦难的责任感的升华，于是一位德无不备、明哲绝伦的圣人人格开始在人们心目中朗朗呈现，人们幻想依靠他去德化天下，道济万民，拯救芸芸众生于水火之中。此种心路历程，孟子与他的前贤、与孔子并无二致。这也反映出儒家文化一脉相承的特点。

但孟子毕竟是孟子。他视孔子为"圣之时者"，以宗孔为终身职志，却亦非完全跪倒在先哲和孔子脚下，迂腐地全盘接受前人留下的"遗物"，食而不化。孟子是一位有着鲜明个性和特殊气质的思想大师。他之推出"大丈夫"及其对"大丈夫"性格特征的具体描绘，实在就是他自己的个性和气质的真实写照。孟子面对当时其他学派的挑战，不曾表露出半点妥协畏惧的迹象，而是无所畏惧，单枪匹马，披荆斩棘，全面出击，

——予以辩驳，其态度之武断坚决，用词之尖刻雄浑，正好从一个侧面印证和凸显出他的这种"大丈夫"性格和气质。

孟子内心具有的深刻而强烈的忧患意识是他推崇"大丈夫"人格的理论依据和现实依据。我们曾记孔子在《论语》中说过这样的话："德之不修，学之不讲，闻义不能徙，不善不能改，是吾忧也。"①"君子忧道不忧贫"②。孟子亦说："君子有终身之忧，无一朝之患也。乃若所忧则有之：舜人也，我亦人也。舜为法于天下可传于后世，我由未免为乡人也，是则可忧也。忧之如何？如舜而已矣。"③又说："尧以不得舜为己忧，舜以不得禹、皋陶为己忧。"④可见，孔孟所忧患者，均是所谓道之不行和道之不传，此种道之忧的具体化即是"内圣"之忧和"外王"之忧，亦即是立己立人、成己成物之忧。

孔孟忧患意识的形成，与他们作为古代文化人之杰出者之品格不无关联。用今天的眼光看，社会历史总是处在一种二律背反之中，它按照片面性的原则或快或慢地向前发展。这种片面性的存在构成文化人之忧患意识产生和形成的历史前提和逻辑前提。孔孟面临的正是这样一种历史和现实的片面性，但他们在主观上则总不满足于现实，总要追求一种全面性和完满性。而现实社会生活中是很难寻找到全面性和完满性的踪迹的，于是，他们自然生发出一种"忧以天下"、"忧民之忧"⑤的忧患意识，于是，他们给自己提出这样一种使命，即揭示现实的片面性和理想的完满性之间的矛盾，提醒人们不断克服其片面性，以达到其完满性。这是就一般的意义而言，如若深究一步则可发现，孟子的忧患意识较孔子更为深切，更为强烈，为这种深切而强烈的忧患意识所决定，孟子的理想人格在性情表现

---

① 《论语·述而》。

② 《论语·卫灵公》。

③ 《孟子·离娄》。

④ 《孟子·滕文公》。

⑤ 《孟子·梁惠王》。

上便有着不同于孔子的理想人格的鲜明特征。孔子说："君子无所争，必也射乎。揖让而升，下而饮，其争也君子。"①"质胜文则野，文胜质则史；文质彬彬，然后君子。"②"君子敬而无失，与人恭而有礼。"③"君子思不出其位。"④"君子有九思：视思明，听思聪，色思温，貌思恭，言思忠，事思敬，疑思问，忿思难，见得思义。"⑤"君子正其衣冠，尊其瞻视，俨然人望而畏之。"⑥可知孔子推崇的君子人格，其仪容风度乃文质彬彬、气象平和、庄重严肃；其行事态度乃谨守礼节，循序渐进，按部就班。孟子则谓"大丈夫"曰："居天下之广居，立天下之正位，行天下之大道；得志，与民由之；不得志，独行其道。富贵不能淫，贫贱不能移，威武不能屈，此之谓大丈夫。"⑦"说大人，则藐之，勿视其巍巍然。堂高数仞，榱题数尺，我得志，弗为也。食前方丈，侍妾数百人，我得志，弗为也。般乐饮酒，驱骋田猎，后车千乘，我得志，弗为也。在彼者皆我所不为也；在我者皆古之制也，吾何畏彼哉？"⑧可知孟子推崇的"大丈夫"人格，其仪容风度乃大义凛然，威风凛凛，气势不凡；其行世态度乃果敢英勇，叱咤风云，顽强不屈。孟子在《尽心》篇云："自反而缩，虽千万人，吾往矣。"在《公孙丑》篇云："如欲平治天下，当今之世，舍我其谁也。"这种藐视权贵大人民"虽千万人，吾往矣"、"舍我其谁"的英雄气概，正是孟子自身与孟子向往的"大丈夫"之性情风貌的集中体现和真实写照。

---

① 《论语·八佾》。

② 《论语·雍也》。

③ 《论语·颜渊》。

④ 《论语·宪问》。

⑤ 《论语·季氏》。

⑥ 《论语·尧曰》。

⑦ 《孟子·滕文公》。

⑧ 《孟子·尽心》。

### （四）不同背景的考察

孔子和孟子在将儒家的最高人格——"圣人"下落至君子和大丈夫时，其仪容气度和行为方式表现出如此巨大的差异，显然并非偶然的历史现象。按照马克思主义"社会存在决定社会意识"的原理，我们完全可以从孔孟所处的不同的时代环境出发，对此作出较为客观公允的说明。

应该承认，孔孟生活的时代的共同前提都是礼乐崩坏，人心不古，世风日下。但是，孔子之时，旧制度出现衰征却未彻底崩毁，新制度兴起却未真正确立，借用史作柽先生的话说，孔子之时代是一个"上位者不明其道，下位者不知所当从，以致德行共违、社会失制，不上大道之轨的社会"①，是一个"大制已去而未远，大格已失而未尽的社会"②。这种"去而未远"、"失而未尽"的时代特征决定了孔子这位对周代"圣王"的礼乐文章无限推崇和眷念的思想家的"从周"和"损益"改良的双重品格，同时也决定了孔子之君子人格的努力目标在通过下学而上达的功夫和正己正人、推己及人的路径求道行仁，德化天下。

孟子之时则与此有所不同，旧制度（奴隶制度）渐失去其统治地位，退出历史舞台，新制度（封建制度）渐趋确立，登上历史舞台。孟子对新制度的出现并不拒斥，但对新旧体制转变过程中出现的诸多社会问题、诸多邪恶现象则不能不表现出深重的忧患。当时各国君主出于各自的私利私欲，实行强力强权政策，众暴寡，强凌弱，连年征战，"争地以战，杀人盈野；争城以战，杀人盈城"③，甚至还导致人兽相食的悲惨局面。且看《孟子》记载："梁惠王以土地之故，糜烂其民而战之。"④"彼夺其民时，使不得耕耨以养其父母。父母冻饿，兄弟妻子离散。""今夫天下之

---

① 史作柽著《孔孟思想统析》第69页，1963年版。
② 史作柽著《孔孟思想统析》第61页，1963年版。
③ 《孟子·离娄》。
④ 《孟子·尽心》。

人牧，未有不嗜杀人者也。""庖有肥肉，厩有肥马，民有饥色，野有饿莩，此率兽而食人也。""今也制民之产。仰不足以事父母，俯不足以畜妻子；乐岁终身苦，凶年不免于死亡；此惟救死而恐不赡，奚暇治礼义哉？"①"孔子之道不著，是邪说诬民，充塞仁义也。"②孟子对新事物的诞生往往伴随某种剧烈的阵痛和某种负面的作用的情况不能给以合理的解释、他目睹生民涂炭，道德沦丧，人性泯灭，邪说淫辞泛滥的严酷现实，深深地感受到传统价值观念和伦理规范与社会实际的严峻冲突。面对这样一个"救死而恐不赡，奚暇治礼义"的世界，孟子意识到孔子之君子人格固然可敬可佩，但为这种人格所规定制约的循序渐进的道德教化措施恐于现实的改造难能济事。于是，孟子一方面阐明人性至善，并从天生的善性导出人格均等的观念，指出："圣人与我同类者。"③"尧舜与人同耳。"④"人皆可以为尧舜。"⑤然又感到众民的愚昧无知和人性的发现与恢复之艰难。因而另一方面，孟子将历史的重任寄托在他所设立的"大丈夫"人格身上，幻想凭借"大丈夫"的先知先觉去"觉后知"、"觉后觉"⑥，去"正人心，息邪说，距诐行，放淫辞"⑦，依靠"大丈夫"的果敢、勇迈去承担人世的苦难，变乱世为治世，变无序为有序，变天下无道为天下有道。⑧无疑，孟子的理想并不存在其实现的历史必然性，然其用心却不可不谓良苦。

---

① 《孟子·梁惠王》。

② 《孟子·滕文公》。

③ 《孟子·告子》。

④ 《孟子·离娄》。

⑤ 《孟子·告子》。

⑥ 孟子还常常以先知先觉者自居，他说："予，天民之先觉者也；予将以斯道觉斯民也；非予觉之而谁也？"（《孟子·万章》）

⑦ 《孟子·滕文公》。

⑧ 孟子有变革社会、改易暴君的革命思想，孟子云："君有大过则谏，反复之而不听，则易位。"（《孟子·万章》）

孟子又说："人之有德慧术知者，恒存乎疢疾。独孤臣孽子，其操心也危，其虑患也深。"①"禹思天下有溺者，由己溺之也；稷思天下有饥者，由己饥之也。"②在孟子看来，基于对现实的深重忧患，他所谓"大丈夫"有着独立孤傲、不与世俗妥协的特殊品格。有了这种特殊品格，才能够承担起成己成物的社会责任，承担起环境的苦难，抵挡世俗的污波浊流。同时，忧患越是深重，环境越是恶劣，越能使"大丈夫"之社会责任感得到升华，越能使"大丈卡"之特殊品格得到锤炼。这也就是说，"大丈夫"之人格的完成和责任感的提升，必须经受身心痛苦的考验，只有在险恶的环境中方能铸就无畏的意志和"大"的品格。孟子强调"天将降大任于是人也，必先苦其心志，劳其筋骨，饿其体肤，空乏其身，行拂乱其所为，所以动心忍性，曾益其所不能"③，其用意就在此。

## （五）有益的启示

今天，我们考察孟子之忧患意识，目的不在指出它所具有的历史局限；我们讨论孟子之大丈夫人格，目的不在指出它所流露出的天才（或英雄）史观而加以批判。退一步说，我们的目的也不在发现和肯定这种忧患意识和理想人格曾对历代志士仁人产生过十分积极的影响④，而在从这种

①　《孟子·尽心》。

②　《孟子·离娄》。

③　《孟子·告子》。

④　这种影响是显而易见的，唐代大诗人杜甫诗云："安得广厦千万间，大庇天下寒士俱欢颜。风雨不动安如山。呜呼！何时眼前突兀见此屋？吾庐独破受冻死亦足！"（《茅屋为秋风所破歌》）宋代理学家张载声称："为天地立心，为生民立命，为往圣继绝学，为万世开太平。"（《张子语录》卷中）宋代文学家范仲淹亦云："居庙堂之高则忧其民，处江湖之远则忧其君，是进亦忧，退亦忧……先天下之忧而忧，后天下之乐而乐。"（《岳阳楼记》）明代史学家顾炎武亦说："天下兴亡，匹夫有责。"（《日知录·正始》）……中华民族历代仁人志士这种忧国忧民、承担责任的历史传统的形成，与孟子之忧患意识及"大丈夫"人格显然有某种内在的关联。

忧患意识和理想人格的阐析中得到某种有益的启示，从而思索应对现实问题的对策，引导人类走向崭新的未来。

固然，今天的时代有别于孟子生活的时代，历史已经大大地向前发展了。但是，谁能否认，今天我们所面临的困境甚至远远大于孟子当时所面临的困境！且看：自然矿产资源的掠夺性开发所带来的能源危机，人类自身生产的恶性发展所产生的空间危机，工业污染和毁林开荒等不明智之举所造成的生态的严重失调，核武器的发明和制造于人类的生存所赋予的潜在威胁……凡此都是现实世界向人类提出的严峻挑战。在严峻的挑战面前，我们尤其需要有孟子那样深沉的忧患意识和"大丈夫"那样的无畏精神，去扛起时代的重任，去消除民族的和人类的危机。这才是问题的关键和意义所在。

# 四、养心与养气

## （一）"尚志"与"知言"

以忧患意识为契机，以德化天下，道济万民为己任的"大丈夫"实是一种自由自觉的理想人格。怎样培养和实现这样一种自由自觉的伟大人格？孟子认为，首先要立志，并力戒自暴自弃。

《孟子》载：

> 王子垫问曰："士何事？"孟子曰："尚志。"曰："何谓尚志？"曰："仁义而已矣。……居恶在？仁是也；路恶在？义

是也。居仁由义，大人之事备矣。"①

孟子曰："自暴者，不可与有言也；自弃者，不可与有为也。言非礼义，谓之自暴也；吾身不能居仁由义，谓之自弃也。"②

这就是说，一个人要想成为"大人"，就必须立志居仁由义，用仁义礼智自觉地规范约束自己，将其视为自己的内在要求，与自己内在的情感意志统一起来，从而自主地选择自己的人生道路，自主地决定自己的所行所事。否则，没有志向，怀疑并否定自己的选择和自主能力，便是自暴自弃。具体一点说，所谓自暴就是说话不合礼义；所谓自弃就是行事不合礼义。一个人如若自暴自弃，是不可能有所作为，更不能成就其顶天立地的"大丈夫"人格的。在今天看来，孟子所说的"志问"的实际内涵固然有其明显的阶级局限和历史局限，但从一般的意义上说，强调立志作为人格成长和发展的始步，既是合乎情理的，也是极为必要的。

孟子认为，一个人要成就其自由自觉的理想人格，还当在立志的基础上做到"知言"。孟子说他在人格修养上有两个优于别人的地方："我知言，我善养吾浩然之气。"③关于养浩然之气，下面要详细说解，这里先论孟子的"知言"主张。何谓"知言"？孟子说："诐辞知其所蔽，淫辞知其所陷，邪辞知其所离，遁辞知其所穷。生于其心，害于其政；发于其政，害于其事。"④朱熹注云："诐（同陂），偏陂也；淫，放荡也；邪，邪僻也；遁，逃遁也。四者相因，言之病也。蔽，遮隔也；陷，沉溺也；离，叛去也；穷，困屈也。四者亦相因，则心之失也。"⑤诐辞、淫辞、邪辞、遁辞，统称之为邪说偏见。邪说偏见盛行，必害于其政，害于

① 《孟子·尽心》。
② 《孟子·离娄》。
③ 《孟子·公孙丑》。
④ 《孟子·公孙丑》。
⑤ 朱熹《四书章句集注》。

其事，也影响和阻碍自由人格的成长和发展。"知言"就是知此言之是与非，指出诐辞、淫辞、邪辞、遁辞之所蔽、所陷、所离、所穷的根由，从而破除各种邪说偏见。

怎样才能做到"知言"？孟子曾提出两条认识原则，即"以意逆志"和"知人论世"。孟子说："说《诗》者，不以文害辞，不以辞害志。以意逆志，是为得之。"①孟子又说："颂其《诗》，读其《书》，不知其人可乎？是以论其世也，是尚友也。"②这就是说，不能仅从字面上去读诗解诗，而应立足于对诗的主观感受去理解诗的内在意蕴，推断作者的情感志趣，这叫"以意逆志"。同时，诵读诗书，还必须具有与古人交朋友的精神，了解熟悉诗书之作者的生平思想及其所处的时代条件。这叫"知人论世"③。"以意逆志"和"知人论世"说的虽是读诗解诗的方法问题，然实际上却有着普遍的认识论意义。况且孟子并非为学问而学问，他谈的读诗解诗，他讨论和强调"知言"，实际上也是作为人格修养的一个环节来对待的。

## （二）"养吾浩然之气"

"立志"和"知言"，对于造就自由自觉的理想人格无疑是必须的，但却不是最为重要的。至为关键的在"养气"和"养心"的功夫，唯有通过"养气"和"养心"，自由自觉的"大丈夫"人格方能真正得以铸就和完成。

"养气"之说乃孟子首创，这一点前人已经看得很清楚。宋代理学家程子云："仲尼只说一个'志'字，孟子便说许多养气出来，只此二字，

---

① 《孟子·万章》。

② 《孟子·万章》。

③ 关于"以意逆志"和"知人论世"，见冯契著《中国古代哲学的逻辑发展》（上册）第182—183页，李泽厚、刘纲纪主编《中国美学史》（第1卷）第192—196页均有论评。

其功甚多。""孟子性善养气之论，皆前圣所未发。"①清代朴学大师愈樾亦云："呜呼！养气之说孟子始言之，孟子以前未之有也，程子谓前圣所未发，信矣。"②可见，历代学人对孟子"养气"说评价极高。应该指出，孟子在创立"养气"说的过程中，客观上间接地吸取了道家老庄"气论"中的一些思想。不过，"气"在孟子这里和在老庄那里其地位是不同的，老庄讨论气，偏重于从客体方面去把握，将其视为万物的基质及其宇宙生成变化过程的一个环节和阶段，孟子讨论气，偏重于从主体方面去认识，将其视为人的一个不可或缺的因素，赋予气以道德性、社会性；在老庄那里，气隶属于道，为道所统辖，故在人学上不曾逻辑地引出"养气"的命题，在孟子这里，气"配义与道"，气道一体，故在人学上能够自然地推出"养气"的主张。

　　孟子所以强调"养气"，在于他意识到气有正邪之分，故须养，这与言有是非之别故须知是一样的道理。然养气也者，养何之气？孟子谓养其"浩然之气"。什么是"浩然之气"？孟子曰："其为气也，至大至刚，以直养而无害，则塞于天地之间。其为气也，配义与道；无是，馁也。是集义所生者，非义袭而取之也。行有不慊于心，则馁也。"③意思是说，这一种"气""至大"，故不可限量；"至刚"，故不可屈挠；"至大至刚"，则充塞于天地之间。何以能"至大至刚"？根据在其"配义与道"。义者，人事之当然法则，道者，自然之客观规律。"配义与道"，则理直而气壮，即便灾祸突至，亦不至茫然失措，胆怯畏惧；反之，"无道义，即不能有浩然之正气；无浩然之气，则馁矣"④。在孟子看来，此浩然之气乃"集义"所生，"直养"所成。集，或曰合，或曰积，均可通；而直，亦义也。故"集义"和"直养"不过

---

①　《二程遗书》，见《古今图书集成》第2782页。

②　俞樾著《春在堂全书》第1855页。

③　《孟子·公孙丑》。

④　蒋伯潜著《四书读本》下册第57页，浙江人民出版社1986年版。

一件事体的两种不同表达，并无本质的差别。"集义"着眼于通过理性认识去把握道义，以与道义合一，"直养"着眼于精神的专一和意志的锻炼。怎样"直养"？孟子解释说："必有事焉而勿正，心勿忘，勿助长也。无若宋人然：宋人有闵其苗之不长而揠之者，芒芒然归，谓其人曰：'今日病矣！予助苗长矣。'其子趋而往视之，苗则槁矣。天下之不助苗长者寡矣。以为无益而舍之者，不耘苗者也；助之长者，揠苗者也。非徒无益，而又害之。"①焦循《孟子正义》训"正"为"止"，"而勿正"即"而勿止"。今从之。孟子的意思是说，要持久不懈地以直道来培养正气，时刻不忘养气这件事，同时又不可人为地"助长之。"孟子以苗为喻，指出耘苗即是养，不耘苗即是忘，揠苗助长即是害。故孟子强调耘苗而勿助长，"直养而无害"。"耘苗"、"直养"的观念反映了孟子对孔子锐意进取的有为精神的继承，"勿助长"、"勿害之"的观念反映了孟子对老庄顺其自然的无为精神的吸收。可见，中国文化在孟子阶段即已透露出"儒道互补"的迹象，开始了"儒道互补"的漫长的心路历程。

　　"集义"和"直养"是孟子所论养气的总的原则、总的方法。孟子还提出了"夜气"（平旦之气）的概念，讨论了养气的时间性问题。孟子说："其日夜之所息，平旦之气，其好恶与人相近也者几希，则其旦昼之所为，有梏亡之矣。梏之反覆，则其夜气不足以存。夜气不足以存，则其违禽兽不远矣。"②照孟子的意思，养气最好选择夜半至天明这段时间进行，因为在这段时间，有一种气叫"夜气"或"平旦之气"纯真而清明，并处于上升阶段，正如陶弘景在其《养性延命录》中所说："从夜半至日中为生气，从日中后至夜半为死气。"炼养和保有这种"夜气"或"生气"则可使身心健康，延年益寿，如若扩而充之，则为浩然之正气矣。而一到白天，如不谨慎小心，个己私欲的迸发和外界事

---

① 《孟子·公孙丑》。
② 《孟子·告子》。

物的嘈杂将影响、干扰"夜气"的保存，"夜气"一旦丧失，则人与禽兽就相差无几了。故孟子又说："苟得其养，无物不长；苟失其养，无物不消。"又引孔子的话佐证说："操则存；舍则亡；出入无时，莫知其乡。"①"操"即"得其养"，"舍"即"失其养"。"操则存"即"求则得之"，"舍则亡"即"舍则失之"。孟子在这里一方面强调了将养、保存"夜气"的重要性和必要性，另方面明确了将养"夜气"主要依靠主体自身的努力和能动性、主动性的发挥。

## （三）志气关系

关于"志"和"气"的关系问题，孟子也有十分精彩而具体的论述。他说："夫志，气之帅也；气，体之充也。夫志至焉，气次焉；故曰：'持其志，无暴其气。'""志一则动气，气一则动志也。"②意志、意念是气的统帅，意志、意念的运行决定着气的运行，所谓"志至焉，气次焉"。这也就是说，气的运行并非无所依循，漫无规律，而是要听凭志的调遣，随志而动。后来《胎息经》云："神行则气行，神往则气往。"《易筋经》云："人身之中，精神血气不能自主，悉听于意，意行则行，意止则止。"说的正是"夫志，气之帅也"的道理。但是，气也不是完全消极被动的，气的流转运行一方面使人的身体得到充实，另一方面也反过来影响意志、意念，影响人的精神活动和精神状态。因此，孟子强调"持其志，无暴其气"。强调"志壹则动气，气壹则动志"。有的论者说："壹通噎，意即闭塞不通畅。志不畅则会触动气，气不畅则会触动志。"③照我的理解，壹即专一，这句话的意思是说，意志专一，则使气按规定的方向运动，气按规定的方向运动，反过来又会影响和强化意志。

① 《孟子·告子》。

② 《孟子·公孙丑》。

③ 张荣明著《中国古代气功与先秦哲学》第227页。

　　总之，"志"和"气"相辅相成，不可偏废。这种"志"、"气"相动的思想与古代气功原理是相通的，但还不完全是一回事。今人张荣明君在《中国古代气功与先秦哲学》一书中指出："孟子对于古代气功是有一定的研究的。"作者从气功的具体方法、养气的时间性、气功的功效等几个方面阐发孟子的气功思想①，虽未避免牵强比附的毛病，但无疑开辟了孟子思想乃至整个中国文化研究的一个新的领域和新的方向。这方面的探讨有待高明的气功师与有较深传统文化素养的思想史研究学者的联营协作，切磋交流，方有望促其深入。

## （四）"不动心"

　　在人格修养上，孟子又提出"养心"的主张，以与"养气"之功相互发用。所谓"养心"，也就是孟子所说的"不动心。"孔子曾说他"四十而不惑"，孟子则自谓"四十不动心"。说的都是不为世俗的功名利禄所动摇所迷惑的意思。孟子认为，"不动心"是有章可循，有法可依的，"不动心有道"②。这章法，一是"不失其赤子之心"③。此"赤子之心"略近于老子所说的"婴儿之心，"它绝假纯真，未被任何不善所熏染。恒久保持此"赤子之心"而不失去，则"不动心"何其难哉！二是"收其放心。""赤子之心"、"仁爱之心"乃人所固有，一旦因为外界的习染而不慎丧失，则当主动求其回来，"学问之道无他，求其放心而已矣"④。倘若放其心而不知求，则可谓朽木不可雕矣。

　　养心是主体自身自我修养、反省内求的过程，不是向外追求，也不必向外追求。因为"每一个人的自身，即是一个宇宙，即是一个普遍，即是一个永恒。可以透过一个人的性、一个人的心，以看出人类的命

---

① 　张荣明著《中国古代气功与先秦哲学》第十二章《孟子思想与古代气功》。

② 　《孟子·公孙丑》。

③ 　《孟子·离娄》。

④ 　《孟子·告子》。

运，掌握人类的运命，解决人类的运命"①。因为"万物皆备于我。反身而诚，乐莫大焉"②。"万物皆备于我"，不是说万物皆为我所派生，也不是说万物皆存在于我的心中，孟子并不关心宇宙的生成问题，并不追究物质和意识何者在先的问题。孟子关注的乃是人类在茫茫宇宙中怎样立身处地，谋求发展的问题，他之所以提出"万物皆备于我"的命题，实是要为这一宏伟的目标寻找一坚实的根基。这一命题的内在意蕴，照我的理解，实是说明，天地是一大宇宙，人体是一小宇宙，天地作为大宇宙是无限的，人体虽为小宇宙，但人之心也是无限的，天人相通，天心即人心，天之道即人之道。每一个人只要秉其天性，内求本心，即可把握天心天道，从而达到"上下与天地同流"③的天人合一的境界。而达此境界，则"居之安"，"资之深"，"取之左右逢其原"④。正是在这样的意义上，孟子反复强调"道惟在自得"⑤，强调"反身而诚"，强调自反自修的内省功夫。

孟子说："尽其心者，知其性也；知其性，则知天矣。存其心，养其性，所以事天也。妖寿不贰，修身以俟之，所以立命也。"⑥"尽心"、"存心"与"养心"在孟子人学中，应是同一层次的概念。孟子在这里以极其凝练的文笔概括地指出了"养心"的真正目的及其实现此真实目的所必需的环节和程序步骤。这目的即是"修身以立命"，这过程的步骤即是尽心存心、知性养性、知天事天。尽心、知性、知天偏重于"知"，在孟子看来，发挥心的思维功能，尽其心智，自能知人性本善，知仁义礼智四端本人所固有，所以说："尽其心则知性也；"而人之性乃沟通天人的

---

① 徐复观著《中国人性论史·先秦篇》第182页，台湾商务印书馆1977年版。

② 《孟子·尽心》。

③ 《孟子·尽心》。

④ 《孟子·离娄》。

⑤ 孟子曰："君子深造之以道，欲其自得也。"（《孟子·离娄》）

⑥ 《孟子·尽心》。

媒介和桥梁，既知其性，自能进一步知天心与人心、天道与人道本相契合，理无二致，所以说："知其性则知天矣。"存心、养性、事天偏重于"行"，所谓"存心"也就是前面所说的"不失其赤子之心"。孟子说："君子所以异于人者，以其存心也。君子以仁存心，以礼存心。仁者爱人，有礼者敬人。爱人者，人恒爱之；敬人者，人恒敬之。"①孟子在这里不仅指出了君子和俗人的差别在君子能保持其"赤子之心"而不失去，也指出了"存心"即是从仁礼出发去爱人敬人，并推而广之，"亲亲而仁民，仁民而爱物"②。可知"存心"是一种道德实践活动，属于"行"的范畴。所谓"养性"，用孟子自己的说法即是"扩充善端"："凡有四端于我者，知皆扩而充之矣，若火之始然，泉之始达。苟能充之，足以保四海；苟不充之，不足以事父母。"③可知"养性"也是一种道德实践活动，属于"行"的范畴。心也好，性也好，均天所赋予人者，故"存"、"养性"即所以"事天"。

须要注意的是，孟子从"尽心"出发，以"知天"为直接目的"知"的过程和从"存心"出发，以"事天"为直接目的的"行"的过程，不是各自孤立、各不相干的两个过程，而是为"养心"所统摄的一个过程的两个方面。质言之，尽知即是存养，存养即是尽知；知天即是知仁，事天即是行仁；存养尽知，知仁行仁，即行即知，方以得"修身立命"之所。孟子"养心"学说中知行相即相入的观念实已开明儒王守仁"知行合一"说的先河。

## （五）"养心莫善于寡欲"

在孟子的"养心"学说中，有一句话我们不可轻易漏过，这就是"养心莫善于寡欲"："养心莫善于寡欲。其为人也寡欲，虽有不存焉者，寡

---

① 《孟子·离娄》。

② 《孟子·尽心》。

③ 《孟子·公孙丑》。

矣；其为人也多欲，虽有存焉者，寡矣。"①孟子认为，养心的最好办法即是寡欲，一个人或寡欲或多欲，直接关系着他之善心之保存的多少。对于孟子"寡欲"的主张，今人大多持根本的否定批判态度。其实，寡欲并不等于禁欲或绝欲，孟子强调寡欲，意在要求人们减少和克除不正当的外欲，以保证身心的健康发展；对于正当的合理的物欲，孟子从来都是给予肯定的，请看孟子说："民事不可缓也。……民之为道也，有恒产者有恒心，无恒产者无恒心。苟无恒心，放辟邪侈，无不为己。……是故贤君必……取于民有制。"②后来宋儒程朱将孟子的"寡欲"观念向右的方向发展，提出"存天理，灭人欲"的命题，要求人们过一种僧侣式的禁欲生活，其罪咎似乎当由程朱自己承其责。

总而言之，孟子一方面认定人心本具善端，人性本善，知性即知天，另一方面指出人之心性易为外物所蒙蔽，故又强调存养，强调养气和养心。如果我们从气功学的观点来审视此存养的过程的话，似可得出这样的认识：养气与外功相关联，它造就"大丈夫"之外王品格；养心与内功相关联，它造就"大丈夫"之内圣品格；养心养气（内功外功）并行不悖，方以成"大丈夫"内圣外王（刚柔兼备）之完美人格。

---

① 《孟子·尽心》。

② 《孟子·滕文公》。

# 五、乐道精神

## （一）"乐道"概念的提出

乐道精神是儒家人学尤其是孟子人学的一个重要特色。在孟子之前，孔子虽未明确提出"乐道"的概念，但在他的思想中已经有了"乐道"的意识和因素，却是不言而喻的事实。孔子自述其为人说："发愤忘食，乐以忘忧，不知老之将至云尔。"①又赞美颜回之贤说："一箪食，一瓢饮，在陋巷，人不堪其忧，回也不改其乐"②。孔子乐以忘忧，颜回不改其乐，何以至此？原因在于他们心中有一种乐道意识。孔子又说："不仁者不可以久处约，不可以长处乐。"③换句话说，仁者则可以久处约、长处乐。而仁者义者即是有道者，不仁者不义者即是无道者，乐与仁义相关便是与道相关。孔子还把乐分为两类六种，他说："益者三乐，损者三乐。乐节礼乐，乐道人之善，乐多贤友，益矣。乐骄乐，乐佚游，乐宴乐，损矣。"④意思很清晰，由调节礼乐、道人之善、多贤友而来的快乐对人有益，是真乐；由骄乐、宴游而致的快乐对人有害，非为真乐。可见，"孔子所乐的是内在的仁义涵养；外在的礼乐节文。孔子发愤忘食、不知老之将至的，不离于这些"⑤。而这也正是为道所涵摄的具体内容。

孔子思想中已经出现乐道意识的萌芽，但这种乐道意识对于孔子来说，还是模糊的不自觉的，孔子未曾有意识地从人性的高度给以逻辑的论证，未曾有意识地从人的精神需要的满足、精神愉悦的感受的角度给以足够的说明。孟子则不仅首次明确提出"乐道"的概念，甚且将其与人性、

① 《论语·述而》。

② 《论语·雍也》。

③ 《论语·里仁》。

④ 《论语·季氏》。

⑤ 高明等著《忧患意识的体认》第103页。台湾文津出版社1987年版。

与人的精神需要和精神愉快有机联系起来，作出应有的论证和说明。因此，说"乐道"精神是孟子的独特看法并不确切，说孟子使乐道精神得以定型倒是较为符合实际。

"乐道"概念在《孟子》一书中只两见，一处见于《公孙丑》篇："故将大有为之君，必有所不召之臣，欲有谋焉则就之，其尊德乐道，不如是，则不足与有为也。"这是说，大有为之君应该"尊德乐道"。一处见于《万章》篇："伊尹耕于有莘之野，而乐尧舜之道焉。非其义也，非其道也，禄之以天下，弗顾也。系马千驷，弗视也。非其义也，非其道也，一介不以与人，一介不以取诸人。"这是赞美伊尹"乐尧舜之道"，非道弗为。虽然如此，"乐道"精神却是贯穿、渗透于孟子的整个思想之中。

### （二）"理义之悦我心，犹刍豢之悦我口"

应当看到，对人们的物质需要的满足、感官愉悦的享受，孟子已给予一定的肯定，他说："口之于味也，有同耆焉；耳之于声也，有同听焉；目之于色也，有同美焉。"[1]这表明孟子对人的感官欲望和自然生理本能采取肯定的立场。何以至此，除了人的感官欲望的合理满足是人类生存生活的物质前提和保障外，重要的还在于，孟子看到了满足自然欲望的活动、过程能使人产生某种快乐感，而人生的一个重要目的，即是趋乐避苦。

但是，孟子苦乐观的高明、深刻之处，不在他对人的感官愉快的肯定，因为声、色、味等可以引起人的感官愉快的观念并非孟子的创见、发明，正如李泽厚先生指出："说声、色可以给人的耳、目以审美的愉快，再加上味，最初也同声、色并列，认为可以引起审美的愉快，这是早就有了的。"[2]例如《国语·周语下》云："口内味而耳内声，声味生气。"

---

[1] 《孟子·告子》。

[2] 李泽厚、刘纲纪主编《中国美学史》第一卷，第175页。

《列子·杨朱》篇云："则人之生也，奚为哉？奚乐哉？为美厚尔，为声色尔，""夫耳之所欲为者音声，……目之所欲见者美色，……鼻之所欲向者椒兰，……体之所欲安者美厚。"总之，孟子之前人们已经认识到，味、嗅、视、听、触五觉都能使人得到官能性的美的感受、乐的感受。关此，日本学者笠原仲二有详细的阐述①，这里不赘。

孟子苦乐观的高明、深刻之处，在他对人的精神愉悦、道德愉悦、审美愉悦的肯定、高扬，这种肯定和高杨即是他的所谓"乐道"精神。孟子说："心之所同然者何也？谓理也、义也。圣人先得我心之所同然耳！故理义之悦我心，犹刍豢之悦我口。"②李泽厚先生解释道："说'理义'可以像声、色、味一样地引起愉快，这却是孟子的独特看法。"③照前面对孔子的乐道意识的分析看，李先生的见解显然有些偏颇，但他无疑是抓住了孟子重视人的道德美感和道德愉悦这一环节。由于孟子把人的自然属性排除在人性、人的本质之外，认人性只是一个社会性、道德性，故他强调、突出的不是"刍豢之悦我口"的感官愉快，而是"理义之悦我心"的精神愉快、道德愉快。虽然孟子将"理义之悦我心"与"刍豢之悦我口"相提并论，实质上，在孟子心目中，二者是有轻重之别的，从他的人性论出发，他所推举的只能是前者而非后者。

在《离娄》篇我们看到，孟子对人的精神愉快、道德愉快也即所谓乐道精神有具体的描述。他说："仁之实，事亲是也；义之实，从兄是也；智之实，知斯二者弗去是也；礼之实节文斯二者是也；乐之实，乐斯二者，乐则生矣；生则恶可已也，恶可已，则不知足之蹈之手之舞之。"孟子认为，自觉自愿地遵循和践履仁义礼智，不仅能产生乐，而且能使人手舞足蹈、不能自已。真正的乐是乐仁义（事亲从兄），而这也就是前面提

---

① 请参考笠原仲二著：《古代中国人的美意识》，魏常海译，北京大学出版社1987年版。

② 《孟子·告子》。

③ 李泽厚、刘纲纪主编《中国美学史》第一卷，第175页。

到的"理义之悦我心"。

孟子指出君子有三种乐趣："君子有三乐，而王天下不与存焉。父母俱存，兄弟无故，一乐也；仰不愧于天，俯不怍于人，二乐也；得天下英才而教育之，三乐也。君子有三乐，而王天下不与存焉。"①这三乐均是乐理义的扩充或具体表现，均与儒家的伦理道德紧密相关。尤其是第一乐"父母俱存，兄弟无故"，其背后的意蕴和要求直接就是"事亲从兄"。而第二乐"仰不愧于天，俯不怍于人"，说的也就是道德的修养、人格的完善，包括事亲从兄在内的一切伦理行为内省而无咎，而油然生起的一种精神愉悦。至于第三乐"得天下英才而教育之"，其所教的内容不外仁义礼智乐五者，因此，究极言之，其所以可乐，也无非是因为此种道德教化的事体和过程而引起的一种道德愉快。孟子指出君子有三乐，而"王天下"却不在其内，为什么？孟子接着说："中天下而立，定四海之民。君子乐之，所性不存焉。……君子所性，仁义礼智根于心。"②所谓"中天下而立，定四海之民"也就是"王天下"。退一步说，"王天下"固亦可谓为可乐，但此种乐既非人人所可得，亦非人之性分所固有，它之是否可得取决于外在的异己力量——天命。而"仁义礼智根于心"，为人人先天所固有，求则得之，不求则不得。故而乐仁义才是最大的快乐、真正的快乐。孟子乐道精神的人性论依据正在于此。

乐道观念的提出及其乐道精神的弘扬，在思想史上的意义几乎是划时代的。它表明，古代中国人的乐的意识已经发生质的变化，即开始摆脱纯粹的生理官能享受，开始追求高雅的精神愉悦、道德愉悦，乐的承受者已经不再只是物质性的感官五觉，同时也是精神性的"心觉"。这样，乐的意识就从物质的领域、感性的领域、生理的领域扩展、推移到精神的领域、理性的领域、心理的领域乃至意志和审美的领域。乐感范围的扩大，显然绝非仅是外在感受方式的简单递增，更主要的则是实质内容或

① 《孟子·尽心》。

② 《孟子·尽心》。

乐感质量上的深化。这也就是说，它标志、意味着华夏族子民由自然人向文化人或文明人过渡、由仅以追求自然生理本能的满足为乐向以自觉自愿地节制自然生理欲求、谋求社会的和谐和人格的完善为乐过渡。这种过渡也即是自在的人向自为的人的进化。这样一来，对乐的意识就不能仅从人的物质需要或生理官能方面去理解，还应从人的精神需要或心理因素角度去理解，尤其是要上升到伦理道德的高度去认识和评价。虽然自然人向文明人、自在的人向自为的人的过渡、进化的历史行程并非始于孟子，实际上，伴随文明社会的出现，甚至可以说从人类社会一诞生即已开始——如果从绝对的意义上追溯其渊源的话。但是，依我看，如若就其理论形态而言，它的真正完成则不能不归功于孟子，不能不归功于他的乐道精神。因为正是这种乐道精神的推崇和强调才使这种过渡和进化的历史行程跃升到一个新的阶段和新的高度。在这里，借用现代的一个哲学术语"飞跃"来指谓这种突破性的变化，无疑是合适的。

### （三）"与民偕乐"

人们都很熟悉，在孟子的政治哲学中有一个十分著名的进步的命题，叫"民贵君轻"；"民贵君轻"体现了孟子的重民意识和民主思想。在孟子的人生哲学中，也有一个十分著名的进步的命题，叫"与民偕乐"，"与民偕乐"同样鲜明地体现了孟子的重民意识和民主思想。

"与民偕乐"的观念集中反映在《孟子·梁惠王》篇：

> 孟子见梁惠王。王立于沼上，顾鸿雁麋鹿，曰："贤者亦乐此乎？"孟子对曰："贤者而后乐此，不贤者虽有此，不乐也。……文王以民力为台为沼，而民欢乐之，谓其台曰'灵台'，谓其沼曰'灵沼'，乐其有麋鹿鱼鳖。古之人与民偕乐，故能乐也。《汤誓》曰：'时日曷丧，予及汝偕亡。'民欲与之偕亡，虽有台池鸟兽，岂能独乐哉？"

　　曰（齐宣王）："独乐乐，与人乐乐，孰乐？"曰（孟
子）："不若与人。"曰："与少乐乐，与众乐乐，孰乐？"
曰："不若与众。"

　　乐民之乐者，民亦乐其乐；忧民之忧者，民亦忧其忧。

　　乐以天下，忧以天下，然而不王者，未之有也。

　　与百姓同乐，则王矣。

在上述引文中，孟子清晰明确地表述了这样三层含义：一是反对"独乐
乐"，主张"与人乐乐"，反对"与少乐乐"，主张"与众乐乐"；二是
强调"贤而后乐"，不贤者虽有灵台灵沼、鸿雁麋鹿，虽闻钟鼓之声、管
签之音，不乐也；三是指出与民同乐则王，不与民同乐则亡。"孟子在古
代氏族社会早已崩溃的战国时代来宣传'与民同乐'，已经是一种空想，
但并不妨碍这一思想闪烁出古代民主精神的光华"[1]。确实应作如是观。
而且在我看来，"与民偕乐"的观念恰恰说明孟子的乐道意识具有广泛的
社会性、人民性，说明孟子已经意识到，足以引起人们快乐的对象或事物
不应为统治者所独占，而应与众民共享；百姓不只是"劳力者"，同时也
是乐的活动的现实主体。虽然孟子不可能把百姓的地位上升到社会的主
人、历史的主人的高度来认识，但他视百姓之乐乃统治者所以能乐的前提
条件的观念，不能不是一种有着积极意义的进步观念。

## （四）"乐道"与"非乐"的对立

　　如果我们将孟子的乐道精神与墨子的"非乐"主张作一简单的比较，
则将更凸露出孟子的为乐观念的历史合理性和进步性。

　　墨子所谓"非乐"，就是取消人们的一切为乐的活动。墨子从"赖
其力者生，不赖其力者不生"、"利人乎，即为；不利人乎，即止"[2]的

---

[1] 李泽厚、刘钢纪主编《中国美学史》第一卷第190页。

[2] 《墨子·非乐》。

功利主义立场出发提出他的非乐主张，他说："姑尝厚措敛乎万民，以为大钟、鸣鼓、琴瑟、竽笙之声，以求兴天下之利，除天下之害而无补也。""且夫仁者之为天下度也，非为其目之所美，耳之所乐，口之所甘，身体之所安，以此亏夺民衣食之财，仁者弗为也。""将欲求兴天下之利，除天下之害，当在乐之为物，将不可不禁而止也。"[①]墨子认为，为乐的活动不仅解决不了"饥者不得食，寒者不得衣，劳者不得息"的生存生活问题，且劳民伤财，给人民增加实际的负担和痛苦，无补于兴利除害。

固然墨子亦非简单地否定乐之为乐，请看《非乐》篇又载：

> 是故子墨子之所以非乐者，非以大钟、鸣鼓、琴瑟、竽笙之声以为不乐也，非以刻镂华文章之色以为不美也，非为刍豢煎炙之味以为不甘也，非以高台厚榭邃野之居以为不安也。虽身知其安也，口知其甘也，目知其美也，耳知其乐也，然上考之不中圣王之事，下度之不中万民之利，是故子墨子曰："为乐非也。"

可知墨子并未否认美和乐的客观存在，他之非乐是认为为乐的活动上不中圣王之事，下不中万民之利。墨家的非乐主张与倡导礼乐、肯定礼乐的价值的孔孟形成两极对立。从揭露、批判统治者的为乐活动"亏夺民衣食之财"的角度看，墨子的非乐主张有一定的合理性。但墨子因此而把为乐活动看成天下之大害，强调加以禁止，却是十分错误的反历史的结论。

相比之下，儒家对礼乐文化的肯定、认同，对精神愉悦、道德愉悦的追索、觅求，显然更符合历史发展的客观趋势和人类内在的理性要求。照墨子的理想，人们只需追求维持生存生活的起码而必需的东西，过一种粗陋的苦行式的生活，好像人的生命存在的意义和职分仅是为了活着而行事。这无疑是把人降低为一般动物。照儒家孔孟的理想，人所以高于动

---

① 《墨子·非乐》。

物，在于人不只是一种物质性的存在，同时还是一种精神性的存在，不仅有其物质生活，有其自然生理欲望需要满足，还有其精神生活，有其心理精神欲望需要满足。孟子的乐道精神正是在肯定人的物质生活和感官愉悦的基础上，对人的精神生活和精神愉悦的高度推崇。人类的文化从来都是在追求其物质生活和精神生活的满足的创造过程中发展起来的，尤其是人类的精神文化的创造必然要伴随一部分社会成员为之作出这样或那样的牺牲，付出沉重的代价，这在生产力尚不发达的文明社会的早期就更是如此。墨子限于小生产者的狭隘眼光不可能认识到这一点，孟子对此虽也不一定有明确而自觉的意识，但其乐道精神所体现的认同现实的态度和理想，却与此文化和社会发展的规律暗相契合。

### （五）“乐道”与“忧道”的统一

在本章第三节，我们着重考察了孟子的忧患意识。孟子所忧患的主要是道之不行和道之不传，因此，忧患意识换个说法也即是忧道意识。在这一节，我们又着重阐析了他的乐道精神。他一方面忧道，一方面又乐道，对此当作如何解释？依我看，忧道意识与乐道精神集于孟子一身并不矛盾，作为以“如欲平治天下，舍我其谁”的大丈夫自居的孟子，面对那样道德衰败、生民涂炭、社会混乱的现实困境，他岂能不起忧患之心，况且他视恻隐、同情之心乃人性所固有，这忧道意识不过此种恻隐、同情之心之自然扩张而已。另一方面，他奉行“得志与民由之，不得志独行其道”的人生信条，居仁由义，尽心知性知天，修身立命，顺受其正，“仰不愧于天，俯不怍于人”，故而能于忧患之中而无忧，而无需怨天尤人。既如此，又岂悲从何来？这种忧道意识与乐道精神的统一，可以说是孟子人生修养的最高境界。于此细加玩味、体会，或将于吾侪之设身处地大有裨益。

在先秦诸子中，有两个奇人怪人，一个是庄子，一个是孟子。他们二位都是兼思想家与文学家于一身的人学大师，他们的个性极为鲜明而特别，他们的人学思想极为丰富而深刻，他们的地位和影响实不在老子和孔子之下。因此，我们在花大精力研究孔子和老子的同时，还应加强庄子和孟子思想的研究，尤其是加强其人生哲学思想的研究，从中挖掘出有价值的真理颗粒，这对于新文化的建设和新理论的创造，对于人的个性的自由发展和人格的培养完善，都有好处。

# 第六章 儒家：荀子化性起伪的人生哲学

　　春秋战国之际是中国文化的黄金时代。在此时代所造就的一大批有才识的思想家、哲学家之中，要数孔子、庄子和荀子最为博学的了。由于荀子生活在战国末年，有条件对先前的思想和文化作出全面的总结和发挥，因而，他的地位就显得尤其特殊和重要。郭沫若先生在其著名的《十批判书》中曾对荀子的这种特殊地位给予高度的评价，他指出："荀子是先秦诸子中最后一位大师，他不仅集了儒家的大成，而且可以说是集了百家的大成。……他是把百家的学说差不多都融会贯通了。先秦诸子几乎没有一家没有经过他的批判。……这些固然表示他对于百家都采取了超越的态度，而在他的学说思想里面，我们很明显地可以看得出百家的影响。或者是正面的接受与发展，或者是反面的攻击与对立，或者是综合的统一与衍变。"①

　　荀子名况，字卿，又称孙卿。赵国人。生卒年约为公元前316年—公元前238年。他年轻时即到齐国稷下学宫讲学，很快升为学宫之长（祭酒），成为稷下先生之一，声望很高。他也曾游历过赵、魏、秦、楚、燕等国，并在楚国受到春申君的礼遇，当了兰陵令。晚年失官，退而著书。现存《荀子》32篇，大多出自荀子自己的手笔，也有几篇是荀子学生记录荀子生平事迹的言行录。荀文的特点是浑厚质朴、杂而不乱。统观《荀

---

① 《郭沫若全集》历史编（二）第213页，人民出版社1982年版。

子》全书，可以看出他对哲学、人学、经济学、政治学、伦理学、教育学、心理学、逻辑学、历史学、军事学、文艺学、法学乃至自然科学都有较深的造诣，不愧为先秦文化的集大成者和百科全书式的思想大家。

荀子对先前儒、墨、道、法、名等各家的学说都作过认真的研究和批判，并吸取了其中许多有益的成分。但从总体上看，他属于儒家，是儒家学派的中坚人物之一。如果说，孔于和孟子分别代表儒学发展的第一阶段和第二阶段的话，那么，荀子代表着儒学发展的第三阶段。荀子和孟子一样，都十分虔诚和自负，都以儒学的正宗和孔子学说的实际继承者自居。但实际上，荀子和孟子都只是抓住孔子学说的一个方面，而向不同的甚至相反的方向做了新的发挥。荀子和孟子所以构成战国时期儒学内部的两个最显要的派别。原因也就在此。总之，荀学是在摒弃百家之短，吸取百家之长，特别是继承发展孔子思想，批判驳斥孟子主张的过程中建立起来的。

撇开荀孟其他方面的观念不论，仅就其人学思想比较言之，也不难发现二人存在着巨大的分歧和对立冲突的倾向。这种分歧、对立和冲突也不外这样三点：第一，孟子人学思想的理论前提一是天人合一论，所谓"万物皆备于我"，一是性善论，也即"四端皆备于我"；荀子人学思想的逻辑依据则一是天人相分说，所谓"明于天人之分"，一是性恶论，也即"人之性恶明矣"。第二，理论前提或逻辑依据的不同决定着其人学根本观念的差异，孟子反复强调扩充善端，存性知天；荀子再三呼吁制约人性，化性起伪。第三，与上述二差异相联系，孟子重仁义，高扬个体人格的主动性和自律性；荀子重礼法，突出人格发展的受制性和他律性。倘若理想人格的成长须以自觉自愿为原则的话，孟子着重阐述的是其自愿的方面，荀子着重阐述的则是其自觉的方面。而自愿与人的自由有更多的关联，自觉与人的必然有更多的关联。这种分歧、对立的存在是孟子人学之为孟子人学、荀子人学之为荀子人学者。

固然，荀孟人学也存在一定的共同之点或相通之处：第一，他们两人都以继承和发扬孔子人学为己任，从不曾对其祖师有所非议——尽管他们根据各自的理解和各自的时代要求，对孔子的主张都作了一定程度的变异和改造。第二，他们两人的天道观和人性论虽然互不相容，但却都承认在天道和人性面前人人平等，都肯定人人均有完成、实现其理想人格的可能性或能力，孟子谓"人皆可以为尧舜"，荀子谓"涂之人可以为禹"，真可谓殊途而又同归。第三，他们两人都认为，后天的环境条件和个体的主观努力于人的价值的对象化、人格的发展与完善具有直接的现实的决定作用，孟子指出"大丈夫"在尽其存养功夫，肩挑社会的重任勇往直前；荀子指出"圣人也者人之所积也"，要求人们修身践行，积善成德。道理并无二致，都是强调发挥人的主观能动性。于此我们说，荀孟人学的这种共同性或相通性的存在是荀孟所以同归为儒家的缘由所在。

下面，我们就荀子人学的理论基础和具体主张一一加以推阐。

# 一、从"天人之分"到"人为天下贵"

荀子人学的理论基础从天道观方面说，是"天人相分"说；从人道观方面看，是性恶论。正是从"天人相分"说的论述，荀子得出了"人为天下贵"、"人定胜天"的结论；从"性恶论"的推阐，荀子导衍出"隆礼重法"、"注错习俗"、注重后天环境和主观努力的主张。这里，我们先来考察荀子的"天人相分"说和"人为天下贵"的观念及其二者之间的关系。

## （一）独树一帜的天人观

在天人关系问题上，孔孟和老庄均持"天人合一"说，所不同者，老庄着眼于天道人道的内在统一，其落脚点在"天"，孔孟着眼于天道人道的直接统一①，其落脚点在"人"。荀子既反对老庄的"天人合一"说，他的理由是，这种"天人合一"说造成"蔽于天而不知人"，抹杀人的主观能动性，导致宿命论；也不满于孔孟的"天人合一"论，他的理由是，这种"天人合一"论没有铲除天的神秘性，并混淆了天人的差别及其不同职分（主要是批评孟子）。在批评、审查诸子关于天人关系的学说的基础上，荀子另辟蹊径，明确提出了"明于天人之分"的命题。它的意思是说，天和人各有不同的职分，一方面，天不能主宰、干预人事，人不能用自然现象来解释社会现象；另一方面，人不可将自己的主观意志强加于自然，人的活动不可违背天道法则。总之，人的使命、人的职分即是认识自然，并利用规律改造和控制自然，在制天命、裁万物的活动过程中争得人的自由和人的发展。可见，荀子的天人观既不同于老庄，又有别于孔孟，真可谓独树一帜。

## （二）关于"天"的唯物主义解释

《荀子》有专篇《天论》集中讨论天的规定性。在讨论天的规定性的同时，人的规定性也相应得到说明。荀子所理解的天大致有以下几层含义：

其一，天即自然。众所周知，在春秋战国时代，"天帝"意志、天的至高无上性已经动摇，但并未彻底绝迹，即或在孔孟的学说中，也不时地映射出传统天命观的影子。荀子吸取道家天道自然的因素，旗帜鲜明地反对赋予天以神秘的本质，要求驳去天的神秘光圈，恢复天的自然品格，明确指出天并不具精神意志因素，天就是客观存在的物质世界，就是自然。他说："列星随旋，日月递照，四时代御，阴阳大化，风雨博施，万物各得其和以生，各得其养以成，不见其事而见其功，夫是之谓神。皆知其所

---

① 孔子只是一般地提出天人相通的观念，但未深究；孟子则开始触及天道、人道的内在统一性，但其论证方式与老庄不同。参看孔、孟、老、庄章有关部分。

以成，莫知其无形，夫是之谓天。"①群星往复运行，日月交替照耀，四时更迭进展，阴阳造化万物，风雨广泛布施，天就是由此等自然现象综合构成的唯一实在的物质世界，万事万物都是这统一的物质自然世界的不同部分，所谓"万物同宇而异体"②。自然现象背后并没有一个什么东西在主宰着，万物得到相应的条件而发生，得到相应的滋养而成长，这些就是自然的功能与作用。人们看不见自然作用的形迹、行动，却可以看见自然作用的功效、成就。可见，自然的功能与作用又是巨大而神奇的，故荀子谓之"神"。荀子没有把"神"说成是超自然的神秘主宰，而将其视为物质世界的自然功能，表明荀子自然观上的唯物主义立场。荀子指出，人们能够知道自然发生作用、取得成就的道理，却难以知道它发生作用、生成万物的具体过程，这就是天。这所谓天，就是列星、日月、四时、阴阳、风雨等一切自然现象的总体。

其二，天无意志无目的。实际上，荀子关于天即自然的规定性的阐发，已经蕴涵他所理解的天的另一个规定性，即无意志无目的的规定性。天的这种无意识无目的的特征一方面表现为自然界的客观性。在荀子看来，自然界是独立于人的主观意志而客观存在的，"天不为人之恶寒也辍冬，地不为人之恶辽远也辍广"③。任何自然现象的出现都与人的主观意志和思想愿望并无必然的联系，自然界本身无意志无目的，它只是"不为而成，不求而得"④。荀子称之为"天职"。天的无意识无目的特征另一方面表现为自然界的运动变化在于"天地之变，阴阳之化"⑤。荀子在《礼论》篇也指出："天地合而万物生，阴阳接而变化起。"这是把天地视为万物的本原，把阴阳二气的相互作用视为事物运动变化的根据。他没

---

① 《荀子·天论》。

② 《荀子·富国》。

③ 《荀子·天论》。

④ 《荀子·天论》。

⑤ 《荀子·天论》。

有离开客观物质世界去寻找万事万物变化发展的原因，而是把天地万物的产生、发展看成自然界本身的自我造化、自我运动。这种朴素而直观的认识本质上是对"上帝意志"、"主宰之天"的否定和反动。在荀子这里，上帝按照自己的意志和目的创造万物的有神论观念，完全成了乌虚子有的不可信的虚构。荀子关于天无目的意志、不为而成、不求而得的观念很显然与道家老子天道无为而无不为的思想是相通的，这再一次表明儒道互补的文化融合进程并非秦汉以后才得以展开，在先秦战国时代即已悄悄开始。

其三，天有常道。总的来看，儒家对规律、法则的认识和把握比道家要晚，孔孟几乎没有这方面的论述，而且他们所谓"天"的含义也常常含混不清。儒家发展到《易传》和荀子的时代，方始自觉地关注和讨论规律问题。从这一层意义上说，荀子明确提出的"天有常道"的命题，无疑是对儒学内容的丰富发展和高出于孔孟天人观的地方。荀子指出："天行有常，不为尧存，不为桀亡。""天有常道矣，地有常数矣。"①常、常道、常数，都是规律、法则、必然性的意思。自然界的运行有它固有的规律性和必然性，它不因为世间有尧这样的贤君而存在，也不因为有桀这样的暴君而消灭。基于对规律、法则的客观性的认识，荀子深入批判了当时流行的宗教迷信观念，指出："星坠木鸣，国人皆恐。曰：是何也？曰：无何也，是天地之变，阴阳之化，物之罕至者也。怪之，可也，而畏之，非也。"②星坠、木鸣等怪异现象也还是自然规律运动变化的结果，只是不常出现罢了。人们见而怪之则可，见而畏之则大可不必。荀子认为，自然界的怪异现象与社会的治乱、人事的吉凶并无关联："上明而政平，则是虽并世起，无伤也；上暗而政险，则是无一至者，无益也。"③"应之

---

① 《荀子·天论》。

② 《荀子·天论》。

③ 《荀子·天论》。

以治则吉，应之以乱则凶。"①

### （三）"明于天人之分"

天的规定性的确立，为"天人相分"的思想和"制天命而用之"光辉命题的提出奠定了基础。应该说，"天人相分"的观念不是荀子的发明，荀子之前子产所云"天道远，人道迩，非所及也"②，可以说是天人相分观念的最初萌芽。子产的话透露出这样的信息，天道人道不相干涉，人类只需关注人道，以尽人事。然天人相分观念在当时既无市场，也没有得到应有的发展。荀子则在新的历史条件下对它做了系统的论述和发挥，要求人们将天与人、自然与社会的界限严格地区分开来。于是，天人关系问题上开始出现天人合一论与天人相分论的对立和冲突。当然，前者对后人的影响较后者要大得多。

荀子指出："明于天人之分，则可谓至人矣。不为而成，不求而得，夫是之谓天职。如是者，虽深，其人不加虑焉；虽大，不加能焉，虽精，不加察焉。夫是之谓不与天争职。"③"天能生物，不能辨物，地能载人，不能治人。"④"天有其时，地有其财，人有其治。"⑤天的功能即是无意识无目的地产生万物，成就万物，并为人类提供生存和活动空间；人的功能即是有意识有目的地治理自然，治理社会，并利用天时地财以造福于人类。荀子对天人之间的统一性没有给予足够的重视，他只关心天人之间的差异性。在他看来，天有其所能者，亦有其所不能者；人亦有其所能者，有其所不能者；天之所能者正是人之所不能者，反过来，人之所能者正是天之所不能者。这无疑是对人与自然关系的认识的深化，当然，这种

---

① 《荀子·天论》。

② 《左传·昭公十八年》。

③ 《荀子·天论》。

④ 《荀子·礼论》。

⑤ 《荀子·天论》。

深化是以其理论自身的片面性为前提的。

由于天人之间统一性的忽视和差异性的突出，荀子一方面强调天并无赏善罚恶的功能，并不能主宰和决定人事的祸福和社会的治乱。他说："治乱天邪？曰：日月星辰瑞历，是禹桀之所同也；禹以治，桀以乱，治乱非天也。时邪？曰：繁启蕃长于春夏，蓄积收藏于秋冬，是又禹桀之所同也；禹以治，桀以乱，治乱非时也。地邪？曰：得地则生，失地则死，是又禹桀之所同也；禹以治，桀以乱，治乱非地也。"①"受时与治世同，而殃祸与治世异，不可以怨天，其道然也。"②天、时、地等自然条件在禹的时代和在桀的时代是相同的，然政治、人事却有治乱、祸福的区别，这表明决定政治、人事的治乱、祸福的不是天命和天地时等自然条件，而是人类的活动本身，即人类的对象化活动。另一方面，荀子强调"不与天争职。""不与天争职"的消极含义即是"知其所不为"，积极含义即是"知其所为。"前者说的是不能以人职代替天职，借用庄子的话来说，也就是"无以人灭天"；后者说的是人职在于"官人守天而自为守道"，认识、掌握和利用自然规律，从而科学地预测天象的变化，种植好农物，安排好农事，管理好万物，以满足人类自身生存发展的需要。二者合而言之，即是荀子所理解的知天知人。

荀子强调"明于天人之分"，并不意味着他把天与人绝对对立起来，否定二者之间存在某种天然的关联。事实上，荀子已经自觉不自觉也看到了人与自然之间的一定的联系，这首先表现在人同宇宙万物一样，都是自然界的产物，从而构成自然界的一个组成部分，不能违背自然界固有的规律。但荀子的目的显然不是为了说明这些，而旨在揭示人在自然界中的特殊地位，揭示了人的规定性。

---

① 《荀子·天论》。

② 《荀子·天论》。

### （四）人何以"最为天下贵"

荀子认为，人"最为天下贵"有其充分的理由：第一，人是有意识有目的的高级存在，人有精神生活。《天论》云："天职既立，天功既成，形具而神生，好恶喜怒哀乐臧焉。"自然造就了人的形体，伴随形体的出现，人的精神也跟着产生，好恶、喜怒、哀乐等精神、情感内容就藏在人的形体之中。一般的动物只是无意识无目的的低级存在，动物的活动仅出于生命的维持和延续，因而无精神生活可言。人则不同，他的活动有鲜明的指向性目的性，他不仅要求生命的生存和发展，还要求喜怒哀乐诸种情感的抒发，求精神的满足和提升。

第二，人有知有辩有能。他说："凡以知，人之性也；可以知，物之理也。"[①]"所以知之在人者，谓之知；知有所合谓之智。"[②]"以可知人之性，求可以知物之理，而无所疑止之，则没世穷年不能遍也。"[③]这里讨论的虽是认识论的问题，但换个角度看，又使人的规定性得到进一步的阐发。人所以能够进行有目的的指向性活动，根源于人有知，知就是指人的主观认识能力。荀子认为，人的认识既可以感知事物的现象，也可以把握事物的本质和规律（物之理），达到主观与客观的统一（有所合）。他还初步看到了人的认识能力的无限性，并把人的认识活动看成是一个永无止境的过程，这实际上是对作为认识主体的人的推崇。基于"知"或认识，人便获得了"辩"的功能。荀子视"辩"为人之所以为人者和人与动物的区别之一，他说："人之所以为人者，何已也？曰：以其有辩也。……夫禽兽有父子而无父子之亲；有牝牡而无男女之别。故人道莫不有辩。"[④]他认为人之所以为人在于人与动物有所区别，这区别就在于人有

---

① 《荀子·解蔽》。

② 《荀子·正名》。

③ 《荀子·正名》。

④ 《荀子·非相》。

"辨"的功能，动物没有这个功能。动物无"辨"，故虽有父子，却不能建立起父子之情；虽有雌雄，却不能区分男女之别。人有"辨"，故动物无以企及的事体，人皆能之。

荀子又说："所以能之在人者，谓之能；能有所合谓之能。"①如果说，"知"和"辨"指人的认识能力的话，那么，这里所说的"能"即是指人的实践能力。荀子认为不仅认识可以达到主客观的统一（知有所合），而且实践也可达到主客观的统一（能有所合）。人的认识功能和实践功能合而言之，就是人的主观能动性。这种主观能动性突出地表现为"善假于物"，利用规律改造和控制自然："假舆马者，非利足也，而致千里；假舟楫者，非能水也，而绝江河。君子生非异也，善假于物也。"②"君子……之于天地万物也，不务说其所以然，而致善用其材。"③所谓"假舆马"、"假舟楫"，"假于物"、"用其材"，说的都是利用物类帮助自己、成就自己的意思。荀子在《天论》篇还强调指出，要使作为人的形体的精神主宰的"心"保持清明状态（清其天君），充分发挥人的诸种感觉器官及思维器官的自然功能（正其天官），充分利用自然界各种造化物以养人类（备其天养），顺和自然政令（顺其天政），涵养个己情性（养其天情）。这样，才能使人的身心得到全面的满足（全其天功），才能使天地为人所治理（天地官），万物为人所役使（万物役）。人本是自然界的一部分，是万物中之一物，但他却能制驭天地，支配万物，成为天地万物的主人。这是人的伟大、卓越之处。恩格斯曾经指出："动物所能做到的最多不过是搜集，而人则能生产，他制造（最广义的）生活资料，这是自然界离开了人便不能产生出来的。"④"动物仅仅利用外部自然界，单纯地以自己的存在来使自然界改

---

① 《荀子·正名》。

② 《荀子·劝学》。

③ 《荀子·君道》。

④ 《马克思恩格斯选集》第三卷第517页，人民出版社1972年版。

变；而人则通过他所作出的改变来使自然界为自己的目的服务，来支配自然界。这便是人同其他动物的最后的本质的区别。"①荀子以人有知有辨有能的特性来把人与动物区分开来，高度弘扬赞颂了人的主观能动性，从而也就比较好地回答了人在宇宙中的地位问题。这在两千多年前实在要算是难能可贵的深刻见解。

第三，人能群。荀子说："（人）力不若牛，走不若马，而牛马为用，何也？曰：人能群，彼不能群也。人何以能群？曰：分。分何以能行？曰：义。故义以分，则和，和则一，一则多力，多力则强，强则胜物。故宫室可得而居也。故序四时，裁万物，兼利天下，无他故焉，得之分义也。"②荀子在这里提出"群"、"分"、"义"三个概念。所谓"群"，就是指人类的合作性，它的现实化即是一定的社会组织；所谓"分"，有三层含义：一指社会结构上农、工、士、商等的职能分工，二指社会地位上君、臣、父、子、兄、弟（贵贱、长幼）等的等级分位，三指物质财富上的利益分配；所谓"义"，则泛指一定的政治法律制度和伦理道德规范，简称为社会伦常秩序。荀子认为，人在自然生理基础上与其他动物并无本质差别，就体力来说，人甚至竞争不过牛马之类的动物，但人却能制驭其他动物，使其为人所用，原因就在于人"能群"，能结合在一起组成一定的社会群体，动物则做不到这一点。③荀子视"能群"为"胜物"、"裁物"，支配自然，改善人类生活环境的客观前提，强调人类互相协作，建立社会组织的必要性，"离居不相待，则穷"。"人之生，不能无群"。④那么，人又为什么"能群"而动物不能呢？荀子指出，那是因为人有"分"而动物无"分"。"分"是"群"的基础，是去争去乱去穷的保证，"群而无分则争，争则乱，乱则穷矣。故无分者，人

---

① 恩格斯《自然辩证法》第263页，人民出版社1955年版。

② 《荀子·王制》。

③ 根据生物学的观察，有些动物也有一定的合群特征。

④ 《荀子·富国》。

之大害也；有分者，人之大利也"①。于是，荀子提出"明分便群"的主张。在他看来，"能不能兼技，人不能兼官"②，人，就各自孤立的个体说，其能力毕竟是有限的，他不可能有多种技能，从事多种事业，但人的需要却是多方面的。因此，人们只有在一定的社会组织中，明确各自的分职分位分工，共同合作，才能满足各自的多种需求。然则，人又何以能实行"分"呢？荀子认为，那是因为人有"义"。义作为社会伦常规范构成"分"的标准和内在依据，离开"义"，"分"就会失去章法而陷入混乱。从这一层意义上说，礼义法度便是人之所以为人的最本质规定和人区别于其他动物的最后根源。

荀子总结说："水火有气而无生，草木有生而无知，禽兽有知而无义。人有气有生有知，亦且有义，故最为天下贵也。"③按照冯友兰先生的解释，荀子这段话触及物质发展的阶段性问题。"有气而无生"是指无机物，"有生而无知"是指一般的有机物，有生而有知，是有机物发展的较高阶段，有知又有义是有机物发展的最高阶段。高级形式包括低级形式，"人有气有生，亦且有义。""荀子的这段话可能有这样的不自觉的含义，但是他所注重说明的，是人与自然物之间的本质的区别"④。荀子认识到人是自然界的最高产物，人有知有辨、有义有分、能群，故而人的价值高出于其他任何自然物之上，最为天下贵。在从最一般的意义上肯定人的价值，从人与动物的区别的角度揭示人贵物贱这一点上说，荀子表现出与孔孟严格的一致性。

## （五）"敬其在己"与"幕其在天"

从"人为天下贵"的观念出发，荀子反对消极无为的处世态度和人

---

① 《荀子·富国》。

② 《荀子·富国》。

③ 《荀子·王制》。

④ 冯友兰著《中国哲学史新编》第二册，第396页，人民出版社1984年版。

生信仰，提倡"人定胜天"、"制天命而用之"的积极进取精神。他说："大天而思之，孰与物畜而制之？从天而颂之，孰与制天命而用之？望时而待之，孰与应时而使之？因物而多之，孰与骋能而化之？思物而物之，孰与理物而勿失之也？愿于物之所以生，孰与有物之所以成？故错人而思天，则失万物之情。"①这一段慷慨激昂、催人向上的文字，说的是，与其崇尚天的伟大而思慕它，莫不如视天为物来畜养并控制它；与其顺从天而颂扬它，莫不如认识、掌握它的规律而利用它；与其空望天时而坐享其成，莫不如顺应天时以求得生产丰收；与其听凭事物自然增多，莫不如发挥人的实践功能以促进事物的变化发展；与其空想役使万物，莫不如好好治理万物以免其遭受损失；与其指望万物自生自长，莫不如有意识地改造万物并帮助它成长壮大。因此，放弃人为的努力而等待天的恩惠，就会丧失万物的本性，从而也就不能获得万物的真情。荀子在这里淋漓尽致地阐发了他相信人类自身的力量，发挥人的聪明才智，去利用、改造、征服和控制自然，使自然服务于人的利益和满足人的需要的思想。荀子进一步认为，人类是否发挥自己的能动作用，按照客观规律以尽人事人为，其结果是截然不同的。他指出："强本而节用，则天不能贫；养备而动时，则天不能病；循道而不贰，则天不能祸。故水旱不能使之饥，寒暑不能使之疾，袄怪不能使之凶。本荒而用侈，则天不能使之富；养略而动罕，则天不能使之全；倍（背）道而妄行，则天不能使之吉。"②荀子比较分析了积极有为和消极无为两种人生观念以及为这两种人生观念所指导而导致的不同后果，他将前者概括为"敬其在己"，将后者概括为"慕其在天"。所谓"故其在己"，就是在人与自然的关系中着眼于人，相信人类自身的力量，突出人的主导地位；所谓"慕其在天"就是在人与自然的关系中，着眼于自然，看不见人的独立价值和能动作用，因而听天由命，任凭天命和自然必然性的摆布。荀子进而以是"敬其在己者"还是"慕其在

---

①　《荀子·天论》。

②　《荀子·天论》。

天者"来区分"君子"和"小人",指出以前者为人生信仰则"日进",以后者为人生信仰则"日退":"君子敬其在己者,而不慕其在天者;小人错其在己者,而慕其在天者。君子敬其在己者,而不慕其在天者,是以日进也;小人错其在己者,而慕其在天者,是以日退也。故君子之所以日进,与小人之所以日退,一也。君子、小人之所以相县(悬)者,在此耳。"①荀子这种"敬其在己"的主张较孔子"知天命"、"畏天命"的观念显然要积极得多。追溯其社会历史根源,则荀子"敬其在己"、"人定胜天"、"制天命而用之"的思想正是处于上升时期的新兴地主阶级朝气蓬勃、对未来充满自信的表现。

从天的规定性的阐发到"天人相分"命题的提出,从人的规定性的阐发到"人为天下贵"命题及"敬其在己"、"制天命而用之"诸观念的提出,展现了荀子天人观的基本内容和逻辑进程。从中我们可以看到,荀子主要是从人与自然的关系肯定人的特殊地位,从人与动物的差别肯定人的特殊价值的。这种肯定还只停留在抽象的层面上,严格地说,他仅仅是把人作为类来加以肯定和尊崇,换句话说,他所肯定的仅是人的群体地位和群体价值,至于作为个体的人的地位和价值,荀子并不关心。这或许可以看作是荀子人学稍逊于孔孟人学的地方,因为在孔孟那里,个人的自主性和独立价值从来都是受到尊重的。本章开头我们即点出孟子重仁义、荀子重礼法的差别,其实,重仁义和重礼法的差别恰恰是其天人观之对立与价值观之不同使然。

---

① 《荀子·天论》。

# 二、从"人性之恶"到"化性而起伪"

荀子的人性学说即性恶论，在荀子的人学体系中居有极其重要的地位。一方面，它是"天人相分"说在人性问题上的运用和发挥；另一方面，它又是他的人生观、伦理观、政治观、社会观和历史观的前提或出发点，因而构成荀子人学的一个重要组成部分。

荀子之前，关于人性问题人们曾展开激烈的论争，提出了许多不同的看法。首先是孔子提出"性相近也，习相远也"的命题，接着是孔子后学世硕"以为人性有善有恶"[1]，然后是告子主张人性无善无恶，孟子主张性善，而道家老庄则主人性自然，人性自然实质也是一种性善说，只不过老庄和孟子对性善的评价和规定及其所引出的人生法则却不同。荀子从"天人相分"的观念出发，批判性地总结了先前的诸种人性理论，提出"性恶说"可谓在人性问题上独树一帜。

正如他的天人观有专篇《天论》作出阐发一样，他的人性论也有专篇《性恶》作出论说。他的性恶论内容十分丰富，我们谨围绕"察乎性、伪之分"、"辨乎善恶之别"、"化性而起伪"[2]三个命题来做一些具体的分析。

## （一）"察乎性伪之分"

在天道观方面，荀子强调天人之分，在人道观方面，荀子强调性伪之分，这是一以贯之的。那么，什么是性，什么是伪？性包括哪些具体的内容，性和伪存在怎样的区别？这是荀子首先给自己提出并力图作出解答的问题。荀子认为，性是人得之于自然的东西，是与生俱来或秉于天的自然本性；伪则相反，它是人得之于后天的东西，是后天社会生活的种种作为。荀子说："凡性者，天之就也，不可学，不可事。……不可学，不可事之在天者，谓之性；可学而能，可事而成之在人者，谓之伪。是性伪之

---

[1] 王允《论衡·本性》。

[2] 《荀子·性恶》。

分也。"①这是从本源的角度指出性是天然如此的东西，它不能得之子后天的学习和造作；通过后天的学习和造作而得到的东西不能归结为性，而只能归结为伪②。在这里，性和伪的区别是十分明确的，性伪之分也即先天后天之分。荀子又说："生之所以然者，谓之性。生之所以精合感应，不事而自然，谓之性。"③人性构成生命存在的依据（生之所以然者），同时它又具有"不事而自然"的特征。关于人性的"不事而自然"特征，近来有的学人用天然性来指代，这是确当的。实际上，天然性也就是先天性或先验性的意思。

荀子论"性"与"伪"的区别和联系说："性者，本始材朴也；伪者，文礼隆盛也。无性，则伪之无所加；无伪，则性不能自美；性伪合，然后圣人之名一，天下之功于是就也。"④在荀子看来，"性"是未经加工的原始素材，是"伪"的基础；"伪"是针对"性"这种质朴材料而进行的人为的加工改造。没有"性"作为基础和素材，"伪"便"无所加"；反过来，没有"伪"即人为的加工改造的过程，"性"便"不能自美"（自我完善）。荀子强调把原始素材（性）和后天人为造作（伪）结合起来（性伪合），以显示圣人的"文礼隆盛"的教化作用，成就治理天下的伟大功业。如果说这里所论"性"主要指人的自然属性，所论"伪"主要指人的社会属性的话，那么，荀子关于"性伪之分"和"性伪之合"的论断，就在一定的程度上达到了人的自然属性和社会属性的对立统一的认识。先秦人性学说的演变和发展，大体上经历了一个正、反、合的过程。在它的历史进程中，孔子处于正的环节⑤，他的"性习"范畴虽未揭

---

① 《荀子·性恶》。

② 荀子所谓"伪"，不是真伪的伪，而是人为、作为的意思。

③ 《荀子·正名》。

④ 《荀子·礼论》。

⑤ 老子学说中蕴涵着他对人性的看法，但《道德经》通书没有提到一个"性"字，因此，这里我们权且以孔子为起始，分析先秦人性论进展的诸环节。

示人性的具体内容，亦未明确将人性引入善恶评价领域，但却已朦胧地意识到人性的两个方面——自然属性和社会属性，不自觉地触及二者（性、习）的关系问题；告子、孟子、庄子等则处于反的环节，他们或从自然属性（如告、庄，二者论自然性又有差别），或从社会属性（如孟子）去把握和规定人的本质，各是一个片面、一个极端，不过，关于人性的诸方面内容在这个环节无疑是得到了较为系统的展开；而荀子则可以说是处于合的环节，尽管他也主要是从自然方面来考察人性或人的本质的具体内容，但根据他的"性伪之分"和"性伪之合"的命题，我们不能不说他事实上还是初步统一了人的自然性与社会性两个方面，当然，这在荀子本身也许是不自觉的，同时，这种统一也仅仅是一种粗陋的和外在的统一，甚且在他的观念之中还存在自相矛盾和前后抵牾之处，但不论怎么说，荀子代表了先秦人性认识的最高水平，标志着人性理论发展进程中一个圆圈的终结。

荀子首先着重从人的自然本能方面来考察和阐发人性的丰富内涵，他说："性者，天之就也；情者，性之质也；欲者，情之应也。以所欲为可得而求之，情之所必不免也。"[1]性是人"天之就"的自然本能，情和欲包含在性之中，是性的外部表现，性、情、欲是统一不可分的，为人所固有，"君子小人其性一也"[2]。"千人万人之情，一人之情是也"[3]。这还只是对人性，确切点说是对人的自然性的抽象规定。人的自然性或情欲的具体内容是什么呢？荀子从人的心理生理本能需要两个方面加以说明。从生理本能方面说，荀子认为人人都有其"所必不可免"的感官欲望："今人之性，饥而欲饱，寒而欲暖，劳而欲休，此人之情性也。"[4]"夫人之情，目欲綦色，耳欲綦声，口欲綦味，鼻欲綦臭，心欲綦佚，此五綦者，

---

① 《荀子·正名》。

② 《荀子·性恶》。

③ 《荀子·不苟》。

④ 《荀子·性恶》。

人情之所必不免也。"① "生而有耳目之欲，有好声色焉。"② 从心理本能方面说，荀子也认为人人都有其"所必不免"的好利恶害、好荣恶辱等自然趋向："好荣恶辱，好利恶害，是君子、小人之所同也。" "夫贵为天子，富有天下，是人情之所同欲也。" "人之情，食欲有刍豢，衣欲有文绣，行欲有舆马，又欲夫余财蓄积之富也。"③ "名声若日月，功绩如天地，天下之人应之如景问，是又人情之所同欲也。" "夫贵为天子，富有天下，名为圣人，兼制人，人莫得而制也，是人情之所同欲也。"④ 荀子对人的生理本能的描述，揭示了人的身（肉体）的需求；荀子对人的心理本能的描述，揭示了人的心（精神）的需求。人的生理（身）心理（心）需求统称之为人的自然需求。它作为人性内容的一个重要方面对人来说，是一种共同性的东西，每一个体的自然需求可以因为后天门环境条件如经济政治地位的不同、贫富贵贱的不同而产生差异，但这种差异绝不是有无的差异。荀子说："虽为门守，欲不可去；星为天子，欲不可尽。"⑤ 也就是这个意思。

人的自然性或自然欲望构成人性内容的第一个层次。人性的具体内容还内在地包括"知"的能力和"行"的能力的层次。就"知"的能力说，它表现为"心居中虚，以治五官"⑥。知根源于人有治五官的天君，天君就是人心，"心者，形之君而神明之主也"。人的一切物质活动和精神活动都要受到作为神明之主的天君的支配；就"行"的能力说，它表现为在心之知的指导下，人的情感、意志、计划、设想等的对象化和现实化。这里所谓"知"的能力和"行"的能力也就是我们在前一部分讨论荀子所论

---

① 《荀子·王霸》。
② 《荀子·性恶》。
③ 《荀子·荣辱》。
④ 《荀子·王霸》。
⑤ 《荀子·正名》。
⑥ 《荀子·天论》。

人的规定性时所提到的认识能力和实践能力。荀子又说："仁义法正，有可知可能之理。然而，涂之人也，皆有可以知仁义法正之质，皆有可以能仁义法正之具。"①"可以知……之质"指人的知的能力，"可以能……之具"指人的行的能力，"皆有"意味着这两种能力也都是人所共有的东西。荀子又说："凡人有所一同。……目辨白黑美恶，耳辨声音清浊，口辨酸咸甘苦，鼻辨芬芳腥臊，骨体肤理辨寒暑疾养，是又人之所常生而有也，是无待而然者也，是禹桀之所同也；可以为尧禹，可以为桀跖，可以为工匠，可以为农贾，在注错习俗之所积耳，是又人之所常生而有也，是无待而然者也，是禹桀之所同也。"②表面上看，"目辨白黑美恶……骨体肤理辨寒暑疾养"，说的是人以其天官接触外物的感性活动，但一个"辨"字，又透露出这种感性活动是在理性之知的统摄下进行的。因此，荀子在这里强调的实是人的"知"的能力。而"可以为尧禹……在注错习俗之所积耳"，则明显是在"行"的能力的意义上说的。在荀子看来，凡此都是"禹桀之所同"和"不事而自然"的人性的具体内容。必须指出的是，这里所谓知、行能力主要是作为一种潜在性存在于人性之中，构成人性内容的重要组成部分，它与现实的知、行亦即其潜能的外化的现实活动不是一回事。当然，荀子也没有将此两个层面严格地区分开来，这可以视作荀子人性学说自身包含的一个理论漏洞。

由上可知，荀子所论人性包含三方面的内容：自然需求，知的能力，行的能力。自然需求属于人的自然属性，但这是人之作为人的自然属性，而不是和动物相等同意义上的自然性；知的能力和行的能力触及人的社会属性，它是人之所以为人的现实依据，但在荀子心目中，它甚至也是人得之于自然的东西。在人性三方面内容的关系中，知的能力起着联结、沟通自然需求和行的能力的中介和桥梁的作用，一方面，它以其潜在的无形的方式制约、规范着人的自然欲望外露的方向性和过程性；另一方面，它也

---

①　《荀子·性恶》。

②　《荀子·荣辱》。

以同样的方式制约、规范着人的行的能力的对象化和现实化。而以知为中心、媒介的这两种外化过程实为一个过程。这就把人性的三个层面有机地统一了起来。这种认识是很深刻和可贵的，经过批判改造，在今天也仍然有它的理论价值。

### （二）"辨乎善恶之别"

人性的善恶评价问题在荀子人性学说中是最为难解、争论最大的问题。多数学者对荀子主先天性恶说持坚定不移的肯定态度，甚至连当代日本著名哲学家池田大作和英国历史学家汤因比也持认同立场[①]。但也有少数学者对此提出疑义，认为不能简单笼统地把荀子归结为先天性恶论者，对荀子人性学说中的善恶观念要做深入具体的分析。我倾向于后一种意见，我认为，要说明这个问题，关键在于弄清荀子所说的善恶是在什么样的意义上说的，也即弄清善恶的由来或根源。

持荀子人性论为先天性恶论的学者大多以《荀子·性恶》篇的如下论述为主要依据：

> 今人之性，生而有好利焉，顺是，故争夺生，而辞让亡焉；生而有疾恶焉，顺是，故残贼生，而忠信亡焉，生而有耳目之欲，有好声色焉，顺是，故淫乱生，而礼义文理亡焉。然则，从人之性，顺人之情，必出于争夺，合于犯分、乱理，而归于暴，故必将有师法之化，礼义之道，然后出于辞让，合于文理，而归于治。用此观之，然则人之性明矣，其善者伪也。
>
> 今当试去君上之势，偕礼义之化，去法正之治，无刑罚之禁，倚而观天下民人之相与也，若是，则夫强者害弱而夺之，众者暴寡而哗之。天下之悖乱而相亡不待倾矣。用此观之，然则人之性恶明矣，其善也伪也。

---

① 汤因比、池田大作著《展望二十一世纪》第385页。

其实，根据这两段论述，并不能证明荀子是先天性恶论者。就前一段论述来看，荀子认好利疾恶、耳目声色之欲等为人的自然本性，但并没有把这种好利恶害的自然趋向直接归之为人的恶性。他只是说，"顺"着好利恶害的自然本性行事，会导致"争夺生而辞让亡"、"残贼生而忠信亡"、"淫乱生而礼义文理亡"的"恶"的结果。"顺是……则……"说明人的自然欲望本身并不等同于恶，恶的结果乃是导源于人对自身行为方式的后天选择过程。荀子不是一个禁欲主义者，他曾说："义与利者，人之所两有也，虽尧舜不能去民之欲利。"①这表明荀子是肯定人之好利恶害的自然情欲的合理性的。从后一段论述来看，荀子先假设去除一切仁义礼法的外部规约，将人置于彻底的无政府状态，然后断定在这种情况下必然导致"强凌弱""众暴寡"的"恶"的结果。依我看，这种假定本身只能说明人的自然情欲是中性的，恶（也包括善）仅仅以其可能性的方式潜存于人性之中，人性之中并不包含现实的原恶或恶性。荀子在《荣辱》篇也说："汤武存，则天下从而治；桀纣存，则天下从而乱。如是者，岂非人之情固与如此可与如彼也哉！"汤武和桀纣情性本无差别，然社会在汤武的统治下则治，在桀纣的统治下则乱，这原因就在于二者"其所以求之之道则异矣"②。而所谓"道"，依照荀子的解释，亦就是仁义法正的总称。在他看来，善恶、治乱取决于依道而行抑或背道而行，与人的自然情性却并无直接关联，相反，人的自然情性构成人的道德生活的必要条件。

荀子论善恶之分说："凡古今天下之所谓善者，正理平治也；所谓恶者，偏险悖乱也，是善恶之分也已。"③"正理平治"意味着依道而行，"偏险悖乱"意味着背道而行。如此，则善恶之分亦就是"正理平治"与"偏险悖乱"、依道而行与背道而行之分。所以有这种分别，源出于人的

---

① 《荀子·大略》。

② 《荀子·荣辱》。

③ 《荀子·性恶》。

后天认识和行为选择的不同。所以荀子又说："欲过之而动不及，心止之也。心之所可中理，则欲虽多，莫伤于治；欲不及而动过之，心使之也，心之所可失理，则欲虽寡，奚止于乱。故治乱在于心之所可，亡于情之所欲。"[①]这也就是说，人之情性、情欲本身原无善恶可言，也不直接导致善与恶，善恶、治乱只在于"心之所可"，也即人之后天认识和行为选择是否中理，中乎理则善而治，失乎理则恶而乱。荀子又说："情然，而心为之择，谓之虑。心虑而能为之动，谓之伪。"[②]"心为之择"与"心之所可"都是同样的意思。正是人心之"所择"、"所可"的不同，也即人所奉行的道德规范和行为准则的不同，造成现实的善恶分别。

总而言之，人的自然本性是中性的，这中性就意味着它含有发展为恶和善两种可能。荀子所谓性恶很大程度上是就其可能性而言的。但可能的恶（善也一样）与现实的恶毕竟不是一回事，其间的转化有一个心之"所可"、"所择"的过程。因此，当荀子所谓性恶指称现实的恶时，就只能是在心之所可、所择背乎理的现实行为的意义上说的。这种性恶学说，一方面与他在天人关系上的看法相吻合，另一方面也是针对孟子的性善说而提出的。荀子批评孟子把人性看成先天纯善的主张，指出这种主张把人性归结为一个社会性而排斥人的自然性，既混淆了性伪之分，又无法说明恶的起源、礼的起源。这种批评确实击中了孟子性善说的要害。当然，荀子人性学说也包含自身的内在矛盾。因为既然人性含有发展为恶和善两种可能，那么，从人性的可塑性出发，就既可以说人性恶，也可以说人性善。可见，荀子的逻辑推论也是不够周密的。不过，荀子的性恶说论及人性的整体性，把人的自然性视为人性的基础，肯定人的自然欲望的合理性，这是高于孟子的地方；同时，从上面所论述的性恶的后一层含义上看，荀子还是在当时的历史条件下较好地解决了恶的起源和礼的必要性问题，这也是为孟子所不及的。恩格斯在《路德维希·费尔巴哈和德国古典哲学的终

---

① 《荀子·正名》。

② 《荀子·正名》。

结》一书中说过这样的话："人们以为，当他们说人本性是善的这句话时，他们就说出了一种很伟大的思想；但是他们忘记了，当人们说人本性是恶的这句话时，是说出了一种更伟大得多的思想。"孟子的性善说和荀子的性恶说都提出了一些很伟大的思想，但后者较之前者，我们感到是说出了一些更深刻、伟大的思想。

### （三）"化性而起伪"

"察乎性伪之分"，"明乎善恶之别"，旨在"化性而起伪"。由于人性包含有发展为恶和善两种可能，因此，化性起伪的实质也就是化恶从善。荀子说："今人之性恶，必将待圣王之治，礼义之化，然后皆出于治、合于善也。"[①] "隉栝之生，为枸木也；绳墨之起，为不直也；立君上、明礼义，为性恶也。"[②] 只有经过"圣王之治"（立君上）和"礼义之化"（明礼义），才能达到化性起伪、化恶从善的根本目的。可知在荀子这里，"化性而起伪"不只是关于人性改造的理论，同时也是关于礼法起源的理论。在这一节，我们只就其前一方面略加讨论，关于后一方面，我们将在下一节作专门考察。

按照荀子的意思，化性起伪，改造人性，不仅有其必要性，而且有其可能性。他抓住人性之中所蕴含的发展为恶的可能性一面并加以夸大，指出如果顺任人的自然本性或自然情欲，如果在后天认识和行为选择上发生失误，背道而行，就必将导致"偏险而不正"，"悖乱而不治"。因此，他强调必须对人性进行改造和引导。在他看来，改造人性的必要性还在于，人的自然性是"天之就"、质朴、粗疏的，需要对它进行加工、雕琢，方致合于"仁义法正"。荀子还认为，人性虽说"不待而自然"，即非出于人为，然亦不是不可变易，而是可以改造的："性也者，吾所不能

---

① 《荀子·性恶》。

② 《荀子·性恶》。

为也，然而可化也。"①"可化"二字道出了人性改造的可能性。人性何以"可化"？这就要归结到前面论述过的人所具有的"知之质"和"能之具"，即人之知、行的潜在能力。人性改造的必要性和可能性统一于人的主观能动性，统一于积极的人为，没有人为的努力，人性的改造终究是一句空话。因之，通过人为的努力改造人性的过程，也就是化性起伪、化恶从善的过程。

那么，怎样改造人性、引导人性呢？换句话说，怎样化性起伪，化恶从善呢？荀子提出了一系列具体的措施和办法。我们择其要者介绍如下：

其一，"师法之化，礼义之道"。"师法之化"，说的是圣人行为的感化、引导作用；"礼义之道"（道与导通），说的是礼义法则的指导、引导规约作用。有了这二重作用，人的行为举动便可"出于辞让，合于文理而归于治"，"皆出于治，合于道"②。荀子认为，"圣人之所以同于众而不过于众者，性也；所以异于众而过于众者，伪也"③。圣人与普通人在天性上并无不同之处，所不同者亦即优越于普通人之处在"伪"。这里的"伪"正是在遵师法、导礼义的意义上说的。所以荀子有时以是否遵师法、导礼义来区分君子与小人："今人之化师法，积文学，而导礼义者，为君子；纵性情，安恣睢，而违礼义者，为小人。"④

其二，"注错习俗，所以化性也。"⑤荀子认为，社会环境和风俗习惯对人性的改造、人格的完善可以起到决定性的作用。"可以为尧禹，可以为桀跖，可以为工匠，可以为农贾，在执注错习俗之所积耳"⑥。就人性之可能性与现实性来说，任一个体既可以成为君子，亦可以成为小

---

① 《荀子·儒效》。

② 《荀子·性恶》。

③ 《荀子·性恶》。

④ 《荀子·性恶》。

⑤ 《荀子·儒效》。

⑥ 《荀子·荣辱》。

人，甚且君子与小人还可以相互转化，"小人君子者，未尝不可以相为也"①。关键取决于环境和习俗的影响。所以荀子又说："习俗移志，安久移质……人积耕耨而为农夫，积斫削而为工匠，积反货而为商贾，积礼义而为君子。工匠之子莫不继事，而都国之民安习其服。居楚而楚，居越而越，居夏而夏，是非天性也，积靡使然也。故人知谨注错，慎习俗，大积靡，则为君子矣；纵性情而不足问学，则为小人矣。"②他认为风俗习惯能够变更人的思想意志，长期安守一定的风习能够改变人的本质，农夫之为农夫，工匠之为工匠，商贾之为商贾，君子之为君子，小人之为小人，都是不同的环境、风俗、积习使然。荀子在这里比较自觉地认识到，人是环境的产物，社会的产物。在当时的历史条件下，比较明确地提出这种思想，应该说是很了不起的。正是以此为基点，荀子否定了天生圣人说。他指出："尧禹者，非生而具者也，夫起于变故，成乎修为，待尽而后备者也。"③世界上没有什么天生的圣人，圣人也是"变故"、"修为"的结果。因此，普通百姓只要积习、修为，亦可以成为圣人，"涂之人百姓，积善而全尽，谓之圣人。彼求之而后得，为之而后成，积之而后高，尽之而后圣。故圣人也者，人之所积也"④。"圣人者，人之所积而致也"⑤。这就剥除了传统所谓"圣人"的神秘性，把圣人人格和圣人行为还原为现实的人和现实行为。

荀子又说："然则可以为，未必能也；虽不能，无害可以为。"⑥大意是，就可能性言之，每一个人都可以成为圣人；但就现实性言之，却非每一个人都能够成为圣人。可能性转化为现实性，最终取决于环境的影

---

① 《荀子·性恶》。

② 《荀子·儒效》。

③ 《荀子·荣辱》。

④ 《荀子·儒效》。

⑤ 《荀子·性恶》。

⑥ 《荀子·性恶》。

响和主体自身的"修为。"也正因为环境、习俗对人性的改造、人格的成长至关重要，故而荀子又提醒人们在设身处世时应有所选择："君子居必择乡，游必就士，所以防邪僻而迈中正也。"[①]"得贤师而事之，则所闻者尧、舜、禹、汤之道也；得良友而友之，则所见者忠信敬让之行也。""与不善人处，则所闻者欺诬、诈伪也，所见者污漫、淫邪、贪利之行也。"[②]

其三，学习教育，修身践行。虽然后天社会环境和习俗决定着人性的改造、人格的完善，但人在环境、习俗面前绝非纯然被动的，人有其主观能动性。在荀子看来，正是客观环境、习俗的影响（良风美俗）和主体能动作用的发挥，促成人性改造、人格完善工程的竣工。而主体的能动作用除了表现为在设身处世中的选择功能和改变恶的环境、开创理想环境的创造功能外，更主要的还表现在学习教育、修身践行的道德生活实践之中。

为了说明学习教育关乎人性改造的重要性，荀子专门写了《劝学》篇。在《劝学》篇，他开头即说："学不可以已。"强调学习、教育不可以停顿、中止。又说："木受绳则直，金就砺则利，君子博学而日参省乎己，则知明而行无过矣……干、越、夷、貉之子，生而同声，长而异俗，教使之然也。"犹如木、金必须经过加工、雕琢，才能使之直、利一样，君子也必须经过后天的学习、教育，才能成其为君子（有较高道德修养的人）。干、越、夷、貉等各个不同民族的小孩，出生之时的啼哭声并无差异，然长大成人后，其风俗习惯却各不相同，这正是后天教育使之然。荀子认为，学习、教育的过程，是一个不断积累、培养道德的过程，所谓"积土成山"、"积水成渊"、"积善成德"是也。在这个过程中，要有一种"锲而不舍"的精神。他指出，锲而不舍，则金石可镂；倘若锲而舍之，则朽木不折（这些教诲，即便在今天，也仍然是至理名言）。应该说，"道德是可以教育成的，这是孔、孟、荀的共同观点。不过孟子以为

————————

① 《荀子·劝学》。

② 《荀子·性恶》。

道德是天赋的，教育在于唤醒本心，把理性中自在的东西变为自觉，所以德性的形成即是复归于天性。而荀子以为道德出于人为，教育在于'化性而起伪'，不断地积累观摩、学习之所得"。①

为了说明修身践行关乎人性改造、人格完善的重要性，荀子又写了专篇《修身》。他在强调"博学深谋"的同时，强调"修身端行"②、"修身自强"③。他说：

> 见善，修然必以自存也；见不善，愀然必以自省也；善在身，介然必以自好也；不善在身，菑然必以自恶也。故非我而当者，吾师也；是我而当者，吾友也；谄谀我者，吾贼也。④

依梁启雄先生的解释，"修然"，整饬貌，"自存"，察己之有善与否也；"愀然"，忧惧貌，"自省"，意近《论语·里仁》："见贤思齐，见不贤而内自省""介然"，坚固貌，"自好"，自乐其善也；"菑然"，浑浊之貌，"自恶"，犹言以不善为污己也⑤。"自存"、"自省"、"自好"、"自恶"，表现了一种严于律己的精神。荀子指出，有了这种精神，就能够做到以"非我而当者"为"吾师"以"是我而当者"为"吾友"，以"谄谀我者"为"吾贼。"这是何等气度、何等境界！它截然不同于孟子那种目空一切、自以为是的自视自负风格。关于践行，干荀子说："道虽迩，不行，不至；事虽小，不为，不成。"⑥认为光有自反自省的功夫不足以化性，还需要进行人为不懈的努力去履道践行。这

---

① 冯契著《中国古代哲学的逻辑发展》上册，第283页。

② 《荀子·宥坐》。

③ 《荀子·修身》。

④ 《荀子·修身》。

⑤ 梁启雄《荀子简释》第14页，中华书局1983年版。

⑥ 《荀子·修身》。

样，荀子把改造人性的工作最后落实到"行"的上面，"学至于行之而止矣。……圣人也者，本仁义，当是非，齐言行，不失毫厘，无它道焉，已乎行之矣"①。

其四，"欲不可去，求可节也。"荀子从"化性起伪"的要求出发，论述了理欲、义利关系。他既非一个纵欲主义者，亦非一个禁欲主义者，纵欲和禁欲都是他所摒斥的，他只主张节欲。照他的意思，人的出于天性的利、欲追求，不是什么坏事，无视人的情欲要求，绝非明智之举。然也不能任人的好利恶害的自然欲望随意发展，而应该有所节制、节求："欲虽不可尽，可以近尽也；欲虽不可去，可以求节也。"②理智的做法是，用理、义来限制、约束人的利、欲，使人的利、欲之心的外化有利于人类生存生活的正常发展。荀子又说："见其可欲也，则必前后虑其可恶也者；见其可利也，则必前后虑其可害也者；而兼权之，孰计之，然后定其欲恶取舍，如是，则常不失陷矣。"③这就是说，遇到可欲可利的情况，必须思前想后，看它是否有可恶有害的一面，经过全面权衡和深长算计之后，决定利欲取舍就不致陷入不可收拾的局面了。

由上面四点可以看出，化性起伪、化恶从善的过程，也就是人格完善、道德升华的过程。圣人不是天生的，唯有通过化性起伪，方能由凡入圣；道德也不是天赋的，唯有通过化性起伪，方能升华其自然秉性，获得道德意识，进入道德境界。这个过程同时也是人逐渐脱离自然，走向社会，由自然的人转为社会的人的过程，所谓"长迁而不反其初"④正是此意。

---

① 《荀子·儒效》。

② 《荀子·正名》。

③ 《荀子·不苟》。

④ 《荀子·不苟》。

## 三、"隆礼重法"

从准人学的意义上说，荀子人学只能说是一种社会政治哲学。它不是从个体的独立价值、独立人格和内在需要出发揭示人的理想，解决人的问题，而主要是从人之作为类的群体价值、社会人格和外部需要出发揭示人的社会政治理想，解决人的社会政治问题。换言之，荀子不是着眼于人本身而是着眼于社会提出问题和思考问题。因此，我们把荀子人学或人生哲学称之为政治——大生哲学。

孔孟和荀子在社会政治理想上有一个明显的差异，孔孟主王道政治，荀子主王霸统一的政治。为实现王道政治，孔孟强调"仁"、"礼"。而重"仁"即是重视人的内在情性的外露、内在能力的发挥，重"礼"即是重视社会道德规范对人的伦常行为的制约，然这种制约毕竟不是强制性的，而是温和性的。这样，仁礼结合渗透、交互作用的过程，也便是人的由内而外、由外而内的统一发展过程。为实现王霸统一的理想，荀子强调"礼"、"法"（"隆礼重法"）。而不论"隆礼"抑或"重法"均意在重视社会对个人的规约——温和的规约加强制的规约。这样，礼法结合渗透、交互作用的过程，便只是人的由外而内的发展过程。如果说，孔孟的思路指向人治、指向个人与社会的双向统一的话，那么，荀子的思路即是指向礼法（人治法治）兼施、指向个人单向统一于社会。由此我们认为，尽管荀子在天人关系的论述中，逻辑地推衍出"人为天下贵"的观念，从最一般的意义上肯定了人的地位和价值，高扬了人的能动性和主动性，但当他把这种观念落实到社会政治、现实人生层面的时候，由于偏执于外在的礼法，而使人之作为独立个体的主体性退隐到绝对对要的地位。在社会、国家面前，在礼法面前，除了圣人和君主，每一个体都不过是微不足道、不能自主的庸庸众生，都只能被动地步履蹒跚地跟随圣人和君主前行。

荀子"隆礼重法"的观念不是凭空产生的，就其思想渊源来说，它是在继承和吸收先前儒家的"礼"的学说和早期法家的"法"的学说的基础上提出的。先前儒家特别是孔子对"礼"的论述颇多，他曾提出"为国以礼"、"克己复礼"。"立于礼"等一系列主张，很看重"礼"在治国和修身中的作用。早期法家则针对儒家的"礼治"（人治）而提出"法治"说，强调法在国家政治中的作用。商子曰："去奸之本莫深于严刑。"①"刑重者民不敢狂，故无刑也，而民莫敢为非，是一国皆善也。"②慎子曰，法虽"惨而不可不行"③。管子还把法提到民之父母的高度来认识④。然则，尽管先前儒家很重视礼，但并没有人就礼"专门来研究"⑤，从而形成系统的礼论。唯有到了荀子才对礼做了专门、深入的探讨，形成了庞大系统的礼论，并对后世产生了巨大的影响。从某种意义上说，所谓荀学也即是礼学。然则，尽管对法的重视和认定，将其视为治国治世的措施之一的观念由来已久，尽管早期法家初步提出了有关法的一些基本思想，但也由于时代的限制，没有人能够对法作较为深入的研究，也没有人能够把礼和法有机地统一起来。唯有到了荀子才在前人认识的基础上，对法作了进一步的探究，并着眼于礼法之间的统一性，提出了礼法兼施、王霸道杂的思想⑥。下面，我们就荀子"隆礼重法"的观念，从礼法的起源、礼法的内涵、礼法的功用三个层面作一钩玄撮要的分析。

## （一）礼法的起源

"礼义法度"是怎样产生的？在讨论荀子"化性而起伪"的命题时，我们已经触及这个问题。按照荀子的意思，"礼义法度"是起于"圣人之

---

① 《商君书·开塞》。

② 《商君书·画策》。

③ 《慎子·内篇》。

④ 《管子·法法》。

⑤ 杨大膺《荀子学说研究》。

⑥ 韩非的学说脱胎于荀学而又自成一家，此不讨论。

伪"，是圣人"化性而起伪"的结果。荀子指出："圣人积思虑，习伪故，以生礼义而起法度。然则，礼义法度者，是生于圣人之伪，非故生于圣人之性也。……故圣人化性而起伪，伪起而生礼义，礼义生而制法度。然则，礼义法度者，是圣人之所生也。"①这就是说，"礼义法度"是圣人在长期习伪的基础上深思熟虑后制作出来的。荀子把"礼义法度"的发明权、创造权归之所谓"圣人"，反映出他的封建地主阶级的英雄史观。但他否认圣人的本性中具有"礼义法度"，否认礼法的先天性，强调礼法是后天人为的产物，这却是合理的。

那么，按照荀子的思维逻辑，圣人为什么一定要制定出"礼义法度"呢？在他看来，圣人"生礼义"、"制法度"，是出于化性起伪、改造人性的需要，人之性恶必将待礼法而后正。他说："古者圣王，以人之性恶，以为偏险而不正，悖乱而不治，是以为之起礼义，制法度，以矫饰人之情性而正之，以扰化人之情性而导之也，如皆出于治，合于道者也。"②荀子的礼法起源论是建立在他的性恶论基础之上的。我们曾经指出，他所谓"性恶"主要是就人的自然本性潜在包含着发展为恶的可能性而言的。荀子认为，正是为了避免这种恶的可能性的现实化而使其善的可能性得到发展，为了使人的所行所事皆出于治、皆合于道，圣人才出而"起礼义，制法度"，以矫饰、扰化人之情性，将其导向向善背恶的正道上来。

荀子又说："礼起于何也？曰：人生而有欲，欲而不得，则不能无求；求而无度量分界，则不能无争；争则乱，乱则穷。先王恶其乱也，故制礼义以分之，以养人之欲，给人之求，使欲必不穷乎物，物必不屈于欲；两者相持而长，是礼之所起也。"③这是说，圣人制作礼义法度也是为了调节人之物欲的无限性和物质利用的有限性之间的矛盾。荀子在《富

---

①　《荀子·性恶》。

②　《荀子·性恶》。

③　《荀子·礼论》。

国》篇指出："欲多而物寡，寡则必争矣。""欲多而物寡"，这是人与自然之间存在的客观矛盾。这一矛盾不解决，还将导致人与人、人与社会之间的矛盾的产生，导致争夺、混乱和穷困。因此，荀子认为有必要对人的物欲加以适当的限制，有必要确立一种"度量分界"。圣人制作礼义法度也就是确立一种旨在克服物、欲矛盾的"度量分界"，有了它，物、欲之间不仅可以避免冲突，反可以"相持而长"。这是从物、欲矛盾的存在来说明礼法之起的必然性。值得注意的是，荀子有时还把这种说明上升到逻辑学的高度来做进一步的阐发。荀子指出："贵贱不明，同异不别，如是则志必有不喻之患，而事必有困废之祸。故知者为之分别，制名以指实。上以明贵贱，下以辨同异，贵贱明，同异别，如是则志无不喻之患，事无困废之祸。"①荀子在这里提出"制名以指实"的逻辑原则。如果说，礼义法度代表"名"的一方，而"欲多而物寡"的矛盾（包括欲望的平等性与社会关系的不平等的矛盾、自然本能与伦理道德之间的矛盾）②的存在代表"实"的一方的话，那么，荀子"制名以指实"的命题无疑是告诉人们，圣人制作礼义法度正是基于人与自然、人与人、人与社会的矛盾，礼义法度是第二性的，客观事物的矛盾是第一性的，前者是后者的反映和摹写。这是符合唯物主义精神的。

但是，我们也必须看到荀子的礼法起源论的阶级实质。表面上看，荀子似乎只是一般地论证礼法之起的必然性和必要性，然实质上他是要为封建伦常秩序、道德法则乃至封建制度的建立提供理论依据，将其理想化和合法化。

## （二）礼法的内涵及其二者关系

1. 礼的内涵。

儒家谈礼最多的当属荀子。荀子对礼的论述，既保存了其传统的涵

---

① 《荀子·正名》。

② 参见刘泽华著《先秦政治思想史》第399页。

义，又增加了许多新的东西。

"礼者，节之准也"。荀子说："程者，物之准也；礼者，节之准也。程以立数，礼以定伦。"①杨树达注曰："程者，度量之总名也。"梁启雄引《礼记》《乐记》注曰："节，法度也。"荀子的意思是说，如同"程"是衡量事物之长短的标准一样，礼是衡量人之行为是否合乎理、道的标准，是法度的标准，必须按礼来划分人们之间的伦常秩序，规定人们之间的伦理关系。荀子又说："水行者表深，使人无陷；治民者表礼，使民无失。礼者，其表也。先王以礼表天下之乱。今废礼者，是去表也，故民迷惑而陷祸患。"②"礼者表也"与"礼者节之准也"是同样的意思。荀子认为，建立并遵循礼这个标准行事，才不致失误失足；否则，废弃礼这个标准，必"颠蹶陷溺"，"迷惑而陷祸患"。

"礼者，养也"。如果说，"礼者节之准也"还是传统儒家的看法的话，那么，"礼者养也"则可以说是荀子的新见。荀子指出："刍豢稻粱，五味调香，所以养口也；椒兰芬苾，所以养鼻也；雕琢刻镂黼黻文章，所以养目也；钟鼓管磬琴瑟竽笙，所以养耳也；疏房檖貌越席床笫几筵，所以养体也。故礼者，养也。"③荀子在这里把人的物质生活欲望的满足引入礼的范畴，认为礼要"养人之欲，给人之求"④。这显然是一种崭新的思想，因为在孔孟那里，礼只是人之行为的规范准则，并不包含有"养体"的内容，而荀子则认定"礼义文理之所以养情也"，"故人一之于礼义，则两得之矣"⑤。所谓"两得之"，即是说，一方面，社会伦常秩序因为人们遵循礼义法则而得到稳定，另一方面，每一个体的物质需要也因之而得到满足。这实际上蕴涵有个人利益与社会利益相统一的思想。

---

① 《荀子·致士》。

② 《荀子·大略》。

③ 《荀子·礼论》。

④ 《荀子·礼论》。

⑤ 《荀子·礼论》。

　　"礼者，别也"。这是荀子所论礼的最基本含义。荀子同传统儒家一样，意识到"物之不齐，物之情也"，因而强调"别"、"异"，追求差别性中的统一性。他说："君子既得其养，又好其别。曷谓别？曰：贵贱有等，长幼有差，贫富、轻重，皆有称者也。"①"德必称位，位必称禄，禄必称用。"②"故先王案为之制礼义以分之，使有贵贱之等，长幼之差，知愚、能不能之分，皆使人载其事，而各得其宜，然后使谷禄多少、厚薄之称。是夫群居和一之道也。"③礼之别有三层含义，即政治上的贵贱、上下之分，伦理上的尊卑、长幼、亲疏之分，德智上的知愚、贤不肖、能不能之分。这三重区别共同决定着"一个人在社会上的地位和行为"，"在家族以内的地位和行为"④，也决定着一个人所从事的职业及其所享有的酬劳。因之荀子又说："贱事贵，不肖事贤，是天下之通义。"⑤"古者先王分割而等异之也，故使或善或恶，或厚或薄，或佚或乐，或劬或劳。"⑥荀子的理想是要建立一个贵贱、尊卑、长幼、亲疏"各得其宜"的社会，他认为只有这样，才是"群居和一之道"。可见，荀子的礼论旨在为封建等级制度做理论上的论证。

　　"礼有三本"："天地者，生之本也；先祖者，类之本也；君师者，治之本也。……故礼，上事天，下事地，尊先祖而隆君师。是礼之三本也"⑦。照荀子的意思，"上事天"，即是按天道行事，"下事地"，即是按地道行事，合言之，即是按自然规律行事；而"尊先祖而隆君师"，即是按人道行事，亦即按人事规律行事。荀子强调人为，故而尤其重视后

① 《荀子·礼论》。

② 《荀子·富国》。

③ 《荀子·荣辱》。

④ 瞿同祖著《中国法律与中国社会》第272页，中华书局1981年版。

⑤ 《荀子·仲尼》。

⑥ 《荀子·富国》。

⑦ 《荀子·礼论》。

者。关于"隆君师"，我们在论"师法之化"时已经述及；关于"尊先祖"，荀子主张"事生"、"送死"乃"孝子之事"、"圣人之道"。他说："礼者，谨于治生死者也。生，人之始也；死，人之终也；终始俱善，人道毕矣。故君子敬始而慎终，终始如一，是君子之道，礼义之文也。""丧礼者，以生者饰死者也，大象其生，以送其死。故如死如生，如亡如存，终始一也。""故人之于其亲也，至死无穷。"①这些观念在孔子那里早已有之，荀子不过作了继承和伸发而已。这都表明荀子属于儒家。

2. 法的含义及其礼法关系。

荀子隆礼又重法，在《荀子》三十二篇中，"法"字出现次数之多是仅次于"礼"字的。应当说，荀子所论"礼"的含义还是比较明确清晰的，但他所论"法"的含义却要复杂难辨的多。在荀子这里，"法"有时作"模仿"、"效法"讲，如"上则法舜禹之制，下则法仲尼子弓之义"②；有时作"传统"、"经验"讲，如"千岁之法"③，"三王之法"④，"百法之法"⑤；有时作"方法"、"办法"讲，如"羿之法非亡也，而羿不世中"⑥；有时作"方针"、"政策"讲，如"道过三代谓之荡，法二后王谓之不雅"⑦，"王者之法"，"霸者之法"，"亡者之法"⑧；有时作"依循"、"恪守"讲，如"礼乐法而不说"⑨；有时作

---

① 《荀子·礼论》。

② 《荀子·非十二子》。

③ 《荀子·王霸》。

④ 《荀子·大略》。

⑤ 《荀子·儒效》。

⑥ 《荀子·君道》。

⑦ 《荀子·儒效》。

⑧ 《荀子·王霸》。

⑨ 《荀子·劝学》。

"法律"、"法令"讲，如"百吏畏法遵绳，然后国常不乱"①，"刑法有等"②，"立法施令，莫不顺比"③；有时作"成制"、"制度"讲，如"法后王，一制度，隆礼义而杀《诗》《书》，其言行已有大法矣"④。荀子还常常"礼法"、"义法"、"刑法"、"法令"、"法数"、"法式"连用。凡此都说明荀子"法"的概念和提法的歧异性和模糊性。这里我们不可能将其一一作出详尽具体的辨析，而只能在较为严格的"法"的意义上，就其属于"法律"、"法令"的观念作一十分简要的考察。

荀子在《性恶》篇中指出："古者圣人以人之性恶，以为偏险而不正，悖乱而不治，故为之立君上之势以临之，明礼义以化之，起法正以治之，重刑罚以禁之，使天下皆出于治，合于善也。""君上之势"、"法正之治"、"刑罚之禁"可视为荀子法律思想的总纲和基本内容。所谓"君上之势"，旨在突出"人主"的权威性和国家政权的力量，"人君者，所以管分之枢要也"⑤。没有"君上之势"，则"无由得开内"⑥，"罚不行"⑦。这里隐藏着人君可以凌驾于法律之上的祸根。所谓"法正之治"，用现在的话说，就是有法必依，执法遵法，不可徇私枉法。他认为，法与私犹如水火之不能相容，法胜私，则正而治；私胜法则邪而乱。这里又隐含有"法律面前人人平等"的思想。所谓"刑罚之禁"，意在强调用刑罚措施制裁各种违法行为，以维护法的尊严，保障"君上之势"的树立和"法正之治"的实现。从上述三个方面来看，荀子的"法"与法家的"法"含义初无二致。

---

① 《荀子·王制》。

② 《荀子·礼论》。

③ 《荀子·议兵》。

④ 《荀子·儒效》。

⑤ 《荀子·富国》。

⑥ 《荀子·荣辱》。

⑦ 《荀子·富国》。

　　根据刘泽华先生的研究，荀子在法律思想上的一个重要贡献即是提出并区分"法义"、"法数"和"类"三个概念①。他指出，"法义"相当于今天所说的法哲学，"法数"即具体的法律，法义是法数的指导，这可以"不知法之义而正法之数者，虽博，临事必乱"②为证。而法数再具体，也不能包办一切，这就要求以"类"（律例）去处理，这可以"有法者以法行，无法者以类举"③为证。唯有把义、数、类三者贯通起来，方能得心应手，"以类行杂，以一行万"④。刘先生的分析是客观而精辟的。

　　然荀子作为先秦儒学的殿军，他对"法"的理解又毕竟有别于法家，而带有儒家的特色。这主要表现在他对礼、法关系的认识上。第一，他认为礼是指导，法从属于礼。他说："礼者，法之大分、类之纲纪也。"⑤在荀子思想中，礼法不是同等重要的，礼是更重要更根本的东西，是法律政令的总纲和指导原则；法是根据礼的精神制定出来的，是保证礼的实现的手段，礼为主，法为辅。第二，礼法相互渗透、折中。在荀子这里，礼和法都不是纯粹的单一的互不相干的，礼常常具有法的属性、特征，"故非礼，是无法也"，"学也者，礼法也"⑥。而法也常常具有礼的属性、特征，这一点，从前述法的多义性不难看出。这是一方面。另一方面，《荀子》书中常常礼义刑法相提并论，"治之经，礼之刑，君子以修，百姓宁，明德慎罚"⑦。第三，礼义刑法皆不可废。"礼义者，治之始

① 参见刘泽华著《先秦政治思想史》第403页。

② 《荀子·君道》。

③ 《荀子·王制》。

④ 《荀子·王制》。

⑤ 《荀子·劝学》。

⑥ 《荀子·修身》。

⑦ 《荀子·正论》。

也"①。"法者，治之端也"②。"君国长民者……必先修正其在我者，然后徐责其在人者，威乎刑罚"③。他强调礼治，但对法治也十分重视，他主张礼法、德刑兼施，二者不可一偏。这种观念与法家专恃法治、排斥礼治德化的主张显然有别。

### （三）礼法的功用

从荀子对礼、法含义的规定及二者相互关系的认识，可以看出，礼、法之于修身治国是不可或缺的。没有礼法，后果将不堪设想："今当试去君上之势，无礼义之化，去法正之治，无刑罚之禁，倚而观天下人民之相与也。若是则夫强者害弱而夺之，众者暴寡而哗之，天下之悖乱而相亡不待顷矣。"④礼法本身不是目的，它乃是化天下之乱为天下之治，维护封建统治秩序和等级制度的手段。

关于礼的功用，先前儒者历来十分看重。荀子的看法与孔孟等并无本质的不同，都是将其视为维持差异性社会的工具，视为个人的生活准则和国家政治的大节。荀子指出："礼别异。"⑤"礼者，所以正身也。"⑥"夫行也者，行礼之谓也。""礼，政之挽也，为之不以挽，政不行矣。"⑦"国无礼则不正。礼之所以正国也，譬之犹权衡之于轻重也，犹绳墨之于曲直也，犹规矩之于方圆也，既错之，而人莫之能诬也。"⑧如果说荀子和孔孟对礼的功用的认识有什么差异的话，那么，这

---

① 《荀子·王制》。

② 《荀子·君道》。

③ 《荀子·富国》。

④ 《荀子·性恶》。

⑤ 《荀子·乐论》。

⑥ 《荀子·修身》。

⑦ 《荀子·大略》。

⑧ 《荀子·王霸》。

种差异即在于：孔孟认为，修身和治国是二而一的，修身是治国的根本，因而，礼的功用首先表现为修身之所必需，进而表现为治国之所必需；荀子则认为，修身之于治国，个人修养之于国家政治是从属的关系，因而礼的功用更主要的是表现在政治方面，封建统治阶级必须通过礼来“经国家，定社稷”，实现自己的政治统治：“礼者，治辨之极也，强国之本也，威行之道也，功名之总也。王公由之，所以一天下也；不由，所以陨社稷也。”①“人无礼，则不生；事无礼，则不成；国家无礼，则不宁。”②从社会政治需要出发，荀子把礼上升到国家的命根子的高度来加以推崇，指出：“人之命在天，国之命在礼。”③

荀子对法的功用估价之高，为孔孟所不能比拟。孔孟虽也意识到法为政治、人生所必需，但他们的兴趣在礼义教化，对法终未引起足够的重视。荀子则礼法并重，自觉认识到，法在政治、人生中的功用绝非礼义教化能够取代，“君子者，隆礼尊贤而王，重法爱民而霸”④。相对而言，礼的功能在教化、规约，防止人们背离封建伦常秩序；法的功能在止奸惩恶，禁止人们破坏封建伦常秩序。前者旨在劝善，后者意在禁恶，所谓“以善至者待之以礼，以不善至者待之以刑”⑤是也。“他以为人之性恶，君子应以礼义师法化民为善，但不是所有的人都肯服善从教，从教者固可以教化化之，不从教者便须威之以刑，礼刑不妨分治……才能禁暴惩恶，维护社会秩序。这种礼刑分治的看法无异于融合儒法两家主张于一炉”⑥。荀子认为，单纯依靠礼义教化——消极的制裁不能真正解决所有的社会人生问题，须有强制性的刑罚措施——积极的制裁作为后续手段，

---

① 《荀子·议兵》。

② 《荀子·修身》。

③ 《荀子·天论》。

④ 《荀子·天论》。

⑤ 《荀子·王制》。

⑥ 瞿同祖著《中国法律与中国社会》第310页，中华书局1981年版。

以保证社会的安定和政治理想的实现。这种认识体现了荀子的务实精神，也从一个侧面反映着已经初步站稳脚跟的封建地主阶级的精神面貌。

# 四、"成人"学说

按照儒家经典《礼记》的说法，男子在20岁时行冠礼，在30岁时成家，即标志着他已经"成人"——成为社会中的一员。而"在举行冠礼之前还存在一个同样是精心安排的教育过程：六岁开始家庭教育，七岁接受性教育，八岁是礼仪教育，九岁学计数，十岁开始学校教育。到十三岁时，学生将要学完乐、诗、舞、礼、骑及射。这样从孩提时起直到晚年这个学以成人的教育从不中断"[1]。可见，儒家所谓"成人"含有人的生物性的成长和体质的成熟这样的意味。但是，我们必须注意，这样被理解的"成人"在儒家那里只具有象征的意义，并不是"成人"的实质和特色。儒家所论"成人"主要是指人在人性修养和人性发展方面的成功，指人性在现实世界中的外化和展现，"因为没有一个通过持续的努力以实现自己人性的自我修养，生物性的成长就是毫无意义的了"[2]。

## （一）孔子论"成人"

考之儒家典籍，"成人"的观念当由孔子首次提出。孔子在答弟子子路问怎样"成人"时说："若臧武仲之知，公绰之不欲，卞庄子之勇，冉

---

[1] 〔美〕杜维明著《人性与自我修养》第30页，中国和平出版社1988年版。

[2] 〔美〕杜维明著《人性与自我修养》第30—31页，中国和平出版社1988年版。

求之艺，文之以礼乐，亦可以为成人矣。"①孔子认为，臧武仲、公绰、卞庄子、冉求四人各有所长，但都称不上是真正的"成人"，只有兼此四人之长，并"节之以礼，和之以乐，使德成乎内，而文见乎外。则材全德备，浑然不见一善成名之迹；中正和乐，粹然无复偏倚驳杂之蔽，而其为人也亦成矣"②。这是说，"成人"主要不是指一个人的人性和专长得到了某种程度的发展和发挥，它乃是说一个人的人性得到了全面的发展，一个人的人格得到了全面的完善，因而"成人"也就是"全人"和"完人"。孔子意识到，"成人"的这一要求一般人很难达到，于是他又说："今之成人者何必然？见利思义，见危授命，久要不忘平生之言，亦可以为成人矣。"③"久要"，旧约也；"平生"，平日也。孔子的意思是说，只要有忠信之实，则其才智礼乐虽有未备，亦可以为成人之次。孔子所以对"狂者"、"狷者"有所肯定（狂者进取，狷者有所不为也）在我看来，恐怕也是基于准人格意义上的"成人"、"仁人"事实上难以实现的考虑。

那么，怎样"成人"或者说怎样成就符合仁的品性的理想人格呢？在孔子章，我们已经发现，孔子提出了一条平实近人、循序渐进、由内而外、由外而内的精神提升的途径。在这里，有必要补充的是，孔子把成人看作是一项"肩负重荷而踏上漫长旅程的艰难事业"④，是一个践仁履道的自我修养和自我实现的不断进取的过程。据《论语》记载，孔子有一次站在河边面对河水的奔流，深有感慨地说："逝者如斯夫？不舍昼夜！"⑤这句话是很有些象征意味的，可以说它是孔子"成人"观念的形象说明和自然伸发，河水之不分昼夜，奔流不止，不正好告诫人们，人格

①　《论语·宪问》。

②　朱熹语，见朱熹著《四书章句集注》第151页，中华书局1983年版。

③　《论语·宪问》。

④　〔美〕杜维明著《人性与自我修养》第31页，中国和平出版社1988年版。

⑤　《论语·子罕》。

的成长和完善也只能是一个没有止境的持续努力的过程，在这个过程中必须有不畏艰难一往无前的勇气和品格吗！孔子有时还把"成人"观念与人的生命历程的三个基本的环节一"少"、"壮"、"老"联系起来考察，指出："少之时，血气未定，戒之在色；及其壮也，血气方刚，戒之在斗；及其老也，血气既衰，戒之在得。"[1]表面上看，这段话只是说，在人的生命成长的不同时期，随着生理心理的变化，人的自我修养应有不同的侧重。但更重要的在于它的言外之意，它强调"少"、"壮"、"老"三个阶段对于"成人"同样重要，强调人格的修养和完善不可能一蹴而就，乃是一个从生命诞生即已开始直至生命衰亡方算终结的持续漫长的整体过程。

### （二）荀子论"成人"

荀子的"成人"学说正是在吸收孔子的上述思想的基础上提出来的。不过，与他在其他问题上一样，在理想人格方面，他也做了新的发挥和弘扬，从而具有自己的特色，并形成了自己较为系统的人格理论。他关于天人之分的论述，关于性伪之分的论述及其关于礼法的功能与作用的论述，其最终的落脚点，都在于力图解决怎样"成人"，或者说怎样塑造和培养理想人格的问题。

荀子对"成人"观念的阐发集中体现在《荀子·劝学》篇的最后部分："百发失一，不足谓善射；千里跬步不至，不足谓善御；伦类不通，仁义不一，不足谓善学。学也者，固学一之也。一出焉，一入焉，涂巷之人也。其善者少，不善者多，桀纣盗跖也。全之尽之，然后学者也。君子知夫不全不粹之不足以为美也，故诵数以贯之，思索以通之，为其人以处之，除其害者以持养之。使目非是无欲见也，使耳非是无欲闻也，使口非是无欲言也，使心非是无欲虑也。及至其致好之也，目好之五色，耳好之五声，口好之五味，心利之有天下。是故权利不能倾也，群众不能移也，

---

[1] 《论语·季氏》。

天下不能荡也。生乎由是，死乎由是，夫是之谓德操。德操然后能定，能定然后能应。能定能应，夫是之谓成人。天见其明，地见其光（通广），君子贵其全也。"这一大段议论包含有这样几层含义：其一，真正的美的人格必须是完全而纯粹的人格。如同发出一百支箭，有一支未射中，不足以叫作善于射箭；行千里路，有半步未至，不足以叫作善于驭车；事理不通达，仁义不能坚持始终如一，不足以叫作善于学习一样，君子"不全不粹"，"不足以为美也"。其二，为实现全粹之美的人格，有必要博览、诵读群书，并通过思考、探索以求融会贯通；同时还要体之于身，以道自处，排除那些妨害全粹之学的事物和无情感，使自己的所见所闻所言所虑都符合道（礼义），做到非道欲见无欲闻无欲言无欲虑。其三，人格修养达到极致，即达到最高境界的标志，在于他对道（礼义）的喜好犹如目好五色、耳好五音、口好五味那样出于自然而无勉强之感。荀子认为，一个人修养到这样的程度，则权利不能使之倾倒，群众不能使之变移，天下不能使之动摇，意志坚定，生死如一，这就叫作有德性有操守；有德性、操守，才能静定，才能应付外物；能定能应，这就叫作成就了完善人格。如同天表现着它的高明，地表现着它的广阔一样，君子所贵重的即是全粹之美的人格。梁启雄先生在解释"德操"数语时指出："此言：学习者确实有了心得之后，就结成正确的、坚定的意志；不接受别人的利诱，不做群众的尾巴，也不被反动的洪流所激荡。乐生时固然遵循着这条正确路线前进，即阽危至死也遵循这条路线勇进；这才是修德者掌握着正确的人生观啊！"[①]梁先生的诠解和发挥是十分精当的。

## （三）荀子与孔子"成人"观念之比较

如果我们把荀子和孔子的"成人"观念做比较，就不难发现，尽管他们二人都以人的才性智能的全面性发展来要求和规定"成人"，但相对而言，孔子并没有把这种全面性的要求和规定绝对化、神圣化，他只是把

---

① 梁启雄《荀子简释》第3页，中华书局1983年版。

它作为人格发展的一个终极目标来追求，在这一前提下，在考虑到一般的人们由于这样和那样的主客观条件的限制，很难达到这一终极目标的情况后，他认为不必执一不化，而可以有所变通，追求"成人之次"。荀子则把这种全面性的要求和规定绝对化并推向了极端，所谓"全之尽之"、"不全不粹之不足以为美也"、"君子贵其全也"，就是对这种全面性要求的不可变通性的着意强调。因此，在孔子那里，"士"、"君子"、"仁人"、"圣人"等人格称谓，其所达到的境界层次是不尽相同的，"仁人"、"圣人"无疑可以归入全粹意义上的"成人"，而"君子"、"士"乃至"狂者"、"狷者"则大体应归入"成人之次"。当然，"成人"和"成人之次"之间不仅相通，且可以相互转化，但二者毕竟不是一回事，从后者到前者有一个依次递进的过程。在荀子这里，"士""君子"、"圣人"、"成人"等等人格称谓，则是在几近同一的含义上使用的，并不存在境界层次的高低之分，可谓名异而实同。换句话说，荀子只关注全粹之完美人格问题，而对"成人之次"则并未给予足够的重视。这样，荀子所论"成人"、"圣人"就给人一种高不可攀之感，虽然他也曾说过"涂之人可以为禹"之类的话，但这句话实际上只是在抽象的意义上揭示了人人可以成就其完美人格的理论可能性，并无更多的具体的现实内容。

因其认识到达到全粹之完美人格的艰巨性，荀子较孔子更强调意志力的作用和意义。他认为理想人格的形成绝非一日之功，而须持久漫长、"锲而不舍"的人性修养努力，只有"加日悬久，积善而不息"，才能"通于神明，参于天地"[①]。而这个"积善成德"、"通神明，参天地"的整体进程有赖非凡的坚定的意志力来维持，否则，"无冥冥之志者，无昭昭之明；无惛惛之事者，无赫赫之功"[②]。杨树达释云："冥冥、惛惛，皆专默精诚之谓也。"王弼《老子注》："昭昭，明且达也。"《广

① 《荀子·性恶》。
② 《荀子·劝学》。

雅·释训》："赫赫，明也。"荀子的意思是说，没有专一沉默的意志，就不会有清晰明达的智慧；没有隐微精诚的作为，就不会有卓越显著的功勋。换句话说，没有坚定的意志及其为意志所驱使的努力作为，就不可能取得人性修养的成功，从而达到理想人格的终极境界。荀子进而指出意志具有"自禁"、"自使"、"自夺"、"自取"、"自行"、"自止"等特征，这些特征归结起来也就是讲的意志的自主性。有了它，"口可劫而使墨（同默）云，形可劫而使诎（即屈）申，心不可劫而使易意，是之则受，非之则辞"[①]。即是说，外力可以改变一个人的形体，却不可以改变一个人的意志，它认为对的就接受，它认为错的就推辞，而不为外力所左右。所谓"君子立志如穷，虽天子三公问，正以是非对"[②]。"君子易知而难狎，易惧而难胁，畏患而不避义死，欲利而不为所非"[③]。所谓"志意修，则骄富贵；道义重，则轻王公"[④]。"义之所在，不倾于权，不顾于利，举国而与之，不为改视；重死，持义而不桡，是君子之勇也"[⑤]。等等，说的都是这样一个道理。

## （四）"壹于道"与"正志行"

荀子还把意志与道联系起来考察，指出意志的自主性须以人们对道的认识和把握为基础："君子壹于道而以赞稽物，壹于道则正，以赞稽物则察，以正志行、察论，则万物官矣。"[⑥]荀子在这里把"壹于道"与"正志行"统一起来，认为专心致志地求道并进而全面认识事物，即"精于道"、"精于物"，方致端正意志，见解明察，并使万物各当其任，这

① 《荀子·解蔽》。

② 《荀子·大略》。

③ 《荀子·不苟》。

④ 《荀子·修身》。

⑤ 《荀子·荣辱》。

⑥ 《荀子·解蔽》。

样，人也就成了万物的主人和自身的主人。荀子的论述包含有这样一个观点："意志应服从于理性，自由来自对必然（道）的认识。"[1]在荀子看来，君子人格正是因为掌握了意志与理性之间的这种隶属关系，所以他能做到"贫穷而志广，富贵而体恭，安燕而血气不惰，劳倦而容貌不枯；怒不过夺，喜不过予"[2]。"以义变应，知当曲直"[3]。做到"贤而能容罢，知而能容愚，博而能容浅，粹而能容杂"[4]。从上述引文我们可以看出，荀子心目中的君子人格和孟子心目中的大丈夫人格存在某种个性上的差异。固然，他们二人都视则直不阿、惟义是从为其理想人格应有的品性，孟子言"富贵不能淫，贫贱不能移，威武不能屈"，与荀子言"君子隘穷而不失"[5]、"率道而行，端然正己，不为物倾倒"[6]、"不倾于权，不顾于利"[7]，其义亦甚相近。然从总体上看，孟子的大丈夫主要以其果敢、武断、气盛、有力见称，荀子的君子人格则显得稳实、厚重、老练、圆熟。这是我们在比较荀孟人格理论的差异时必须注意的。

## （五）音乐与性情陶冶、人格滋养

荀子还以极大的兴趣关注和探讨理想人格的培养和礼乐的关系问题，强调对于"成人"来说，礼乐是一个不可或略的手段和条件。我们知道，孔子对礼乐的作用已有很深刻的认识。前面已经指出，孔子认为欲想"成人"，不仅要有智慧、廉洁、勇敢、才艺，而且还须"文之以礼乐"[8]。

---

① 冯契著《中国古代哲学的逻辑发展》上册，第309页。

② 《荀子·修身》。

③ 《荀子·不苟》。

④ 《荀子·非相》。

⑤ 《荀子·大略》。

⑥ 《荀子·非十二子》。

⑦ 《荀子·荣辱》。

⑧ 《荀子·宪问》。

《论语》还记载孔子"在齐闻韶（乐）"后又说："不图为乐之至于斯也。"①意思是：想不到音乐对人的感染力竟如此之大如此之深。孔子又说："兴于诗，立于礼，成于乐。"②对这句话，李石岑先生的诠释十分精彩，他写道："让情意生活尽量的发泄出来，就是'诗'的作用，时时提防它，叫它不要胡乱的发泄出来，就是"礼"的作用。""诗是一种由内而外的作用，礼是一种由外而内的作用。诗是心之声，礼是足之履。""既已把诗和礼的功夫都做到了，才能谈到仁。因为情意生活有了圆满的发展，自然心平气和，可以达到快乐的境地，快乐的境地便是仁的境地了。"③可见，孔子对"诗"、"礼"、"乐"的意义和作用深有体会。孔子之后，孟子突出地发挥了孔子"诗"的一面，强调人的内在情感、欲求的自然流露、外化；荀子则突出地发挥了孔子"礼"和"乐"的方面，强调人的内在情感、欲求的外在约束、规范（礼）及人的自然性（情感、欲望）与社会性（伦理秩序规范）之间的谐调、统一（乐），即强调"礼以节人，乐以发和"④的功能。荀子专门写了《礼论》《乐论》来阐述这一问题。关于荀子礼论，在"隆礼重法"一节我们已经单独提出来作了考察；在这里，我们着重就其乐论及其与理想人格的关系作一扼要的分析。

《乐论》云："夫乐者乐也，人情之所必不免也。故人不能无乐；乐则必发于声音，形于动静；而人之道，声音动静，性术之变尽是矣。故人不能不乐；乐则不能无形；形而不为道，则不能无乱。先王恶其乱也，故制雅颂之声以道（导）之，使其声足以乐而不流，使其文足以辨而不谒，使其曲直、繁省、廉肉、节奏足以感动人之善心，使夫邪污之气无由得接焉，是先王立乐之方也。"荀子认为，人不能没有欢乐之情，人的欢乐之

---

① 《论语·述而》。

② 《论语·泰伯》。

③ 李石岑《人生哲学》上卷第277—278页。

④ 司马迁《史记·太史公自序》。

情不能不通过人的声音及形体的动作表现出来。这种欢乐之情的显现如果不加以引导，必然会发生混乱。所以先王为了避免混乱的发生，就制作出雅、颂之乐来疏导人的情感的展现，使它的声音足以使人愉快而不流于淫邪，使它的文辞足以明辨清晰而不窒塞泯灭，使它的曲直、繁简、刚柔、节奏足以感动人的善心，使邪恶之气无从与人接触。在荀子看来，音乐（包括诗歌和舞蹈）是陶冶性情、滋养人格的重要工具，因为它以其有节奏的声音和动作（抑、扬、顿、挫）体现了人之理想，体现了天之道与人之道。所以荀子说："乐者乐也：君子乐得其道，小人乐得其欲。以道制欲，则乐而不乱；以欲忘道，则惑而不乐。故乐者，所以道乐也。"[1]荀子认为乐有"乐得其道"与"乐得其欲"两种类型和方式，所谓"乐得其道"即是追求精神生活、道德生活的满足；所谓"乐得其欲"即是追求物质生活、自然欲望的满足。他对后者虽未简单、完全否定，但认为必须以前者为目标、为基础，必须"以道制欲"，否则"心忧恐，则口衔刍豢而不知其味，耳听钟鼓而不知其声，目视黼黻而不知其状，轻暖平簟而体不知其安，故响万物之美而不能嗛也"[2]。

荀子认为，音乐的功能与作用是多方面的，它不仅表现人的情志、心怀——"君子以钟鼓道志，以琴瑟乐心"[3]。影响人的气质和精神面貌——"故听其雅颂之声，而志意得广焉；执其干戚，习其俯仰屈伸，而容貌得庄焉"[4]。更重要的还在于它具有协调人与人之间的关系的作用——"乐在宗庙之中，君臣上下同听之，则莫不和敬；闺门之内，父子兄弟同听之，则莫不和亲；乡里族长之中，长少同听之，则莫不和顺。故乐者，审一以定和者也"[5]。这里突出一个"和"字，"和敬"、"和

---

① 《荀子·乐论》。

② 《荀子·正名》。

③ 《荀子·乐论》。

④ 《荀子·乐论》。

⑤ 《荀子·乐论》。

亲"、"和顺"，都是讲"乐行"而"移风易俗，天下皆宁"的实际社会效果。荀子还提出"美善相乐"的人格理想，认为美的事物与善的事物具有统一性，而美与善的完满统一（如雅颂之乐），则将使人得到最大的快乐，使人的精神得到最大的提升，从而成为美的人格、善的人格。

荀子的"成人"学说提出了理想人格的全面性要求，考察了意志（及其特点），理性与"成人"的关系问题，特别是，他以大量的笔墨从个人与社会两个方面较为深刻地探索了音乐（宽泛一点说，即艺术）的诸如培养人格、移风易俗等功能和作用问题，提出了一些很有见地的思想。尽管荀子"成人"学说的阶级实质是要人们成就为封建地主阶级服务的理想人才，但它的理论价值却是超越特定阶级和历史时代的，在今天仍可以作为我们的借鉴。

# 五、荣辱观及其荀子人学的历史命运

## （一）"义荣"和"势荣"、"义辱"和"势辱"

荣与辱是道德哲学，同时也是人生哲学的一对重要范畴。先秦儒、墨、道三家中，墨家和道家显然没有对荣辱问题给予足够的重视，尤其是道家老庄，似乎是不屑于谈论此类问题的。而在儒家孔孟那里，虽然在讨论人性、人生价值、人格理想等问题时已经触及荣辱范畴，但也并没有作一专门的阐发。荀子则有专篇《荣辱》，对什么是荣，什么是辱，荣与辱的关系及其类型诸问题，做了全面而深刻的论述。

荀子指出："荣辱之大分、安危利害之常体：先义而后利者荣，先利而后义者辱；荣者常通，辱者常穷；通者常制人，穷者常制于人，是荣辱之大分也。"①荀子认为，一个人或荣或辱，取决于他是把义放在第一位还是把利放在第一位，把义放在第一一位则荣，把利放在第一位则辱。所谓"荣辱之来，必象其德"②也是这个意思。可见，荀子对荣辱的规定是从道德本位出发和以儒家正统的义利观为前提的。在荀子看来，荣的结果是"通"而"制人"，辱的结果是"穷"而"制于人"。如果说义利构成荣辱的内在依据，那么穷通便是荣辱的外部表现。

然则，现实生活却是复杂多变的，荣辱、义利、穷通常常发生颠倒错位，上述荣辱观念只是提供评价、衡量一个人的地位、身份、价值的总体原则，并不能完全解释、说明种种复杂的情况。因此，荀子主张从这一原则出发，对荣与辱的不同情形进行分类分析。他把荣区分为"义荣"和"势荣"，指出："志意修，德行厚，知虑明，是荣之由中出者也，夫是之谓义荣；爵列尊，贡禄厚，形势胜，上为天子、诸侯，下为卿相、士大夫，是荣之从外至者也，夫是之谓势荣。"又把辱区分为"义辱"和"势辱"，指出："流淫污僈，犯分乱理，骄暴贪利，是辱之由中出者也，夫是之谓义辱；詈侮猝搏，捶笞膑脚，斩断枯磔，藉靡舌繘，是辱之由外至者也，夫是之谓势辱。"③"义荣"和"势荣"、"义辱"和"势辱"的区分以是"由中出者"抑或"从外至者"为先决条件。荀子于"义荣"取肯定立场，于"势辱"和"势荣"表示可以理解，而对"义辱"则取否定态度。所以，他的结论是："君子可以有势辱而不可以有义辱；小人可以有势荣而不可以有义荣。"④认为，一个人因被他人诬陷欺凌而遭受屈辱（势辱），并不妨碍他成就尧那样的君子人格；一个人因身份地位的提高和权势的扩大而获得很高的荣誉（势荣），并不能保证他不可以成为像桀那样的小人人格；"义荣"、"势荣"，只有君子方致兼而有之。

---

① 《荀子·荣辱》。

② 《荀子·劝学》。

③ 《荀子·正论》。

④ 《荀子·正论》。

郭沫若先生在《十批判书·荀子的批判》中曾指出，荀子这见解"分明是从孟子的天爵人爵之说演变出来的"。孟子的天爵人爵概念见于《孟子·告子上》："有天爵者，有人爵者。仁义忠信，乐善不倦，此天爵也；公卿大夫，此人爵也。古之人修其天爵而人爵从之；今之人修其天爵以要人爵，既得人爵而弃天爵，则惑之甚者也，终亦必亡而已矣。"孟子用"仁义忠信"和"公卿大夫"来规定天爵和人爵，实是在自然爵位和社会爵位的意义上说的。"仁义忠信乐善不倦"，指人的道德修养；一个人有很高的道德修养，在人们的心目中也就享有很高的道德声望（地位）。由于孟子视仁义礼智（所谓善端）为人的自然本性的内在涵蕴，道德修养无非是扩充善端，发明本心，因此，在孟子这里，道德地位与自然爵位也就成了一回事。孟子进一步认为，自然爵位较社会爵位更根本，一个人如果修养他的自然爵位，社会爵位会随之而来，如果放弃他的自然爵位，社会爵位即便已经获得也终究会丧失。由此可见，荀子"义荣"、"势荣"、"义辱"、"势辱"的观念与孟子关于"天爵""人爵"的观念确乎存在很为密切的思想关联。但同时我们也看到，荀子的分析显然较孟子更加精细入微，借用荀子自己的话来说，可谓"青取之于蓝而胜于蓝，冰水为之而寒于水"了①。

荀子的分析和见解超出于孟子之处，还在于他将荣辱范畴与人性结合起来考察，认"好荣恶辱"为人的自然本性的一个重要方面，且为君子和小人共同具有。然则，人们都从"好荣恶辱"的相同本性出发，却或为君子，或为小人，何也？荀子认为这是"其所求之之道则异"使然："小人也者，疾为诞，而欲人之信己也；疾为诈，而欲人之亲己也；禽兽之行，而欲人之善己也。""君子者，信矣，而亦欲人之信己也；忠矣，而亦欲人之亲己也；修正治辨矣，而亦欲人之善己也。"②小人靠巧诈妄言、人身兽行来谋求别人"信己"、"亲己""善己"；君子则以忠信与"修正

---

① 《荀子·劝学》。

② 《荀子·荣辱》。

治辨"来谋求别人"信己"。"亲己"、"善己"。其所求之道不同，结果不能不大相径庭。

### （二）荀子人学的悲剧性命运

荀子的政治——人生哲学是在批判继承百家之学的基础上建构起来的，但它对百家之学又不是简单的继承和吸收，它还有创新和发展。正是这种"集大成"的总结和综合的性质和特征，决定了它在中国古代思想史尤其是儒学发展史上占有十分显要的历史地位，同时也决定了它在当时和后世的悲剧性命运。

荀学产生于我国封建大一统的前夜，反映了封建社会从诸侯割据走向集中统一的历史趋势。但它并没有受到当时封建地主阶级的青睐和重视，并没有成为秦始皇消灭六国、统一中国的思想指导。这恐怕是因为荀子总是标榜自己是"儒者"，他的思想总体上属于儒学的范畴的缘故。对于当时要求实现封建大一统的新兴地主阶级来说，法家理论无疑更具实用价值。两汉以降，社会政治条件发生重大变化，儒学开始受到封建统治者的重视，董仲舒提出"罢黜百家，独尊儒术"的口号并得到统治者的认同，从而使儒学实际上获得了封建社会的"国家意识"的地位。但不论是历代的封建统治者还是儒学的后继者，他们只推崇孔孟，而对荀子却仍然加以冷落、责难和贬抑——尽管他们也从荀学中窃取了许多思想成分。这恐怕只能归结为荀子所代表的儒学杂而不纯了。对于荀学这种命途多舛的情况，郭沫若先生曾做过形象的说明，他指出："然而文庙里面的冷猪头肉才没有荀子的份，这怕就是那些言'术'的窄杂成分误了他吧。那些'术'本来是后代的官僚社会的渡世梯航，尽管人人都在遵守，然而却是不好见天日的东西，于面子问题大有关碍。就这样，荀子便只能做狗肉，而不能做羊头了。"[1]这是荀子在构筑他的政治——人生哲学体系时所始料未及的。

---

[1] 《郭沫若全集》历史编（二）第251页，人民出版社1982年版。

# 第七章 结 语

　　在中国几千年的文明发展史上，儒道文化和人学相互渗透、相互补充，一隐一显，对中国封建社会各个朝代的政治和文化的各个方面，对各个不同阶级和阶层的人们的生活模式和性格特征的形成，产生了巨大的影响。今天，历史虽然已经进入20世纪90年代，并开始接近21世纪的门槛，但儒道文化和人学对今日社会人们的作用和影响显然并没有消失。非但如此，儒道文化和人学还正以其稳健的步伐走向世界，受到世界各国的有识之士的重视和青睐，在世界文化的宏大舞台上扮演愈来愈重要的角色，占据愈来愈重要的位置。这说明儒道文化和人学不是我们的先哲在几本枯朽的文化典籍中提出的若干僵死过时的格言和警句，而是先哲先贤之精神生命的体现和象征，具有特殊的精神魅力和永恒的精神价值。

## 一、道家人学的精神价值

　　道家人学有无理论价值？能否给人以积极有益的启迪？关此，我们在系统阐述和分析老庄人学的具体内容时已间或论及，并做了肯定的回答。这里，我们仅从宏观视角对此做一集中的概括和总结。照笔者的认识和把握，道家人学的精神价值主要表现为因性意识、超越意识、柔静意识和宽容意识等四个方面。

## （一）因性意识

因性意识反映了道家对人性及其规律的认识和理解，是道家尊重人性和尊重规律的理论表现。老子虽然没有明确提出"因性"的概念，但他的思想中显然已经蕴涵因性的内容；庄子则不仅明确提出了"因性"的概念，且竭力张扬了因性对于社会、人生的重要性和必要性。在老庄看来，人性之善乃是不成问题的问题，问题的症结只在人之善性的具体内容及其如何对待人之善性。老庄认为，人之善性的内容绝非如同儒家（孟子）所说是什么仁义礼智，而是人的自然性原始性，其特点在天真未凿，不容丝毫人为的损益。仁义礼智不过是大道丧失、人性丧失以后才出现的道德现象，是"忠信之薄而乱之首"①，弘扬仁义礼智，实施道德教化，只能使人性失而不得复归。照老庄的意思，这种做法本身即是在践踏、摧残人性，而践踏、摧残人性即是践踏、摧残人。因此，老庄强调，从消极的意义上说，必须绝仁弃义，绝贤弃智；从积极的意义上说，则当因性而行，顺性而动。所谓因性而行、顺性而动，就是任人之原始纯真本性自然伸发、自然展露，不加任何人为的干扰与阻隔。老庄把这视为保持人性的完满无缺和使人性复归的唯一路径。

因性的依据是因道。在道家哲学中，道不只是事物之本体和本原，道还指事物之规律和法则。道作为规律和法则就是自然无为，因道就是按照自然无为的原则行事处事。老庄认为，顺物自然、无为而为的结果并非一事无成、无所作为，而是"无为而无不为。"只有顺应和遵循规律和法则，即"法道"、"法自然"，才能达到"无不为"的目的。如果说因道

① 《道德经·三十八章》。

体现了道家对物性和物（自然）的规律的尊重的话，那么，因性便是体现了道家对人性和人（人类）的规律的尊重。而尊重人性、尊重人的规律就是尊重人。可见，道家的因性意识所包含的尊重人性、尊重大的规律的精神应当给予客观的肯定。

### （二）超越意识

超越意识反映了道家对自由的追求与向往。在道家看来，人生在世，必然受到经验世界事事物物的障蔽，如礼文的桎梏，知识的系缚，情欲的煎熬，乃至生死的困扰。怎样摆脱经验事物与世俗人生的种种障蔽和系缚，使人生从有限进入无限，从有涯入于无涯，从暂时进入永恒，从必然入于自由？道家认为，唯有超越方为正途。因此，超越原则乃是针对经验世界有形世界之非至上性、非超越性之局限而提出。同时，在道家哲学中，其所谓道的境界即是一种超越的境界，而超越的境界唯有通过超越的途径去实现。固然，道家并不完全否定经验世界有形世界之非至上性、非超越性的客观必然性与合理性，因为道就内存于经验事物之中。但道同时又是形而下与形而上、非至上性与至上性、非超越性与超越性的统一。因而道的原则下落至现实人生的层面，就要求人们身处经验世界之中，却超出经验世界之外，尽力提升其生命的精神力量，以空灵淡泊的心态去克除世俗之繁文缛节的系缚，迎接功名利禄私情己意的挑战，并打破和消解物我的对立与人我的对立，致使在有限的人生中获至无限的自由。老子强调"复归于天极"，复归于自然，与自然打成一片，与道合一；庄子主张"游乎尘垢之外"[①]，"游心于德之和"[②]，"游心于淡，合气于漠"[③]，"游心于物之

---

[①] 《庄子·齐物论》。

[②] 《庄子·德充符》。

[③] 《庄子·应帝王》。

初"①，"解心释神"②，"齐戒疏论尔心，澡雪尔精神"③，凡此均是道家超越有限的具体尝试。尤其是庄子提出的"死生同状"，"以死生为一条"，更是其超越工夫的极致。因为正是人之生命均有一死的事实使人生之有限性得以确证。而超越生死，亦即超越有限人生。无疑，道家的言论主张存在玄妙偏激的倾向，但其能够意识到经验世界的非至上性与现实人生的有限性，从而谋求超越之方。此种致思趣向，较之原始儒家只重现实人生与其道德生活，无疑是独具慧识。

### （三）柔静意识

柔静意识很能反映道家文化与人学的特色与真知灼见。老子贵柔，认为柔弱胜刚强是自然界乃至人类社会的普遍法则，遵循这一法则，则全性保真，长生尽年；违背这一法则，则伤性害物，甚或招致自我毁灭，所谓"坚强者死之徒，柔弱者生之徒"④是也。因此，老子强调守柔处弱，谦下不争，反对逞强好胜，争名争利。老子又主静，认为"静为躁君"，静以制动，"清静可以为天下正"。庄子没有关于"柔胜刚"、"弱胜强"的明确论述，但对清静原则却十分重视。他主张宁静处世，恬淡无为，反对浮华居功，自我表现，指出："阴阳和静，鬼神不扰。"⑤"静默可以补病。"⑥认为清静的修养工夫足以使人保持身心的健康与心性的纯朴，使人受益无穷。

道家的柔静意识是否只具有消极的意蕴而不包含任何积极的成分？一般认为，刚胜柔、强胜弱是客观事物的必然法则，而动乃为生命之根本，

---

① 《庄子·田子方》。
② 《庄子·在宥》。
③ 《庄子·知北游》。
④ 《道德经·七十六章》。
⑤ 《庄子·缮性》。
⑥ 《庄子·外物》。

从而对儒家的刚健精神与动的哲学推崇备至，而视道家的贵柔主张与静的哲学为纯粹消极退守的表现。这固然不是完全没有道理，但从思想史、文化史的角度看，道家的柔静意识实是对儒家的刚健精神的有效补充。同时，道家的守柔处弱主张亦非要人们面对恶劣的外在环境，自缚手脚，坐以待毙，它的实质乃是要人们以退为进，以守为攻，讲究策略，以达到克强克刚、"成其大"、"莫之争"的目的。而其清静原则，如果我们将其放在事物发展之动与静、矛盾与和谐、对立与统一的辩证联系中来加以审视的话，则其所内在蕴涵的片面的真理似亦不应视而不见。总之，道家的失误，不在贵柔主静，而在其将柔静原则绝对化，从而陷入了形而上学的泥坑。倘若我们能够从泥坑中将其拯救出来，则即便是"臭腐"，亦可以化为"神奇"，何况道家的柔静意识并非仅是"臭腐。"

### （四）宽容意识

宽容意识是道家之超越意识的延伸与扩展。尽管在儒家的文化与人学中，也体现了一定的宽容意识，如孔子视"宽"为五德之一，孔子弟子子张讲"君子尊贤而容众，嘉善而矜不能"[1]，《中庸》讲"万物并育而不相害，道并行而不相悖"。但从总体上看，宽容意识并不能构成儒家文化与人学的特色，同时，早期儒家的宽容观念在后世儒者中也未能得到正常的发展。比如孟子辟杨墨，视杨墨为无父无君的禽兽，董仲舒"罢黜百家，独尊儒术"，这就走向了宽容的反面。而道家则将宽容观念做了较为彻底的发挥与阐述，道家既反对将个人凌驾于众人之上的个人中心主义，也反对将人类凌驾于万物之上的人类中心主义，而主张"常宽容于物，不屑于人"[2]。老子从道之包容性出发，肯定人与物、善人与不善人均有其存在的价值，因而主张对人对物、对善人不善人一视同仁，无有偏私，强调善救人、善救物，无弃人、无弃物，做到物尽其用，人尽其才。庄

---

① 《论语·子张》。

② 《庄子·天下》。

子云："夫道，覆载万物者也，洋洋乎大哉！"①"夫道，于大不终，于小不遗，故万物备。广广乎其无不容也，渊渊乎其不可测也。"②立足于此，庄子强调"圣人并包天地，泽及天下"③，强调"十日并出，万物皆照"④，摒弃唯我独尊与"喜人之同乎己而恶人之异于己"⑤，而主"顺物自然而无容私"⑥。《庄子·天下》篇对先秦诸家学说之长短、得失的分析评价，也体现了道家一以贯之的宽容品格。《天下》篇虽旨在标榜本家学说为道术之最充分、最生动的体现，抨击其他诸家学说不过是道术的外行，但它仍然肯定其他诸家学说反映了道术的某些方面，有其合理之处。这与儒家孟子拒斥杨墨的极端态度相比，显然要理智与文明得多。

　　道家的宽容意识固然存在漠视是非善恶之别的相对主义倾向，但它的深层意蕴则在昭示自由宽松的环境对于政治、人生与学术文化发展的重要性。质言之，宽容意识体现在政治层面，就是要求为政者切忌过多干扰子民的生存生活，使人们无所适从，听取各方面的不同声音，反对一言堂；体现在人生层面，就是允许人们选择不同的生活道路，追求不同的生活理想，乃至允许人们有这样或那样的过失，即还人们以犯错误与改正错误的权利；体现在学术文化层面，就是允许不同的学术派别、学术观点同时并存，反对唱独角戏，力戒以权力意志和世俗偏见去判定学术争鸣中的是与非。显而易见，这种宽容的精神与品格在今天仍有大力提倡与弘扬的必要。

---

① 《庄子·天地》。

② 《庄子·天道》。

③ 《庄子·徐无鬼》。

④ 《庄子·齐物论》。

⑤ 《庄子·在宥》。

⑥ 《庄子·应帝王》。

# 二、儒家人学的精神价值

同道家人学一样，儒家人学也有其不容泯灭的精神价值，这种精神价值从宏观视野考察，亦可以归结为四个主要的方面，即和谐意识、人本意识、忧患意识和力行意识。

## （一）和谐意识

儒家文化和人学中的和谐意识包涵两层意思：一是天人关系（人与自然关系）的和谐，一是人际关系（人与人的关系）的和谐。关于天人关系的和谐，儒家提出一个重要的命题，这就是"天人合一"①。孔子寓天道于人道之中，要在人道的统一性中见出天道的统一性，讲求天人相知、契合贯通；孟子把天和人的心性联系起来，通过人性的中介沟通天和人，讲求尽心、知性、知天；荀子虽主"天人相分"，强调"不与天争职"，但他也意识到人不可以脱离天，"天有其时，地有其财，人有其治，夫是之谓能参"②。有必要将天地人贯通统一起来。总之，原始儒家承认、肯定天和人、自然界和人类精神具有统一性，并视这种统一、和谐为人生之最高理想。正是基于这样的认识，儒家进一步推衍扩展为人与人的和谐。关于人际关系的和谐，儒家提出一个重要的范畴，这就是"中庸"或"中和"。"中庸"或"中和"的观念，从伦理道德的角度看，又包括"和而不同"与"过犹不及"两层含义。然不论是"和而不同"，抑或是"过犹不及"，它的实质、精蕴均在强调矛盾的统一与均衡，强调通过对即事即物之"恰好底道理"——度的把握，以获致人际关系的和谐。按照儒家的

---

① 根据张岱年先生的考察，明确提出"天人合一"命题的是宋代的张载。张载在《正蒙·乾称》篇指出："儒者则因明致诚，因诚致明，故天人合一，致学而可以成圣，得天而未始遗人。"但"天人合一"的思想却是由来已久。（参见张岱年文《中国哲学中"天人合一"思想的剖析》，载《北京大学学报》1925年第1期）。

② 《荀子·天论》。

看法，"中庸"、"中和"观不仅提供给人们一种道德修养的准则、规范和处理事物的方式、方法，同时，中庸、中和本身即是一种普遍和谐的境界和状态。因此，只要人们遵循"和而不同"与"过犹不及"的原则与方法行事处世，即可避免与克服人与人、人与社会、国家的对立和冲突，导致个人与社会及国家三者的和谐与统一。

当今的时代是和平与发展的时代。和平与发展既离不开人与自然的和谐，也离不开人际关系的和谐。因此，不能否认儒家的天人合一和中庸、中和观念所体现的和谐意识在今天仍有它的意义与价值。这种意义和价值主要表现为保持自然生态平衡与社会生态平衡两个方面。当然，和谐意识也不是医治百病的灵丹妙药和把人类社会引向天堂境界的唯一路径，但它构成人类社会前进和发展的重要条件之一却似乎无可置疑。所以儒家的结论是"和为贵"①。

### （二）人本意识

人本意识反映了儒家对作为主体的人的觉解，体现了儒家对人的关心与重视。时下否认儒家文化和人学涵藏人本意识或人本主义思想的同志，其立论的根据无不在于执信儒家文化和人学忽视主体，缺乏主体意识。照我看来，如果这里的主体和主体意识仅仅指个体主体和个体主体意识的话，那么，判定儒家文化和人学缺乏人本意识或人本主义思想还是有一定的客观根由的，因为从总体上看，儒家学说确有忽略人的个体主体和个体主体意识的倾向，不像西方文艺复兴时代的思想家那样，突出和强调人的个性的自由和个体的独立与发展。但是，我们也必须清醒地看到，第一，儒家从来也没有完全抹杀人的个体主体的作用与价值，抹杀人的个体主体的独立性与主动性。孔子说"为仁由己"，孟子说"道惟在自得"，均是对人之作为个体主体的独立价值的认定。第二，主体理应包括个体主体和类主体，主体意识理应包括个体主体意识和类主体意识。就类主体和类主

---

① 《论语·学而》。

体意识来说，儒家不仅不曾忽略，相反，却是十分看重的。一方面，儒家从人性的普遍性出发，把人看成是一种社会性的类存在，作为类存在，人在自然、宇宙中居于特殊的位置。儒家常常将天、地、人并称为三才，但其着眼点乃在揭示人在三才中的特殊性和特殊地位，揭示天、地之道只有通过人道的作用才对人类有所意义。另一方面，儒家立足于人的家族血缘关系，认人伦世界是人的生存发展的根本依托，人不能脱离社会、脱离人伦关系而存在。因此，儒家突出和强调人的社会价值或类主体价值，将它看的比人的自我价值或个体价值更为重要。孔子所谓"无求生以害仁，有杀身以成仁"，就是在这种意义上说的。

显然，儒家对人之个体主体和类主体的肯定，即是对人之作为主体的肯定；对人之个体主体意识和类主体意识的肯定，即是对人之主体意识的肯定；而肯定主体和主体意识，即是肯定人本身。由是我们说，人本意识或主体意识构成儒家文化和人学的精华——尽管它存在人类自我中心主义的理论偏执，但由于有和谐意识为其前提，故不致导向人与自然的对立。

### （三）忧患意识

忧患意识是儒家文化和人学的一项重要内容，是儒家对于个人乃至整个人类之命运与前途之责任感与使命感的高度体现。它绝不同于一般的忧患心绪。通常所谓忧患心绪只是指人们在陷入困境时心理上产生的焦虑、困惑和苦闷、烦恼，而忧患意识则是指人们从忧患境遇的搅扰中体验到人性的尊严与伟大及其人之为人的意义和价值，并进而以自身内在的生命力量去突破困境，超越忧患，以达善美统一境界的心态。儒家文化和人学中所表现的忧患意识正是儒者通过对忧患境遇的深刻体验而孕育出来的弘扬人性尊严和人生价值、提升主体人格和善美境界的特殊心态。概言之，忧患意识包含悲天悯人与承担责任两层要义。所谓悲天悯人，即是面对人与物均不能适其性、遂其情、得其所的现实苦困，而在自己的心灵深处生发出一种爱人及物的无限的悲情悲愿；所谓承担责任，即是由此种真切深沉的同情之心而内化为自我关怀与群体关怀的责任感与使命感，从而谋求主体道德生命的提升与江山社稷的长治久安，使人使物各适其性、各遂其情、各得其所，及至参天地、赞化育，实现天人合德。

从某种意义上说，忧患意识是儒家生命哲学的特质和魅力所在，它在中国几千年的文明发展史上曾经起过十分积极的影响，在今天也能使我们从中得到一些有益的启示。今天我们国家虽然已经走上独立自主、繁荣富强的康庄大道，但在她前进的道路上仍有重重困难亟待克服：西方一些国家对我们心存偏见而实行经济制裁并未完全解除；国际共产主义运动出现的新形势新情况对我们的冲击波乃至产生不稳定因素并未完全消失；一些人的道德危机与信仰危机并未从根上解决……凡此种种，均说明我们绝没有盲目乐观的理由，相反，必须时刻保持忧患的情怀与强烈的责任感，竭尽全力去克除来自外部的与内部的、物质上的与精神上的各个方面的困扰。这是时代提出的客观要求，也是儒家忧患意识的内在要求。

## （四）力行意识

力行意识反映了儒家的入世品格和刚健精神。儒家认为，无论是和谐意识，抑或人本意识、忧患意识，最终都必须落脚在力行意识上面。因为和谐境界的实现、人本精神的高扬、忧患境域的摆脱，无一能够离开人们投身现实、奋发进取的努力和作为。因此，儒家人物大多强调力行。可以说，孔孟荀尤其是孔孟都是力行主义者或重行主义者。孔子说："士而怀居，不足以为士矣。"[1]认为作为有理想有抱负的知识分子（士）理当走向社会，服务于社会，绝不可以"饱食终日，无所用心"[2]。孟子虽主张"穷则独善其身，达则兼济天下"[3]，"得志，与民由之，不得志，独行

---

[1]　《论语·宪问》。

[2]　《论语·阳货》。

[3]　《孟子·尽心》。

其道"①，但其"独善其身"与"独行其道"，其前提是"穷"与"不得志"，是不得已而取其次。就孟子的志向与抱负及其对士人的真正要求而言，则仍然在"兼济天下"和"与民由之"在"修身见于世"和"泽加于民"。荀子则明确指出："道虽迩，不行不至；事虽小，不为不成。"②认为圣人非生而具者，乃"起于变故，成乎修为，待尽而后备者也"③。孔子又强调"求诸己"，反对"求诸人"④，主张信赖、依靠自我的力量，去完善主体人格，实现善美境界。孟子反对"求于人者重"而"自任者轻"⑤，认为社会环境对人们敬德修业乃至敬德广业并不能起决定作用，人格的成长与主体价值的实现取决于人的主观能动性的发挥。荀子更提出"敬其在己"的观念，反对"错人而思天"，"慕其在天"⑥。凡此均是儒家力行、自强、刚健精神的体现。

毋庸讳言，儒家的力行意识有其内在的局限。其所谓"行"，虽然内容十分宽泛，但儒家突出强调的只是人的道德修养与道德践履，对于创造物质财富的直接生产劳动，儒家从来都是十分鄙视的。儒家所要力行践履的不过是封建的伦理规范和典章制度。但是，必须看到，儒家的力行意识及其为力行意识所蕴含的入世品格与刚健精神，对于抑制、阻止中国文化误入出世、超绝的宗教歧途，对于历代仁人志士追求真理的传统及与不良势力斗争的传统的形成，显然是起了积极的作用的。

---

① 《孟子·滕文公》。

② 《荀子·修身》。

③ 《荀子·荣辱》。

④ 《论语·卫灵公》。

⑤ 《孟子·尽心》。

⑥ 《荀子·天论》。

# 三、儒道人学的时代超越

从儒道人学的精神价值的概括、总结，我们可以得出这样的结论：不论是儒家人学，抑或是道家人学，它都不是死的，不是古董，而是活的，是个现在还活着的生命存在。既然是活着的生命存在，它就要继续往前走，以尽它未尽的使命——这是站在先贤的立场，站在孔孟、老庄的立场立言。若是站在当代中国人的立场、站在我们自己的立场立言，我们要说，这个生命存在尽管还活着，但它经受几千年风风雨雨的洗礼、考验，身上已布满累累伤痕，特别是经历本世纪初以来西方涌入的各种思潮的撞击，使它的生命之流的前行已显得步履维艰与力不从心。这就提出一个问题：儒道文化和人学发展到今天，是不是"气数"已尽？它与现代人的生活，与现代人的人格成长是不是绝然扦格两立？对这一问题，我们恐怕不能简单地作"是"或"否"的回答，因为一方面，在儒道文化和人学中，确有一些命题和观念具有永恒性与普遍性，既有永恒性与普遍性，它在现代人的生活及其人格成长中就仍然能够起它应有的作用；另一方面，在儒道文化和人学中，又确有一些命题和观念只具有暂时性与特殊性，它在历史上或许已尽了它的使命，但在今天则只能是一些过了时的东西。因此，历史和现实赋予我们的使命，不在摧毁和扔弃儒道人学，而在尽我们的心智，去实现儒道人学的时代超越，去充实和丰富它的生命存在的内涵，使其在新的历史条件下获得新生。为此，我们回顾一下当代新儒家在这方面所做的努力，或许可以提供一些有益的启示。

## （一）儒学复兴思潮的启示

当代新儒学是相对于宋明新儒学而言的，宋明新儒学又是相对于先秦原始儒学而言的。换句话说，儒学的发展有三个高潮或分为三个时期，一为先秦原始儒学，二为宋明新儒学，三为当代新儒学。这不是说，中国数千年的历史发展，除了这几个时期，其他时期无儒学，而是说，"照中国文化的主流、照儒家的学术而言"，其他时期如汉至隋唐、清至近代等"算是歧出，义出去了，绕出去了"。儒家学术在这些个时代中，"黯淡无光彩"①。先秦原始儒学以孔孟荀为代表，其宗旨在开发内圣的人格修养，来贞定外王的道德事业，讲究修齐治平，化政治问题为伦理问题、人生问题，以提升人的道德价值和人生境界。宋明新儒学以程朱、陆王为代表，程朱、陆王的思想虽然存在很大的分歧，但有一共同点，即其所担负的文化使命不在外王，而在内圣。这也就是说，宋明理学的"本质的意义即在讲道德意识的复苏"②，"强调道德意识，讲求道德意识、自我意识的自我体现"③，认为每一个人都要通过道德的实践，建立自己的道德人格、挺立自己的道德人品④。由于宋明新儒家特重内圣一面与心性修养，对外王一面重视不够，所以后人也将其归结为一种"心性之学"。

当代新儒学的中坚人物，前有熊十力和梁漱溟，后有唐君毅、牟宗三和徐复观。前者承续的主要是先秦原始儒学，后者承续的主要是宋明儒学。实际上，熊、梁作为当代新儒学的第一代，其对先秦原始儒家源头的接引的态度与方式也很不相同，熊尊崇的只孔子一人，对孔门后学及孟荀八派则摒而弃之；梁推崇的则是整个东方文化，他对印度佛教文化的尊崇甚至超过他对儒学的尊崇。而唐、牟等作为当代新儒学的第二代，他们虽然十分敬仰孔孟原始儒学，但孔孟毕竟离今太远，因此，他们视宋明新儒学为当代新儒学的真正的源头活水，称宋明儒学为"彰显绝对主体性时期"。以唐、牟为代表的海外新儒学思潮发轫于五十年代后期，兴盛

---

① 牟宗三《从儒家的当前使命说中国文化的现代意义》，收入《当代新儒家》，生活·读书·新知三联书店1989年版。

② 牟宗三《从儒家的当前使命说中国文化的现代意义》，收入《当代新儒家》，生活·读书·新知三联书店1989年版。

③ 牟宗三《从儒家的当前使命说中国文化的现代意义》，收入《当代新儒家》，生活·读书·新知三联书店1989年版。

④ 牟宗三《从儒家的当前使命说中国文化的现代意义》，收入《当代新儒家》，生活·读书·新知三联书店1989年版。

于七十年代。其中，牟宗三、徐复观、张君劢、唐君毅于1958年联名发表于香港《民主评论》与《再生》杂志的《为中国文化敬告世界人士宣言》（以下简称《宣言》），可以说是海外当代新儒家的一个纲领性文献。《宣言》首先批评了西方汉学家用考证埃及文明、波斯文明等已死的文明所特有的眼光与方式来对待中国文化的偏误，声称中国文化并未死亡，指出"须肯定承认中国文化之活的生命之存在"，认为中国历史文化本身，"那是无数代的人，以其生命心血，一页一页的写成的"，"这中间有血，有汗，有泪，有笑，有一贯的理想与精神在贯注"。因此，对历史文化传统，须怀抱"同情"和"敬意"，"敬意向前伸展增加一分，智慧的运用亦随之增加一分，了解亦随之增加一分，敬意之伸展在什么地方停止，则智慧之运用亦即呆滞不前"。《宣言》进而强调孔孟儒学的伦理道德与宗教精神的一本性，突出宋明儒之心性之学的理论价值。在此基础上，《宣言》声明以儒学为核心的中国文化与现代民主和科学并不矛盾，"中国文化依其本身之要求，应当伸展出之文化理想"，是要"使中国人在自觉成为一道德的主体之外，兼自觉为一政治的主体、认识的主体，及实用技术活动的主体。而使中国人之人格有更高的完成，中国民族之客观的精神生命有更高的发展"。《宣言》最后指出中国文化有五个方面值得西方人学习，这就是"当下即是"之精神与"一切放下"之襟抱，圆而神的智慧，温润而恻恒的悲悯之情，使文化悠久的智慧，天下一家之情怀。总之，当代新儒家力图解决的主要问题是，承续儒家的内圣之教，开当代外王之学，即使中国文化与中国民族"两足同时站立起来"，以通向民族生命与文化生命合一的大生命①。

　　当代新儒学的思想内涵丰富而精致，这里我们只能作一钩玄撮要的绍述。从这一绍述已可看出，第一，当代新儒家对儒家文化生命的肯定和认同、"同情"和"敬意"，带有强烈的主观色彩，很难成为一个反映客观实际的价值判断，可谓理智不足而情感有余。但当代新儒家认定儒家文

---

① 　唐君毅《说中华民族之花果飘零》第73页。

化生命的活的存在，而不是死的古董，强调用活的眼光来看待儒家文化生命，这种思考方式又是可取的。第二，当代新儒家认定儒家文化不但没有过时，且在当今时代具有新的意义，儒学的复兴不仅可以拯救中国，甚且可以拯救世界，儒家文化高于世界他族文化。显然，这乃是我族中心论与文化万能论的变相表现。究其实，这不过是他们的一厢情愿而已，不过是一种渺茫的希冀和一场美好的幻梦。虽然如此，当代新儒家认为儒学在历史上尽了它的使命，在现在与未来仍将尽它的使命，对未来中国文化乃至世界文化的发展，仍能产生应有的影响，作出应有的贡献，这无疑是可能的，而非天方夜谭。第三，当代新儒家复兴儒学的努力，乃是基于对民族生命与文化生命的责任感与使命感，基于对中国乃至世界的前途与命运的深沉关切。这种责任意识、使命意识与关切胸襟又是难能可贵的。第四，当代新儒家泥古但不排今，迷信传统儒学但不拒斥现代世界文明。同时，他们虽主复兴儒学，却非要把人们拉回到孔孟时代，他们的着眼点在利用儒学以解决当今的问题，其眼光是指向未来的。这在一定程度上反映了时代的客观要求，这种致思趣向也不无合理之处。

### （二）儒道人学的现代转化

当代新儒家复兴儒学的得与失，提醒我们注意，不论是对待儒家文化和人学，抑或是对待道家文化和人学，都必须本着客观性、超然性、批判性的态度，必须避免情感的投入变成宗教的虔诚。固然，"同情"和"敬意"有理由成为我们认识传统的一个最初的出发点，但"同情"和"敬意"绝没有理由取代对传统的客观的分析、批判和把握。这也就是说，情感的投入不能代替理智的反省，否则，我们仍将重蹈当代新儒家的覆辙而不能自拔。因此，立足于"同情"和"敬意"，就不应把传统儒道文化和人学看得一无是处，不应把它视为当代中国人的生活和人格成长的包袱与绊脚石，而应视为中国文化生命与民族生命的真正的源头活水，从而努力发掘其富有永恒价值与普遍意义的合理成分，以服务于现代中国人的物质生活与精神生活；立足于理智的分析、批判，就不应把传统儒道文化和人学看成是一个没有缺陷、不含糟粕的真理体系，不应把它视为一种无须改造、转换即能适应、指导现代中国人的生活和人格成长的理论学说，而应站在时代的高度，揭示、克服并扬弃它的内在局限，并最终达到模式的转换与理论的超越，打破旧格局，建立新格局。

实现传统儒道文化与人学的时代转换，无疑当从批判继承与超越创新两个方面着手。记得马克思说过这样的话，人们只能在直接碰到的、既定的、从过去继承下来的条件下创造历史。这里虽系指历史的继承性，但文化（包括人学）的继承性无疑也已包含在内。继承性是历史的发展，同时也是文化的发展的一条不可移易的规律。任何一种文化都不可能生长在真空之中，它总是要在继承、吸收以往的文化成果的基础上一步一步向前推进。正是继承性的客观存在，才使人类文化的过去、现在和未来联成一个整体，离开继承性，既不可能有人类的社会生活，也不可能有新文化的诞生和发展。这就要求我们在构建新的文化模式与人学模式的时候，必须珍惜先人如儒家和道家留给我们的宝贵的精神财富。当然，儒道文化和人学不可能泾渭分明地区分为精华与糟粕两个部分供人们取舍，相反，其精华与糟粕常常错综复杂地交织在一起。正是考虑到这种特殊性和复杂性，笔者主张不仅应提批判和继承传统，还应提反思和超越传统。笔者在《关于中国传统文化的整体反思与超越》一文中曾揭示批判继承与超越创新的相辅相成关系说："批判继承是超越的基础性步骤，没有批判继承，所谓超越就是一句空话；反过来说，超越构成批判继承的目标指向，不能实现超越，所谓批判继承便毫无意义。"[1]何谓超越？超越是一种"保持肯定的否定"，旨在突破与创新，实现传统儒道文化和人学向现代化的文化和人学的转化，建构一种既适应时代前进步伐，又不失儒道文化和人学特质和合理命题的民族新文化新人学。

---

[1]　拙作《关于中国传统文化的整体反思与超越》，载《学习与探索》1988年第4期。

### （三）儒道人学与马克思主义人学的联姻

未来中国文化和人学必须是保持传统文化和人学的基本价值形态、体现当今时代精神、汇合世界各主要文化和人学传统而产生的新文化新人学，这种新文化新人学必须达到三个目标，即多样性与一元性的统一，现实性与理想性的统一，民族性与世界性的统一。所谓多样性与一元性的统一，说的是，多样性构成统一性的现实前提并包含在统一性之中，统一性则是多样性的终极指归。因此，有必要克服离开多样性谈论统一性的单一化倾向和离开统一性谈论多样性的自由化倾向，从而使文化的发展和人们的社会生活既丰富多彩，又受到主流文化的规定与制约，不背离文化的共同本质。所谓现实性与理想性的统一，则是多样性与一元性的统一的直接延伸，它说的是，现实构成理想的基础与源泉，理想植根于现实的土壤之中却又高于现实。因此，有必要认同不同民族、不同地区、不同层次人们的不同的文化追求和人格追求的现实，并从此出发，将理想区分为大众理想与精英理想、个人理想与社会理想，把理想的先进性要求与广泛性要求结合起来。所谓民族性与世界性的统一，说的是，中国文化和人学既要反映中国国情，具有中国风格和中国气派，又要反映世界人民共同关心的重大问题和世界文化的发展趋向。不坚持民族性（继承性）的原则，中国文化和人学就不成其为中国文化和人学，也不可能对其他兄弟民族产生积极的影响；不坚持世界性（开放性）的原则，中国文化和人学就会脱离世界文化和人学的发展轨道而丧失其自身的勃勃生机。因此，有必要跳出狭隘的民族自我中心观念，使民族的文化和人学汇入世界文化的大河中去，又让世界文化走向中国以丰富中国文化。

为实现上述三个统一，以使我们的文化和人学跃升到一个崭新的高度，除了关注当代中国人的所思所行，关注人们的现实社会生活，将日用伦常上升到世界观人生观的高度来认识，并将其与时代精神和时代文化结合起来考察；除了广泛吸收世界一切民族一切国家的优秀文化成果和优良品格之外，一个关键的环节即是促成传统儒道人学与马克思主义人学的联姻。因为从当代中国的文化现实来看，传统儒道文化和人学与马克思主义文化和人学是两种势力最大、影响最深广的理论学说，也是两种最切合中国国情的文化学说，任何企图离开传统儒道文化和人学、离开马克思主义文化和人学的努力，都只能将中国人引入歧途。当然，不能否认，传统儒道人学与马克思主义人学都有其各自的历史局限与理论局限。但正因为此，才有必要在实现二者的联姻和结合的过程中，完成传统儒道人学的现代化和马克思主义人学的中国化，否则，传统儒道人学就不能获得新的生命，马克思主义人学也不能发挥它应有的作用。客观上看，传统儒道人学系本土文化，马克思主义人学系舶来品，二者之间必然存在这样或那样的理论差异，但正是这种差异性的存在，使二者的联姻成为必要；另一方面，儒道人学虽系本土文化，但它却具有世界意义，马克思主义人学虽系舶来品，但它已成为中国文化的一个有机组成部分，它与传统儒道人学之间又有许多相近与相通之处，正是这种相通性的存在，使二者的联姻成为可能。无疑，这种联姻或结合是一个复杂而漫长的过程。眼下的工作是从对传统儒道人学和马克思主义人学的同异关系的冷静分析中寻找出二者融合的契合点。同时，为避免马克思主义人学被传统儒道人学中的不健康的落后的因素所同化，在这里，主体的能动性和选择功能就显得尤其重要。

总之，传统儒道人学与马克思主义人学的联姻，是未来中国文化发展的内在要求，也是现实理论的发展向人们提出的一个新的课题。只有真正实现二者的联姻、融合（不是拼凑），才能超越二者自身而获得一种新的人学形态，并对中国人的社会人生发生更为巨大而深远的影响。任重而道远，吾辈生逢其时，尤当努力而为之。

# 后　记

本书是在我的硕士论文《孔子和老子人生哲学的比较研究》的基础上增扩、改写而成的。在硕士论文的写作过程中，导师邬恩溥教授倾注了巨大的心血，副导师陈庆坤教授、刘建国教授、吕希晨教授以及复旦大学严北溟先生、华东师范大学冯契先生、中国人民大学石峻先生、吉林大学金景方先生、高清海先生、邹化政先生、原曲阜师范大学刘蔚华教授、东北师范大学郑如辛副教授、哈尔滨师范大学申正教授等也多所赐教。在此，谨向诸位导师和先生深致谢意。

在论文增扩、改写成书过程中，邬恩溥导师以及吉林省社科院宋欣院长、毕万枕编审对增改提纲提出过建设性意见；友人王国良兄、丁怀超兄、杨立华兄等自始至终给予了支持；北京大学张岱年先生、吉林大学张松如先生审阅过部分书稿，给予了肯定和鼓励，张岱年先生还欣然为拙作作序。凡此，都是我至为感怀的。另外，中国人民大学葛荣晋教授、黄山文化书院钱耙森院长、吉林省社科院徐毅鹏副院长、吕钦文副院长、张秉楠副研究员、吉林人民出版社陈葵光同志等一直关心着本书的出版。特别值得一提的是，吉林教育出版社的社领导在目前学术著作出版不景气的情况下，出于对繁荣学术、扶植青年学者的考虑，不计经济得失，毅然决定出版拙著；责任编辑刘世国兄更是献计献策、改稿阅稿，做了大量艰苦细致的工作。所有这些，都令我由衷地感激。

撰写一本讨论中国古代人生哲学的小书，是我多年来的夙愿。我自知才识浅陋，书中存在疏漏、缺点定然良多，真诚希望专家同仁批评指正。如果本书能对弘扬祖国优秀文化、繁荣中国哲学与文化研究及对当代中国青年的身心修养有所裨益，则笔者所愿足矣。

邵汉明

1991年6月于长春南湖新村

## 读者须知

　　本书已接入版权链正版图书查证溯源交易平台，"一本一码、一码一证"。扫描上方二维码，您将可以：

　　1.查验此书是否为正版图书，完成图书记名，领取正版图书证书。

　　2.领取吉林人民出版社赠送的购书券，可用于在版权链书城购买吉林人民出版社其他书籍。

　　3.领取数字会员卡，成为吉林人民出版社读者俱乐部会员。

　　4.加入本书读者社群，有机会和本书作者、责任编辑进行交流。还有机会受邀参加本社举办的读书活动，以书会友。

　　5.享受吉林人民出版社赠予的其他权益（通过读者俱乐部进行公示）。